Le mythe de la finance

Christophe GAUDIN

Le mythe de la finance

Essai sur l'extase de la valeur

L'Harmattan

5-7, rue de l'Ecole polytechnique ; 75005 Paris

http://www.librairieharmattan.com
diffusion.harmattan@wanadoo.fr
harmattan1@wanadoo.fr

ISBN : 978-2-296-11268-1
EAN : 9782296112681

Collection *Économie Plurielle*

dirigée par Henry Panhuys et Hassan Zaoual

La collection « ***Économie Plurielle*** » a pour ambition de développer le pluralisme dans les sciences sociales et particulièrement en économie. Cet objectif est devenu, aujourd'hui, une nécessité tant du point de vue des faits que du point de vue des théories et des paradigmes relevant du domaine de l'Homme. Leur cloisonnement s'avère être un obstacle à l'interprétation des mutations en cours. L'irruption et la diffusion de la société de l'information et de la connaissance ainsi que l'importance de la culture, du sens et des croyances dans les pratiques d'acteurs supposent un changement radical dans l'épistémologie des sciences sociales. Dans ce but, la collection se veut aussi un lieu de dialogue et d'échanges entre praticiens et théoriciens de toutes origines et de tous horizons.

Conformément à l'étymologie grecque du vocable économie – oikonomia est un composé de oikos = maison et nomos = loi – qui désigne l'art d'administrer la maison, d'en gérer les biens et ressources de toute nature, la collection entend aussi relier par une approche transversale, holistique, les multiples sphères d'activités et de savoirs humains. Elle entend enfin, en référence à son dérivé oekoumène (du grec oikoumné = terre habitée) rassembler, de manière œcuménique, dans un universalisme sans frontières, la pluralité des spiritualités grâce auxquelles les pratiques et productions humaines font sens.

Symbole de la Collection : **le lotus rose**

De la Méditerranée à l'Extrême Asie, de l'Egypte pharaonique à la Chine taoïste en passant par l'Inde bouddhique, le lotus est dans ses multiples manifestations et colorations, au profane comme au sacré, un symbole de vitalité, de pluralité, de créativité. En particulier, le lotus rose, ou padma, est un emblème solaire et de prospérité dans l'iconographie indienne. Avec ses huit pétales significatifs des huit directions de l'harmonie cosmique, il est une manière d'offrande à la vie. C'est d'ailleurs cette fleur symbolique qui constituait le fondement du logo du Réseau Sud-Nord Cultures et Développement duquel notre collection est l'héritière directe. C'est pourquoi nous la reprenons désormais comme symbole d'ouverture au monde, à la connaissance et à la paix.

Série Économies et Cultures

D. MANDILOU, *L'économie du partage en Afrique. Vaincre la pauvreté par l'intégration*, GREL, 2008, 174 p.

D. MANDILOU (s/d), *La dette africaine. L'état des savoirs*, GREL-IDEAL, 2008, 201 p.

A.-M. ALCOLEA, *Pratiques et théories de l'économie solidaire. Un essai de conceptualisation*, Préf. C. HERVY et J.C. BURETH, 2004, 397 p.

H. PANHUYS, *La fin de l'occidentalisation du monde ? De l'unique au multiple*, GREL – Univ. du Littoral-Côte d'Opale (ULCO, Dunkerque), Réseau Sud-Nord Cultures et Développement, 2004, 536 p.

H. ZAOUAL, *Du rôle des croyances dans le développement économique.* Préf. de S. LATOUCHE. Université des Sciences et Technologies de Lille, GREL-ULCO, Réseau Cultures, 2002, 626 p.

M. LUYCKX GHISI, *Au-delà de la modernité, du patriarcat et du capitalisme. La société réenchantée ?* Préf. I. PRIGOGINE, Prix Nobel. Ouvr. Sélectionné par le Club de Rome, GREL-ULCO, 2001, 216 p.

H. PANHUYS et H. ZAOUAL, (s/d), *Diversité des cultures et mondialisation. Au-delà de l'économisme et du culturalisme.* Ouvrage collectif Réseau Cultures / GREL-ULCO, 2000, 214 p.

S. LATOUCHE, F. NOHRA, H. ZAOUAL, *Critique de la raison économique, Introduction à la théorie des sites symboliques.* Préface d'A. KREMER-MARIETTI, Collection « Épistémologie et Philosophie des Sciences », 1999, 125 p.

H. ZAOUAL (éd), *La socio-économie des territoires. Expériences et théories.* Colloque GREL-ULCO (mai 1997), 1998, 352 p.

H. PANHUYS, H. ZAOUAL, (s/d), *Territoires et dynamiques économiques. Au-delà de la pensée unique.* Actes Colloque GREL - ULCO (mai 1997), 1998, 228 p.

I.P. LALÈYÊ, H. PANHUYS, Th. VERHELST, H. ZAOUAL, (s/d), *Organisations économiques et cultures africaines. De l'homo œconomicus à l'homo situs.* Ouvr. Collec. Collection « Études Africaines », Réseau Cultures/Univ. Saint-Louis du Sénégal, 1996, 500 p.

Série Gestion et Cultures

G.A.K. DOKOU, M. BAUDOUX, M. ROGE, *L'accompagnement managérial et industriel de la PME.*

L'Entrepreneur, l'Universitaire et le Consultant. Préf. de J. DEBOURSE, 2000, 292 p.

Série Histoires et Sociétés

J.M. AUBAME, *Les Beti du Gabon et d'ailleurs*. T. 1, *Sites, parcours et structures*, Paris, 2002, 273 p. T. 2, *Croyances, us et coutumes,* Paris, 2002, 292 p. Univ. Omar Bongo (UOB-Libreville), GREL-ULCO (Dunkerque). Ouvr. coord. par F.-P. NZE-NGUEMA et H. PANHUYS. Préf. B. MVE ONDO. Postf. F.-P. NZE-NGUEMA.

Série Histoires et Politiques

M. HABIBI, *L'interface France-Iran 1907-1938. Une diplomatie voilée*, 2004, 404 p. Préf. de P. MILZA. Ouvr. coordonné par H. PANHUYS, GREL-ULCO, IEP.

F.-P. NZE-NGUEMA, *L'État au Gabon de 1929 à 1990. Le partage institutionnel du pouvoir*, Coll. « Études Africaines », 1998, 239 p.

Série Récits et Témoignages

P. DAVID, *Niger en transition. Souvenirs et rencontres 1960-1964, 2007*, 303 p.

L. RUSATIRA (Gal), *Rwanda – Le droit à l'espoir*, 2005, 356 p. (Hors collect.).

H.H. INFANTE, *Contes sémitiques de Tanger. Papillon bleu*, 2002, 249 p.

Série Lire le Site

T. VERHELST, *Des racines pour l'avenir. Altermondialisation, cultures et spiritualités*, GREL-ULCO, Préf. A. de SOUZENELLE. Postf. H. PANHUYS, 2008, 449 p.

H. ZAOUAL, *Les économies voilées du Maghreb. De la technique à l'éthique*, 2006, 295 p, GREL - Lab. RII-ULCO.

H. ZAOUAL, *Socioéconomie de la proximité. Du global au local*, 2005, 189 p. GREL-ULCO.

Série Droits et Sociétés

A. de RAULIN, (s/d), S.M. OULD ABDALLAHI, G. LO (s/d), *Droit, minorité et cultures*, Univ. D'Artois (Douai) – Univ. Du Havre, 2009, 387 p. Collaboration AUF.

A. de RAULIN, (s/d), *Situations d'urgence et droits fondamentaux*, 2006, 334 p., Univ. D'Artois (Douai) - Agence Universitaire de la Francophonie (AUF).

En préparation

H. PANHUYS, *La Renaissance Africaine à l'horizon*, 2050.

H. PANHUYS, *Sites et, kamikazes. Les figures de la dissidence sociale.*

H. PANHUYS (s/d), *Socioéconomie des Guyanes. Entre sites et mythes.*

Publications brésiliennes

Parallèlement à la Collection Economie Plurielle publiée en français aux Editions l'Harmattan, une série d'ouvrages participant de la même perspective pluraliste et transdisciplinaire est initiée en langue portugaise au Brésil avec la collaboration du Professeur **Michel Thiollent**, directeur de l'Institut COPPE à l'Université Fédérale de Rio de Janeiro, qui en assure la traduction du français en portugais ainsi que la mise en pages informatique et la publication auprès des éditeurs brésiliens.

Ouvrages publiés

H. PANHUYS (2006), *Do Desenvolvimento Global aos Sitios Locais*. Uma Critica Metodológica à Globalização, Edit. E. Papers, Rio de Janeiro, 146 p.

H. ZAOUAL (2006), *Nova Economia das Iniciatives Locais. Uma introdução ao Pensamento pós-global*, DP & A. Editora, Rio de Janeiro, 256 p.

H. ZAOUAL (2003), *Globalizaçao e Diversidade Cultural*, Edit. Cortez, Collection Questions de notre temps, São Paulo, 119 p.

En préparation

C. LEIDGENS, (2006), *Frechal, Uma Terra de Pretos no* Brasil.

Publications marocaines

En partenariat avec la collection *Economie* **Plurielle** et **L'Harmattan**, Hassan Zaoual et Taoufik Daghri, ont initié en 2006 la collection **Horizon Pluriel** éditée au Maroc.

Ouvrages publiés

H. ZAOUAL, T. DAGHRI (s/d 2008), *Développement humain et dynamiques territoriales*. 224 p.

T. DAGHRI et H. ZAOUAL (Eds 2007), *Economie solidaire et développement local. Vers une démocratie de proximité*, 219 p.

H. ZAOUAL (2006), *Management situé et développement local*, 213 p.

T. DAGHRI (2006), Economie du développement local. Les fondements théoriques, 151 p.

Au maître et à l'ami : à la mémoire de Robert Lagier

Remerciements

A Michel Maffesoli, qui a dirigé ce travail de main de maître, et m'a offert asile au moment où je me demandais comment le poursuivre.

A Serge Latouche, qui a su en voir l'intérêt, le défendre, et l'a mis sur la voie de l'édition.

Aux nombreux amis qui l'ont nourri au cours de longues et vives conversations nocturnes dans les Alpes, à Paris ou à Séoul. Je voudrais particulièrement dire ma gratitude à Amélie de Lima qui l'a relu et amélioré plusieurs fois dans chacune de ses étapes, et aussi à Emmanuel Viret, Catherine Rancon, Larissa Clément et Marion Courtois, qui l'ont tous accompagné avec une grande bienveillance et enrichi de leurs remarques ou de leurs expressions, parfois même à leur insu.

SOMMAIRE

« Pour la prochaine fois que je vous tuerai, répliqua Scharlach, je vous promets ce labyrinthe, qui se compose d'une seule ligne droite et qui est invisible, incessant. »

J.L. Borges, *La mort et la boussole*

INTRODUCTION GENERALE

« Et bientôt je fus aspiré par un chaos silencieux et tiède comme une matrice. »

Haruki Murakami, *La Fin des temps*

EXPERTS, FINANCE, GLOBALISATION

De l'énorme littérature consacrée à expliquer la globalisation, on pourrait dire sans paradoxe qu'il n'y a rien à tirer. Elle est vaste et homogène : de plus en plus vaste, et de plus en plus homogène. Plus il y a d'ouvrages, plus ils se ressemblent ; et plus ils se ressemblent (aussi « critiques » qu'ils se veuillent), plus les experts mettent de soin à préciser les différences minuscules qui les opposent. Il en résulte une rumeur sourde et entêtante, toujours identique à elle-même, qui se fait entendre partout, aussi bien dans des travaux universitaires d'une aridité difficilement dépassable que dans le tout-venant médiatique. Le plus souvent, il n'y a guère entre les uns et les autres que le maigre intervalle qui sépare un système philosophique d'une religion de masse.

L'objectif de ces livres est toujours le même : il s'agit de démonter les rouages du marché mondial (lorsqu'ils disent que « le monde change », c'est d'abord du marché mondial qu'il est question), pour en anticiper les évolutions et en corriger les effets indésirables. Les experts ne se donnent pas d'autre raison d'être : et celle-ci leur suffit pour réclamer que la totalité de la société leur soit subordonnée, que rien ou presque n'échappe aux lois du marché et de l'Etat. Ils exhortent en permanence à ouvrir des débats et à faire des réformes. La prudence de Keynes, qui réclamait que le problème économique fût « *refoulé à la place qui lui revient : l'arrière-plan* »[1], n'est plus de mise. Les experts sont volontiers péremptoires. L'un d'eux,

---

[1] KEYNES J.M., *Essais sur la monnaie et l'économie*, Payot, coll. Petite bibliothèque, 1993 (1931), p. 13.

pour mettre en garde ceux qui voudraient ignorer ses recommandations, cite une phrase terrible de Descartes, pour qui « *l'erreur est toujours volontaire* »[2]. Ils se réclament de la raison critique, et plus précisément de l'épistémologie de Popper : ils pensent en termes de diagnostic et de pronostic. Or, si l'on peut débattre à l'infini du premier volet, il est certain que le second ne se réalise guère. Ce qui saute immédiatement aux yeux chez ces auteurs, presque en même temps que leur unité de ton, c'est leur incapacité à réaliser leur programme, à atteindre les objectifs qu'ils se sont eux-mêmes fixés. Passons sur les prévisions chiffrées, en matière de performances boursières ou autres. L'expérience a été souvent répétée, qui consiste à mettre en concurrence un expert en investissement avec un singe, une fillette ou un astrologue, avec des conclusions cruelles pour la corporation.

Bien sûr, l'on peut toujours remettre en cause l'imperfection des modèles disponibles, non la modélisation elle-même, et conclure qu'il faut redoubler d'efforts pour que l'économie devienne effectivement la science dure que, en tout cas dans sa tendance dominante, elle aspire à être… Le malheur est que les derniers développements de la recherche n'incitent pas à l'optimisme. À son extrême pointe, tout récemment, c'est un éminent mathématicien, Benoît Mandelbrot, qui s'est lancé dans la quête de la martingale, un modèle « *plus précis, multifractal, où les variations des cours sont sauvages, [ouvrant] la voie à un type nouveau, plus fiable, de théorie financière* »[3]. Sa tentative suscite suffisamment d'espoir pour que le directeur du *Wall Street Journal Europe* préface et cosigne son livre. À notre tour, nous avons suivi avec intérêt les diverses applications des mathématiques fractales, avant d'apprendre ce fait pourtant capital, noté comme en passant à la fin du livre, que parmi la « *centaine d'étudiants travaillant véritablement sur l'analyse économique et financière fractale* », certains tentent directement leur chance sur les marchés, et là, surprise… « *En vérité, notre connaissance est à ce jour si restreinte que personne n'a fait état de grand succès en ce domaine.* »[4] Ainsi, pour fascinante que soit l'hypothèse des mathématiques fractales, et remarquable la présentation, très intuitive, qu'en fait

---

[2] BAVEREZ N., *La France qui tombe*, Perrin, 2003, p. 85.

[3] MANDELBROT B. et HUDSON R.L., *Une approche fractale des marchés – Risquer, perdre et gagner*, Odile Jacob, 2005 (2004), p. 6.

[4] *Ibid.*, p. 281.

Mandelbrot, rien ne permet pour le moment d'affirmer qu'elles soient porteuses d'une meilleure maîtrise des forces de la finance, et ce, indépendamment des développements qu'elles pourraient connaître à l'avenir.

Continuons notre tour d'horizon. Si l'on délaisse un instant les places boursières pour s'intéresser plus largement au mouvement dans lequel se fait et se défait l'ordre du monde (et non pas seulement celui des marchés mondiaux), la faillite de l'expertise est également notoire. On pourrait parler de la spectaculaire bévue de Fukuyama sur la fin de l'histoire, alors que les pays occidentaux, qui sont le premier théâtre de cet avènement, meurent de peur comme jamais et ne savent même pas vraiment de quoi. En France, l'expert multicartes par excellence et ancien président du Conseil de surveillance du *Monde*, Alain Minc, voyait en 1986 le bloc soviétique prêt à conquérir une Europe continentale gangrenée par l'Etat-providence (*Le syndrome finlandais*), en 1997 un consensus émerger autour des bienfaits de la globalisation (*La mondialisation heureuse*), et en 2000 l'économie numérique ouvrir un cycle de croissance irrésistible (*www.capitalisme.fr*). Et ceci, pour ne rien dire de la « crise » financière ouverte à l'été 2007, qui suscite une débauche jamais vue de commentaires absurdes et intransigeants... En écoutant les experts, on est tout de suite frappé de les découvrir si univoques. Ils parlent d'une seule voix, non seulement dans la même langue (car ils ont une langue bien à eux), mais aussi dans le même sens – qui n'est presque jamais celui que prennent les événements. Pour donner encore une idée de ces rationalisations *a posteriori* que nous retrouverons tout au long de ce travail, et en piochant cette fois une dizaine d'années en arrière, on lisait dans *Le Monde*, au moment de la « crise » asiatique, ces lignes imperturbables : « *Même s'ils ne l'avaient guère annoncée, [les experts] expliquent aujourd'hui que la chute du baht était inéluctable, compte tenu des déséquilibres croissants de l'économie thaïlandaise.* »[5] Pour notre part, nous n'avons pas l'assurance suffisante pour affirmer que l'erreur soit toujours volontaire. D'ailleurs, en partant d'un tel postulat, quelle autre conclusion que paranoïaque nous resterait-il à tirer ?

---

[5] DELHOMMAIS P.-A., « La dure et juste loi des marchés financiers », *Le Monde*, 17 octobre 1998, p. 1 et 15.

Par ce rapide survol, en donnant quelques exemples, nous voulons attirer l'attention sur un fait très simple, qui est le point de départ de notre réflexion : à savoir que l'expertise est *à la fois* hégémonique et impuissante. Elle impose partout ses méthodes, sans toucher son but (quant à savoir si celui-ci est désirable, c'est une autre affaire). Même si l'on s'en tient à ses propres critères, elle n'a rien à nous apprendre.

Notre propos n'est de toute façon pas de remplacer un modèle, un déterminisme par un autre. Une question élémentaire nous vient à l'esprit : pourquoi ce discours monolithique, qui varie si peu et se trompe autant, s'impose-t-il aussi facilement ? Et s'il résonne avec autant de force, pourquoi son objet continue-t-il à lui échapper, que ne parvient-il à le fondre dans son moule, sur le mode de la prophétie auto-réalisatrice ? Pour le dire autrement : la puissance d'analyse de l'expertise est à peu près nulle, son pouvoir de suggestion est immense. Mais cette suggestion n'a rien d'unilatéral. Elle engendre un univers apparemment contradictoire, unidimensionnel et imprévisible. Elle est, pour reprendre une distinction de Tarde, « extra-logique ». Ce sont ces cordes « extra-logiques » que les experts font vibrer malgré eux ou en tout cas sans préméditation, et même d'autant mieux qu'ils le préméditent moins, dont nous voudrions faire entendre les modulations, dans la sécheresse des équations ou le bruyant bavardage des médias et des salles de marché.

Le point commun de tous ceux que nous appelons « experts » – car le moment est venu de préciser comment nous comprenons ce terme[6] – tient moins dans une idéologie que dans un état d'esprit. Sans doute, dans la situation présente, cet état d'esprit s'incarne-t-il de façon privilégiée dans le néo-libéralisme. Mais si l'on se contente de décomposer les formes actuelles de cette idéologie, sans interroger le substrat sur lequel elle a prospéré, il nous semble qu'on manque l'essentiel. L'on s'arrête en effet au milieu du gué, si l'on ne prend la peine de remonter au besoin idéologique lui-même, cette tendance à

---

[6] Dans les passages qui suivent, nous n'ajoutons ni ne retranchons rien de fondamental à la « sagesse des gens ordinaires » (la *common decency* d'Orwell). Nous ne faisons que reprendre le mot en son sens le plus populaire – tiens, voilà l'expert ! ». Tout au plus voulons-nous préciser, pour les besoins de la démonstration, cette notion dont aucune autorité n'a arrêté le contenu, et qui nous semble très pertinente.

vouloir enclore la réalité dans un *système* – c'est-à-dire, selon la très juste définition d'Hamelin, dans un « *ensemble de termes nécessairement liés entre eux* »[7], où rien ne se dérobe. Le néo-libéralisme n'est que le dernier avatar, et aussi le plus puissant, car aucun de ses prédécesseurs n'avait connu une fortune comparable, d'une longue série de déterminismes théologiques ou athées (en l'espèce, scientistes), tous porteurs d'une explication définitive sur les turpitudes de la condition humaine, et donc de moyens pour y remédier. « *Les médiateurs peuvent avoir des noms multiples,* note à ce sujet Michel Maffesoli, *l'essence de leur action est identique : une instrumentalisation du mal en vue de son supposé dépassement. Ce qui a pour conséquence (accessoire ?) d'imposer leurs pouvoirs. Le Christ-Sauveur, bien sûr, médiateur par excellence, mais aussi la Raison, le Prolétariat, ou autres entités hypostasiées, sans oublier ces avatars de la médiation que pourront être le confesseur, le psychanalyste, ou l'intellectuel utile en sa forme ultime : l'expert.* »[8] Pour les experts de l'idéologie dominante et les contre-experts qui les contestent, c'est-à-dire étymologiquement (*con-testare*) qui témoignent avec eux, comme sur une boussole le sud fait face au nord, le monde n'a pas de mystères, mais seulement des secrets, qu'il est toujours possible de percer à jour. La sécurité qu'offre leur univers borné n'est certainement pas pour rien dans le succès qu'ils rencontrent.

L'expertise est semblable à une fusée à deux étages, parfaitement solidaires. À la base, on trouve les informaticiens, les physiciens, les généticiens et tous ceux qui font profession d'encoder et de remodeler le monde. Tout de suite au-dessus, il y a les économistes, les sociologues et leurs collègues de sciences sociales, dont le travail est de peser le pour et le contre, les coûts et les avantages. Si l'on prend le cas des manipulations génétiques, c'est particulièrement flagrant. Les experts produisent une masse impressionnante de rapports, ils évaluent en fonction de mille critères. Ils peuvent pourtant se placer du point de vue de l'accroissement de la production, de l'amélioration de la qualité ou de la défense de l'environnement, cela n'a en définitive que peu d'importance,

---

7 HAMELIN O., *Essai sur les éléments principaux de la représentation*, PUF, 1952 (posthume, 1927), p. 5.

8 MAFFESOLI M., *La part du diable – Précis de subversion postmoderne*, Flammarion, 2002, p. 132-133.

puisqu'ils raisonnent tous de la même manière, en mettant des plus et des moins dans des cases. Les experts environnementaux et les associations écologistes parlent la même langue : capital humain, développement local, réservoirs de biodiversité... Personne ne nie que des compétences techniques soient parfois nécessaires pour discuter honnêtement de tel ou tel problème, mais la démarche de l'expertise conduit justement à réduire n'importe quel problème à sa dimension technique. Le langage est nivelé en code, en chaîne de signifiants. Quels que soient son domaine de spécialisation et ses affinités idéologiques (même si nous montrerons que cela est encore plus vrai, et d'une façon très spéciale, pour le néo-libéralisme), l'expert est celui qui met tout à plat, qui tranche les nœuds gordiens, qui *déplie le monde* au moyen d'une conception étroite, quantitative, de l'utilité. Il lui arrive aussi de jongler avec des notions qualitatives : mais alors il met en place des indices pour les évaluer, sans voir que cela revient à les dénaturer. Il réorganise la production, il gère les émotions. Il est celui qui compte, et qui se contente de compter. C'est dans ce cadre, et dans ce cadre seulement, que la discussion est perçue comme légitime. Parmi les experts, il y a donc des psychologues, des écologues, des politologues, des sociologues, d'autres encore, chacun avec son domaine propre – mais comme le raisonnement consiste toujours à reconstituer des systèmes, à mettre des données techniques en rapport avec d'autres données techniques, des chiffres avec des chiffres, aucun ne peut se mesurer à l'économiste, quintessence d'expert, invité à s'exprimer sur tous les sujets.

Le mot de « mondialisation », le plus généralement employé pour décrire la grande mutation contemporaine, ne se contente pas de circonscrire une réalité empirique : il implique un point de vue très précis sur cette mutation, et il se trouve que ce point de vue est exactement celui que nous venons de dire. C'est la perspective économique elle-même, appliquée sans discernement, à l'exclusion de toute autre, dans la rigueur de son déterminisme – l'expertise – qui fait de l'histoire une sorte de fresque à la Puvis de Chavannes, une suite de fondus-enchaînés où la technique se perfectionne, où les échanges s'intensifient peu à peu, du village à l'Etat et au-delà : passage au rouleau compresseur, récit linéaire dont la « mondialisation » est le couronnement. Les transformations de la structure économique se succèdent tandis que la forme économique, qui fournit la trame de ces transformations, reste de son côté intacte. Les époques défilent, et c'est toujours le même film qui passe.

L'arrogance ethnocentrique de cette conception s'étale avec toute la clarté désirable dans l'importante documentation que nous avons rassemblée. Mais à ce stade du raisonnement, nous préférons la citer dans sa version savante, sous la plume d'un économiste reconnu, qui passe l'histoire universelle (Afrique et Amérique pré-colombienne comprises) à ce crible, en quelques chapitres et beaucoup d'à-peu-près. « *La mondialisation actuelle* n'est que *le troisième acte d'une histoire commencée il y a un demi-millénaire*, écrit-il. *Le premier s'est ouvert par la découverte de l'Amérique au XVIe siècle. C'est l'âge des conquistadores espagnols. La deuxième se joue au XIXe siècle. C'est l'âge des marchands anglais.* »[9] Une des seules particularités vraiment notables de notre époque s'incarnerait dans la « *conscience mondiale* » que les médias auraient forgée, sur laquelle les forces économiques seraient « *en retard* »[10]. Sur de telles prémisses, ne peut se poser qu'un problème de réajustement. Le moteur toussote un peu, il faut trouver ce qui ne va pas pour relancer la machine. Hors de la machine, point de salut. « *Au risque de paraître paradoxal,* lit-on, *mieux vaudrait dire que c'est de ne pas être exploités que [les pays pauvres] souffrent davantage, d'être oubliés, abandonnés à leur sort. Les pays les plus pauvres ne sont pas semblables aux ouvriers au sein du capitalisme industriel ; ils sont dans une situation qui est bien plus proche de celle des RMIstes d'aujourd'hui, celle d'exclus.* »[11] Inutile de s'appesantir sur l'inouïe condescendance qui transpire dans cet appel à l'exploitation. L'essentiel nous semble tenir dans cette idée que la « mondialisation » n'est qu'une étape de plus dans le développement du capitalisme, et qu'elle ne diffère pas essentiellement de celles qui l'ont précédée. Sous-entendu : pourquoi dès lors s'inquiéter outre mesure ? Telles que Cohen les présente, les mutations sont incontestables, mais elles n'ont pas l'importance que les non-économistes auraient tendance à leur accorder. Ainsi, la part du commerce dans le PIB des pays riches passe de 12,5 % en 1960 à 20 % en 2000. Au niveau

---

[9] COHEN D., *La mondialisation et ses ennemis*, Grasset, 2004, p. 14. Nous soulignons.
[10] *Ibid.*, p. 17.
[11] *Ibid.*, p. 11.

mondial, elle ne retrouve qu'en 1973 son niveau de 1913.[12] Ces chiffres ne sont pas dérisoires, mais, si on les ramène à la fois aux progrès des transports et à l'action continue des gouvernements (à travers la signature des accords du GATT dès 1947 et la mise en place de l'OMC en 1995), ils n'ont rien de très surprenant. Au pire, ou au mieux, n'y aurait-il qu'un léger renforcement de tendances déjà existantes. De ce point de vue, si l'enchaînement des événements n'est pas nécessairement rationnel, il est du moins toujours explicable.

Or, s'il y a un point sur lequel nous n'aurons de cesse de revenir, c'est que la nouveauté de la situation actuelle se manifeste justement à un autre niveau : au cours des années quatre-vingt-dix, alors que les échanges de marchandises ont augmenté deux à trois fois plus vite que le PIB mondial, le volume des transactions financières, déjà considérable au début de la période, *s'est multiplié par treize*.[13] C'est-à-dire qu'en dix ans, sous une forte pression politique, le volume des produits échangés continue à s'accroître, mais que simultanément la circulation des signes autour de ces produits – monnaies, obligations et surtout actions – se démultiplie sans commune mesure, prenant treize fois plus d'ampleur. Comme le résume l'économiste Dominique Plihon : « *D'après les estimations de la Banque des règlements internationaux, la taille du marché des changes – sur lequel les monnaies nationales sont échangées entre elles – a été multipliée par trois de 1989 à 1998 ; cette année-là, environ 1600 milliards de dollars, soit l'équivalent du PIB annuel de la France, ont transité chaque jour par les marchés de change du monde. Par ailleurs, sur ce marché, les transactions induites par les opérations financières sont cinquante fois plus importantes que celles liées au commerce international de biens et de services. L'interprétation de ces chiffres est simple : la finance internationale suit désormais sa propre logique, qui n'a plus qu'un rapport indirect avec le financement des échanges et les investissements dans l'économie mondiale. L'essentiel des opérations financières consiste en des va-et-vient incessants, de nature*

---

[12] *Ibid.*, p. 79.

[13] *Cf.* COHEN E., *L'ordre économique mondial – Essai sur les autorités de régulation*, Fayard, 2001, p. 129.

spéculative, entre les monnaies et les différents instruments financiers. »[14]

En parlant de mondialisation, on s'en tient implicitement au redéploiement du commerce et de la production, avec de surcroît un petit cachet chic et métissé, comme si le fait de rouler en Toyota, par exemple, ouvrait à une meilleure compréhension de la culture japonaise. Le terme de globalisation nous semble autrement suggestif. Il donne à voir l'émergence d'une sphère auto-référentielle, où les capitaux circulent à toute vitesse, sur eux-mêmes, pour eux-mêmes. L'on ne saurait à notre avis mésestimer l'importance de ce changement, qui s'opère à l'intérieur du capitalisme et qui en fait en même temps tout autre chose.

La globalisation, c'est le moment où la finance prend une importance jamais vue dans l'économie mondiale, et où, dans le même temps, cette même finance devient incapable de se préoccuper d'autre chose que d'elle-même. C'est ainsi que la finance contemporaine décourage l'explication par le mobile capitaliste, suivant l'analyse classique de Schumpeter : désir de création pour une élite d'entrepreneurs, appât du gain pour la foule de leurs imitateurs. Il est facile de montrer qu'elle ne satisfait pas au premier critère, puisque, comme nous allons le voir, au point où nous en sommes, elle retire plus de capital qu'elle n'en émet : elle est moins prométhéenne que molochéenne. Le second point n'est pas mieux assuré, car il est rare que les spéculateurs empochent les sommes énormes qu'il leur arrive de gagner (ou en tout cas, si l'on compare ce qu'ils empochent à ce qu'ils manipulent, la proportion est souvent dérisoire). Ils n'ont en général pas de hâte plus urgente que de les réinvestir, non pas dans une entreprise en particulier, mais de fonds d'investissement en fonds d'investissement, pour les faire valser à nouveau, de sorte que la recherche du profit semble souvent secondaire au regard de l'ivresse opérationnelle qu'elle suscite. La finance évolue en hors-sol,[15] sans rapport avec le *financement* de la production. L'argent joue sur de l'argent, et la main-d'œuvre devient un poids dont il veut se débarrasser. L'on parle par exemple couramment de *dégraissages*, ce qui ne laisse pas d'être éloquent sur le statut

[14] PLIHON D., *Le nouveau capitalisme*, Flammarion, coll. Dominos, 2001, p. 34.
[15] Sur ce terme, *cf.* CHESNAUX J., *Modernité-monde,* La Découverte, coll. Cahiers libres, 1989, p. 12.

du personnel dans cette configuration : du déchet, du rebut, de la graisse. La situation n'a rien à voir avec celle des années trente, lorsque l'effondrement du système économique privait les travailleurs de moyens de subsistance. Le chômage n'entame aujourd'hui en rien l'excellente santé de la finance, ou ne compte pour rien dans ses effondrements périodiques, et les syndicats en sont réduits à manifester pour le maintien des usines et des anciens moyens d'oppression. Lorsque le capital se détache de la production, il n'a plus rien à voir avec la rationalité instrumentale. Il ne représente plus que lui-même, et tente ensuite de recoder le monde en fonction de ses propres représentations. Il devient lui-même au-delà de lui-même : dieu et fantôme.[16] C'est aussi pour cela que la pensée critique se trouve aussi démunie, dans la phase d'autonomisation du code où nous sommes entrés. Elle était habituée à décrypter des signaux trompeurs, comme lorsque Marx dévoilait les rapports de classe derrière les abstractions de l'économie politique, dans la différence entre latent et manifeste que posait Freud dans *L'interprétation des rêves*, ou encore dans une analyse à la Debord, en termes de spectacle. Or voici qu'elle n'a plus affaires à des signes trompeurs mais délirants, insensés. On aura reconnu ici l'empreinte de la pensée de Jean Baudrillard, qui résume tout cela d'une profonde remarque : « *La pensée de la Révolution était puissante contre le capital, mais anéantie devant le fantôme du capital.* »[17] Les rouages du système peuvent se démonter, comme après un accident d'avion, mais ils n'ont aucun secret à livrer. S'il avait une boîte noire pour garder trace des savants calculs, des emballements et des caprices mêlés qui l'ont conduit au krach, nous montrerons qu'elle ne nous apprendrait pas grand-chose. La métaphore souvent employée du battement d'ailes du papillon est instructive à cet égard. En langage d'expert, cela donne cet aveu extraordinaire : « *Les fondamentaux des entreprises jouent un rôle moins important qu'hier dans leur valorisation.* »[18]

Prévenons d'ores et déjà une objection, qui va nous permettre de préciser le cadre où nous situons notre tentative. Il

---

[16] *Cf.* CIORAN, *Exercices d'admiration*, *in Œuvres*, Gallimard, coll. Quarto, 1995 (1986), p. 1568.

[17] BAUDRILLARD J., *À l'ombre des majorités silencieuses*, Denoël, coll. Médiations, 1982, p. 107.

[18] MPACKO PRISO A., « Marchés boursiers : l'accalmie imprévisible », *Les Echos*, 27 et 28 avril 2001, p. 76.

est évident que le processus par lequel la finance s'est émancipée de la production a une origine, des « causes » lointaines si l'on veut. Nous retracerons bien plus tard les grandes étapes de ce mouvement, en comparant plusieurs krachs étalés dans le temps. Pour l'instant, retenons qu'il a connu une accélération décisive dans la seconde moitié des années soixante-dix, à la suite d'une série de décisions politiques qui visaient, selon une rhétorique révélatrice, à « libérer » (mais de quoi ?) les marchés financiers. Dans cet ordre d'idées, le livre très documenté de Serge Halimi[19] décrit la fermentation idéologique autour du néo-libéralisme, en insistant sur son caractère de classe et sa phraséologie révolutionnaire. Mais, s'il s'agit là de conditions nécessaires, elles ne sont certainement pas suffisantes. Nous ne prétendons pas que l'intérêt des détenteurs de capital n'ait joué aucun rôle dans ces mesures, ou qu'elles aient été exclusivement inspirées par le pouvoir de fascination qu'exerce la figure du marché global ; nous disons qu'elles ont été dépassées par les événements. Ce que l'on appelle aujourd'hui la « crise », et qui n'est en fait que l'application la plus normale et la plus quotidienne des principes de l'expertise, en est encore une excellente illustration. À la limite, la question de savoir comment la finance a échappé aux lois de la gravitation a surtout une portée historique. Quelles que soient les étapes du processus, il reste qu'aujourd'hui, elle suit sa propre orbite et qu'aucune règle ne parvient à la décrire, en dépit (ou à cause ?) du raffinement des modèles qui s'y essaient.

C'est sur ce point précis que nous nous séparons des deux grandes synthèses sur les transformations récentes du capitalisme,[20] lesquelles, menées indépendamment l'une de l'autre (en tout cas, à peu près simultanément et sans se mentionner réciproquement), et avec des points de départ différents, dessinent une sorte de dialectique renversée, où le système progresse en récupérant les mouvements de contestation. La récupération de la critique « artiste » de Mai 68 ouvre la voie à de nouvelles techniques de mobilisation plus efficaces (Boltanski et Chiapello), et l'internationalisme

---

[19] HALIMI S., *Le grand bond en arrière – Comment l'ordre libéral s'est imposé au monde*, Fayard, 2004.

[20] *Cf.* BOLTANSKI L. et CHIAPELLO E., *Le nouvel esprit du capitalisme*, Gallimard, coll. Essais, 1999 ; HARDT M. et NEGRI A., *Empire*, 10-18, 2004 (2000).

ouvrier, en rendant partiellement obsolètes les structures de l'Etat-nation, suscite en réponse la déterritorialisation du pouvoir (Hardt et Negri). Dans ces deux analyses, le système devient toujours plus parfait et insaisissable. Ceci nous paraît difficilement contestable, à condition d'immédiatement ajouter qu'il se montre également toujours plus fragile et sujet à la panique (la fameuse « crise » entamée en 2007, à la fin de nos recherches, et qui a connu un spectaculaire emballement à l'automne 2008, en a apporté l'éclatante confirmation). Or ces deux ouvrages, pour remarquables qu'ils soient, ne tiennent que le premier bout de la chaîne. Le mouvement auquel nous assistons, et que nous ne faisons pour l'instant que poser, est bien plus étrange : les flux financiers s'éloignent de plus en plus de toute logique d'investissement productif, aucune règle visible n'ordonne leur circulation ; et *dans le même temps* plus rien dans la vie sociale et dans la vie tout court (manipulations génétiques, marchés des droits à polluer) ne semble en situation de leur échapper. La finance accède simultanément au vide et à la toute-puissance – ou pour mieux dire, en tant que vide à la toute-puissance.

Les écrits des experts suivent une trajectoire parallèle : dans la mesure où les chiffres se vident de leur substance, leur commentaire ne connaît plus de limites. Lorsque nous disons que l'expertise est l'*idéologie* de la financiarisation, c'est en un sens plus fort que celui auquel nous a habitués la tradition marxiste.[21] Celle-ci tend en effet à réduire l'idéologie à une sorte de décoration, de sous-produit théorique qui accompagne les transformations de l'infrastructure (ici, l'accélération de la circulation des marchandises, et surtout autour d'elles, permise par les nouvelles techniques de communication). Ce point de vue a sa part de vérité, dans la mesure où il est évident que l'expertise est l'expression théorique de la globalisation, c'est-à-dire le discours tenu sur elle, et sa langue même. Mais l'on peut dire aussi, avec une égale pertinence, que la globalisation, qui est une *entropie du code*, une entreprise générale de conformation à toutes sortes de chiffres qui ne renvoient qu'à eux-mêmes (les valeurs boursières, le moral des ménages, les

[21] Sur le concept de « fausse conscience » comme conséquence de l'incapacité à saisir le réel dans sa dimension dialectique, et l'« idéologie » qui en est la cristallisation théorique, *cf.* GABEL J., *La fausse conscience – Essai sur la réification*, Minuit, 1977 (1962), p. 19-20.

statistiques de compétitivité, l'avalanche des sondages), est l'expression pratique de l'expertise. Impossible de faire nettement la part des choses entre le discours et ce qu'il commente. Le lien entre l'expertise et la globalisation va plus loin qu'un simple effet rétroactif : il y a entre elles une véritable homologie de forme, un principe identique à l'œuvre.

Toute notre problématique tourne autour de la caractérisation de ce principe. Nous n'allons pas tarder à la reformuler plus précisément, dans chacune des étapes nécessaires pour, comme nous le disions, tenir les deux bouts de la chaîne – mais dans tout cela, nous ne ferons que répondre à une question simple et redoutable, toujours la même : si la finance déborde la logique productive décrite à la fois par Marx et Weber, *de quoi* vit-elle ? Dans cette nouvelle configuration, quels sont les ressorts de l'implication des millions de joueurs sans lesquels elle ne peut survivre ? D'où tire-t-elle son pouvoir de fascination, et par conséquent, quelle est la nature de son emprise sur le monde ?

INTERMEDE LITTERAIRE (1)

Avant d'aller plus loin, il n'est pas inutile de signaler que non seulement l'histoire que nous racontons n'a rien d'incroyable, mais que d'autres l'ont racontée avant nous – car l'écho que l'on en reçoit, assourdi dans la plupart des analyses universitaires, se fait fort et troublant dans plusieurs grands romans contemporains, qui savent trouver les mots pour le « *chaos silencieux et tiède* »[22] que nous cherchons à dire à notre tour : c'est ce privilège que nous voulions marquer en citant en exergue la formule de Murakami.

Les écrivains savent souvent « coller » aux phénomènes économiques, utilisant tel procédé dans une situation donnée, le négligeant quand la situation change, avec une agilité que les sciences humaines ont perdue. Lorsque Zola, dans *L'argent*, démontait les mécanismes financiers de son temps, son écriture et son histoire étaient en adéquation avec ce qu'il avait à dire : son héros se laissait aller à des approximations comptables pour entretenir la valeur des actions de son entreprise et, selon une

---

[22] MURAKAMI H., *La Fin des temps*, Seuil, coll. Points, 2002 (1985), p. 142.

mécanique rigoureuse, cela entraînait sa chute. Zola pouvait écrire, entrant dans la tête de Gundermann, qui représente le type du spéculateur froid, et qui finit par l'emporter : « *La logique seule régnait, la vérité était, en spéculation comme ailleurs, une force toute-puissante. Dès que les cours s'exagéreraient par trop, ils s'effondreraient : la baisse se ferait alors mathématiquement, il serait simplement là pour voir son calcul se réaliser et empocher son gain.* »[23] Quelque outrancier que fût parfois son propos, Zola donnait à voir certains caractères essentiels de son temps, qu'il commentait en quelque sorte de l'intérieur. De même, de manière infiniment moins moniste, pour Thomas Mann dans *Les Buddenbrook*, où l'on voit, sur quatre générations, se déployer (et s'étioler) dans le commerce les effets de l'éthique protestante. Chez ces deux auteurs, et chez d'autres sur lesquels nous reviendrons, en dépit des nombreuses différences que l'on peut observer, il est toujours question d'un parcours relativement balisé, dont on peut connaître les lois et dont les personnages font l'apprentissage. En lisant plusieurs des romans dont on pourrait croire qu'ils poursuivent *mutatis mutandis* le même objectif à notre époque, puisque leurs héros travaillent dans la finance ou l'informatique, on a le sentiment que la règle du jeu s'est perdue en route. Il est frappant de voir comment, depuis environ deux décennies, pour se confronter aux phénomènes économiques, les écrivains font de moins en moins appel au roman « pédagogique », comme Zola et le jeune Mann. Il n'y a plus d'apprentissage possible parce qu'il n'y a plus rien à apprendre. On lit par exemple dans *Cosmopolis*, de Don DeLillo : « *Il y avait des chiffres qui glissaient horizontalement et des histogrammes qui montaient et descendaient. Il savait qu'il y avait quelque chose que personne n'avait détecté, un motif latent dans la nature même, un saut de langage-image qui allait au-delà des modèles standard d'analyse technique et dépassait même les tableaux prévisionnels les plus ésotériques de ses propres disciples dans ce domaine. Il y avait forcément un moyen d'expliquer le yen.* »[24]

[23] ZOLA E., *L'argent*, *in Les Rougon-Macquart*, t. V, Robert Laffont, coll. Bouquins, 2002 (1891), p. 471. De manière similaire, dans *Bel-ami*, Duroy finit par « tomber » pour une affaire de délit d'initié, retracée dans le détail.

[24] DELILLO D., *Cosmopolis*, Actes Sud, Arles, 2003, p. 74.

Ce moyen, bien sûr, ne vient jamais. Les chiffres défilent sur les écrans, et aucun ordinateur ne parvient à percer leur secret. Il n'y a plus d'axe autour duquel ordonner l'action et la compréhension : les auteurs abandonnent la narration linéaire. Dans *Cosmopolis*, *American Psycho*, *Glamorama*, *La Fin des temps* ou encore *La perte de l'image*, l'on voit la finance échapper à ceux qui détiennent l'argent, la violence se répandre de manière purement aléatoire, les ordinateurs tout envahir et triompher une sorte de primitivisme technologique. Nous commenterons en temps voulu chacun de ces ouvrages, pour en dégager la portée sociologique. Mais ici, nous nous limitons à la remarque suivante : si les sciences humaines et la littérature se mettent à diverger aussi radicalement (ce qui constitue une nouveauté, puisque Durkheim et Zola, ou Weber et Mann, participaient au fond de la même démarche), non seulement par leurs méthodes, ce qui est légitime, mais par leurs questionnements et leurs objets mêmes, jusqu'à donner le sentiment de décrire deux univers si différents qu'ils en deviennent incompatibles, il n'est plus possible de se réfugier dans une espèce de pluralisme mou. Si l'un des portraits est ressemblant, il faut que l'autre soit raté. De deux choses l'une : ou bien la littérature est la caisse de résonance de préjugés regrettables, que la science est en droit de redresser ; ou bien c'est la science qui est devenue incapable de poser les problèmes de son époque. Et si, comme les déconvenues de l'expertise le laissent supposer, le deuxième terme de l'alternative est le bon, cela ne signifie pas que la science de l'homme soit devenue impossible, ou qu'elle doive renoncer à la spécificité de son discours. Cela veut simplement dire qu'un certain type d'approche, inspiré par le modèle dix-neuviémiste du récit, ne permet pas de rendre compte de phénomènes tels que l'emprise de la finance : ce qui n'est pas si grave, et qui n'appelle ni crispation positiviste ni dérive spontanéiste. La finance est auto-référentielle, elle échappe à toute règle de proportion, ce qui la rend jusqu'à preuve du contraire imprévisible, *inexplicable*, au sens où le système de Newton explique la chute des corps. Ce n'est donc pas comme s'il suffisait de connaître l'épicentre et l'amplitude du séisme pour en calculer les effets. Le plus urgent, nous semble-t-il, est de comprendre comment on en est arrivé là, et de réfléchir à la méthode adéquate pour étudier ce phénomène qui défie toute mesure.

LES MIROIRS ET LE LABYRINTHE : OU COMMENT LA FINANCE S'ISOLE DANS SA BULLE

Depuis le début, nous avons surtout illustré notre hypothèse de la déconnexion de la finance négativement, en montrant à quel point le mode de raisonnement causaliste est démuni face à l'ampleur qu'elle a prise. Nous avons aussi répété qu'une forme délirante de causalisme est le trait caractéristique de l'expertise. Il y a entre ces deux propositions une articulation qui reste à penser : il faut comprendre comment l'expertise, qui postule un déterminisme sans nuances, peut être le moteur idéologique de ce qui lui est apparemment le plus contraire : l'entropie de la finance. Ce double caractère unidimensionnel et incontrôlable de la finance est moins un paradoxe qu'un problème mal posé. S'il semble inextricable, la faute en revient avant tout à un dualisme arbitraire, qui voudrait qu'il y ait une réalité économique donnée d'un côté, et des observateurs qui influent sur elle de l'autre. À partir de là, il ne resterait plus qu'à réunir le maximum d'informations sur cette réalité (traduisons : des chiffres), et à formaliser le comportement des investisseurs (des chiffres encore), pour obtenir l'approximation la plus exacte possible. De ce point de vue, tout est simple : tout le monde veut gagner de l'argent et tout le monde élabore une stratégie pour cela.

Même si l'on admet très provisoirement cette hypothèse, laquelle dispense de se demander ce que représentent les actions et le marché aux yeux des spéculateurs, cela ne tranche pourtant pas la question de savoir comment se décide la « bonne » réponse, celle qui permet de gagner de l'argent. Il n'est pas du tout prouvé en effet qu'elle soit l'émanation d'une quelconque « réalité » économique, dont chacun détiendrait une parcelle, et qui émergerait du chaos de leur confrontation, dans le grand puzzle de la main invisible. Keynes montre brillamment le peu de vraisemblance de cette conception, au douzième chapitre de la *Théorie générale*, à travers la métaphore du concours de beauté :

> « La technique du placement peut être comparée à ces concours organisés par les journaux où les participants ont à choisir les six plus jolis visages parmi une centaine de photographies, le prix étant attribué à celui dont les préférences s'approchent le plus de la sélection moyenne opérée par les concurrents. Chaque concurrent doit donc choisir non les visages qu'il juge lui-même les plus jolis,

mais ceux qu'il estime les plus propres à obtenir le suffrage des autres concurrents, lesquels examinent tous le problème sous le même angle. Il ne s'agit donc pas pour chacun de choisir les visages qui, autant qu'il puisse en juger, sont réellement les plus jolis ni même ceux que l'opinion moyenne considérera réellement comme tels. Au troisième degré où nous sommes déjà rendus, on emploie ses facultés à découvrir l'idée que l'opinion moyenne se fera à l'avance de son propre jugement. Et il y a des personnes, croyons-nous, qui vont au quatrième ou cinquième degré ou plus loin encore. »[25]

La moyenne en fonction de laquelle agissent les spéculateurs est donc une projection, une création psychique collective. Nous ne savons pas encore dans quelle mesure le réel disparaît derrière elle (pour répondre à cette question, nous devrons d'abord demander ce que cela veut dire, d'exprimer le réel en termes économiques), mais il est certain qu'elle n'est pas seulement un filtre qui se contenterait de le déformer. Elle a une existence propre, et se développe de façon autonome. Inutile d'essayer de reconstituer un sol aussi mouvant à l'aide d'outils mathématiques, fussent-ils fractals : les résultats de ces tentatives sont là pour nous édifier. Imaginons même que nous ayons en notre possession une martingale, qui nous permettrait d'obtenir des gains supérieurs à la moyenne, sur une durée significative. Il faudrait alors que nous gardions le plus grand secret, car si cela se savait (et en ce milieu, où l'on ne peut se positionner que par rapport aux autres, tout finit par se savoir), nous nous découvririons bientôt de nombreux imitateurs, qui demanderaient les mêmes actions que nous (et donc feraient monter leur prix), les vendraient au même moment (et amoindriraient d'autant nos gains), de sorte que notre avantage finirait par s'annuler. Si le modèle, en la matière, est une impossibilité dans les termes, c'est parce que la finance est modifiée en permanence par les perceptions de ceux qui la font. *Esse est percipi* : être, c'est être perçu. La sophistique mathématique prolifère et se perd dans la maxime de Gracian.

Mais, nous dira-t-on peut-être, si cela est, cela ne devrait pas être. Dans un *vrai* marché, dans un marché honnête, obéissant à la raison, au principe de réalité (ces expressions sont synonymes), les choses ne se passent pas ainsi. Certes. L'inconvénient, c'est qu'un tel marché n'existe que dans les

---

[25] KEYNES J.M., *Théorie générale de l'emploi, de l'intérêt et de la monnaie*, Payot, 2005 (1936), p. 171.

équations et les expériences de laboratoire.[26] À l'intérieur de son système, la science économique officielle ne se laisse pas facilement prendre en défaut – mais à l'intérieur de son système seulement. L'essentiel de ses recommandations consiste à réclamer plus de « transparence » : c'est-à-dire concrètement que, si ses prédictions ne se réalisent pas, ce n'est pas parce qu'elle se trompe, mais parce qu'on ne lui obéit pas. Ce mot de « transparence » n'est rien d'autre qu'une conjuration. Il signifie que nous devons devenir plus clairs, plus lisibles, plus numériques, pour qu'adviennent les miracles promis par les équations des économistes. Nous devons être plus purs et nous réfléchir sans cesse les uns les autres.

Cependant, l'expérience montre que plus l'on tend vers un tel idéal, plus le système donne des résultats aberrants : ce qui se comprend aisément, pour peu que l'on abandonne cette fausse séparation du psychologique et de l'économique. Borges dit quelque part cette chose très belle et très vraie, que *deux miroirs font un labyrinthe*. Il faut se représenter, autant qu'il est possible, ce que cela donne quand des centaines de milliers d'hommes, qui travaillent à être vides, passent leur temps à fouiller dans le regard les uns des autres pour savoir que faire. Le problème se complique encore si l'on songe que l'on n'a plus, ou très marginalement, affaire à des agents de change se réunissant en un lieu physique (comme la Corbeille du Palais Brongniart,[27] où se passe une bonne partie du roman de Zola), mais à un processus entièrement informatisé, auquel chacun est convié, dans lequel les ordres et les contre-ordres se succèdent à une vitesse insaisissable : *accélération en apesanteur* qui constitue un changement non de degré, mais de nature. S'il y a agrégation, celle-ci est mobile, aléatoire. Les gourous sont moins des émetteurs que des paratonnerres, moins des

[26] Et encore celles-ci en disent-elles plus sur ceux qui les conçoivent que sur ceux qui les subissent. Pour l'analyse claire et serrée de l'une d'entre elles, *cf.* VENTELOU B., *Au-delà de la rareté – La croissance économique comme construction sociale*, Albin Michel, coll. Economie, 2001, chap. I.

[27] Celui-ci a tout simplement été transformé en musée et en bureaux. De telles « criées » boursières existent encore à Londres ou New York, mais ce sont des survivances folkloriques. Les sommes qui y circulent ne sont pas comparables avec les flux gigantesques (et d'ailleurs impossibles à mesurer précisément) qui passent dans les réseaux virtuels, rattachés formellement à ces mêmes places.

marionnettistes que des marionnettes, comme celles de la nouvelle de Kleist,[28] qui tomberaient si elles réfléchissaient à ce qui les fait tenir debout.

Nous le disons aussi tranquillement que possible, après plusieurs années d'enquête et de réflexion : les experts ne sont généralement pas les grands manipulateurs que les contestataires inventent parfois pour s'effrayer. Supposons-le néanmoins un instant. L'hypothèse est vraisemblable dans le cas de quelques hommes pris isolément, mais elle ne l'est pas à grande échelle, dans un groupe aussi vaste : c'est un discours identique qui se retrouve, à d'infimes détails près chez tous les experts, professionnels de la finance et chercheurs, journalistes spécialisés ou non. Pour qu'il y ait manipulation, il faudrait donc qu'elle soit générale et souverainement habile, car elle impliquerait que les experts soient assez cyniques pour produire statistiques sur statistiques, tout en sachant qu'elles n'ont aucune valeur, qu'ils mentent en permanence *et surtout qu'ils fassent tous le même mensonge*, sans jamais faiblir ni avoir besoin de se concerter. Tout cela ne tient guère la route. Ce n'est pas pour autant que nous comptions les experts comme quantité négligeable. Au contraire, nous l'avons dit, leur verbiage emplit les médias et l'université, il envahit jusqu'à la langue de tous les jours. En fait, lorsque nous insistons sur le rôle qu'ils jouent, occupés à débattre de choix stratégiques, nous parlons moins du contenu de ces débats que du bruit de fond, de l'agitation, de la ferveur qu'ils entretiennent, un peu comme le tambour rythme l'effort des galériens. Sauf qu'ici, il s'agit d'une sorte de bourdonnement continuel émis par les galériens eux-mêmes, et d'autant plus crucial qu'aucune chaîne ne les retient au navire : il n'y a de chaîne, et de navire, qu'aussi longtemps qu'ils chantent. Ils s'hypnotisent les uns les autres. Comme de grandes forces se mettent en mouvement lorsqu'ils parlent, ils en viennent volontiers à croire qu'ils les manipulent – d'où à la fois l'ivresse qui les saisit, l'ardeur redoublée qu'ils mettent à leur tâche et l'air machiavélique, suprêmement désillusionné qu'ils ne détestent pas prendre en privé. L'un des plus célèbres, George Soros, déclare : « *Il est rare de trouver un domaine où la théorie et la pratique sont aussi éloignées l'une de l'autre, cédant la place à l'alchimie, aux magiciens et aux illusionnistes. Je suis bien placé pour le savoir, car on m'a fait*

---

[28] KLEIST H. VON, *Sur le théâtre de marionnettes*, Mille et une nuits, 2003 (1805).

la réputation d'un magicien, surtout en Asie, ce qui m'aurait permis de manipuler les marchés si je n'avais résisté à la tentation. »[29] Peut-être surestime-t-il son influence, qui ne l'a pas empêché de perdre des sommes très importantes à l'époque ; mais laissons cela pour l'instant, nous y reviendrons. Si ses propos sont intéressants, c'est surtout parce qu'une figure rhétorique fréquente chez les experts s'y retrouve pour ainsi dire à l'état pur. Soros reconnaît qu'il y a de l'alchimie, des magiciens et des illusionnistes, mais il en fait des épiphénomènes, des interférences propres à perturber les vraies lois de l'économie, non à les modifier substantiellement. Finalement, en suivant son raisonnement, l'effet de ces lois est d'autant plus décisif qu'il est crypté : c'est ainsi que l'expert ignifuge son scientisme, à coup de causes secrètes et d'hypothèses invérifiables – pour dire le mot : *délirantes*, dans la mesure où le délire commence justement lorsqu'on se met à vouloir tout expliquer.[30] La finance contemporaine est le produit de raisonnements de ce type lorsque, à force de tourner sur eux-mêmes, ils ont perdu tout lien avec le reste du monde et la consistance des choses.

LE MYTHE ET SON EFFICACE : ORIGINALITE DE L'APPROCHE JUNGUIENNE

L'expertise et la contre-expertise sont donc pour nous deux façons symétriques d'esquiver le véritable problème, qui est de savoir *de quoi* vit la finance. Ou encore, pour nous exprimer un peu plus trivialement : qu'est-ce qui fait courir les financiers, qu'est-ce qui les pousse à bâtir tous ces modèles sans queue ni tête, à tenir tous ces discours qui ne disent rien ? Car enfin, s'ils n'y croyaient plus, s'ils cessaient de jouer, la finance s'effondrerait simplement. Elle tomberait comme un fruit mûr, ou comme un vulgaire mur de Berlin. La finance ne tient que par les forces qu'elle déchaîne, elle n'existe qu'aussi longtemps que l'on croit en elle. Que le lecteur nous pardonne ce truisme : tout ce que nous avons dit du concours de beauté n'est valable

---

[29] SOROS G., *La crise du capitalisme mondial – L'intégrisme des marchés*, Plon, 1999 (1998), p. 97.

[30] *Cf.* BAYARD P., *Qui a tué Roger Ackroyd ?*, Minuit, 2002 (1998), p. 109.

qu'à la condition qu'il se trouve des gens pour y participer. L'on peut s'en faire une idée en lisant quelques lignes de Minc, qui citait la fameuse phrase de Shakespeare, selon laquelle la vie est une histoire de fous, contée par un idiot et qui ne signifie rien. Et de s'exclamer aussitôt : « *Histoire de fous à coup sûr : la chronologie des secousses, à-coups, enthousiasmes, dépressions qui font la vie du marché ! Idiots naturellement : ces opérateurs vissés à leurs tables de change, prisonniers de l'atmosphère névrotique des salles de marché, à la merci du moindre "tuyau crevé", à l'inculture économique impressionnante, à l'ignorance historique encyclopédique, auprès desquels les analystes financiers, si souvent craints des patrons, pourraient, malgré leur jeunesse et leurs* a priori, *passer pour des génies. Mais histoire qui veut dire quelque chose : la main invisible existe, nous l'avons tous rencontrée.* »[31] Face aux contestataires de tous bords, en dernier ressort, les experts se contentent d'affirmer que le marché est au-delà de notre champ d'action, voire de compréhension : que l'enchaînement des causes est si complexe qu'il n'y a rien d'autre à faire que de s'y soumettre. À la rigueur, plus ses manifestations sont erratiques, plus son principe donne de gages de transcendance. C'est pour cela que l'on peut à bon droit qualifier la finance de *mythe*, c'est-à-dire, suivant la définition d'Ellul, concise et excellente, « *la construction d'un ensemble d'événements, ramenés à une* histoire, *à partir d'une structure et aboutissant à un absolu.* »[32]

Un mythe n'est pas vrai ou faux ; il est cru, ou il ne l'est pas ; et s'il l'est il se déploie. Si Minc affirme que la main invisible existe, si les opérateurs, les patrons et les professeurs que nous avons interrogés disent la même chose, si cette croyance est suffisamment forte pour attirer les économies des épargnants, voire pour convaincre des salariés-actionnaires de consentir à leur propre licenciement, alors l'affaire est entendue : la main invisible existe – qu'elle corresponde aux équations des économistes, c'est autre chose. Comme le remarque Sorel, « *un mythe ne saurait être réfuté puisqu'il est, au fond, identique aux convictions du groupe, qu'il est l'expression de ces convictions en langage de mouvement [...]. [...] Il importe [...] fort peu de savoir ce que les mythes*

---

[31] MINC A., *www.capitalisme.fr*, Grasset, 2000, p. 10.
[32] ELLUL J., *L'illusion politique*, Le Livre de poche, 1977 (1961), p. 285.

renferment de détails destinés à apparaître réellement sur le plan de l'histoire future ; ce ne sont pas des almanachs astrologiques ; il peut même arriver que rien de ce qu'ils prédisent ne se produise, – comme ce fut le cas pour la catastrophe attendue par les premiers chrétiens. »[33] Il s'agit moins ici de *causes* que d'un *moteur*. Il y a là une nuance que notre formation ne nous dispose généralement pas à saisir. Les sciences humaines, le roman policier et la psychanalyse, pour ne reprendre que trois produits typiques de la modernité, ont en commun de reposer sur la suprématie du raisonnement hypothético-déductif, et mettent en scène un observateur omniscient, placé au-dessus de la mêlée.[34] Il s'agit toujours de résoudre des énigmes, de reconstituer l'enchaînement des causes et des effets. Placés devant un mythe, notre premier réflexe est souvent de chercher ce qui se cache derrière. Pour comprendre un sort, nous sommes toujours tentés de demander qui l'a jeté, et dans quel but. Dans la même lignée, la plupart des études sur notre sujet s'en tient à des considérations historiques et tactiques, retrace les grandes étapes de la conquête néo-libérale et croit avoir tout dit. Mais en les lisant, on ne saisit pas comment ces théoriciens dont les erreurs, les méprises et les préjugés sont rappelés presque à chaque page, ont soudain trouvé un tel écho, alors que quelques années auparavant, ils ne disposaient d'aucun relais. Halimi a beau retracer leurs manœuvres dans le détail, en rappelant qu'elles ont été longuement mûries (dès le lendemain de la seconde guerre mondiale, à la société du Mont-Pèlerin), l'on ne peut se défendre de l'impression qu'il les trouve habiles pour la seule raison qu'elles ont réussie.

---

[33] SOREL G., *Réflexions sur la violence*, Seuil, 1991 (1907), p. 30 et 119.

[34] Cela pourrait sembler moins vrai de la psychanalyse, dont les praticiens reconnaissent avoir une marge d'erreur considérable. Mais il s'agit là des défaillances humaines des psychanalystes, tandis que la méthode psychanalytique elle-même ne souffre pas la contestation. Freud, dans des lignes célèbres, la tient pour aussi assurée que la découverte copernicienne ou la théorie de l'évolution. Ce sont trois démentis d'égale importance infligés à ce qu'il appelle l'« égoïsme naïf » et la « mégalomanie » de l'humanité. *Cf.* FREUD S., *Introduction à la psychanalyse*, Payot, coll. Petite bibliothèque, 2001 (1917), p. 343-344.

Cette déduction a quelque chose de hâtif. Ce qui étonne, dans l'assomption de la finance, ce serait d'ailleurs plutôt l'inverse : le dénuement de ses adversaires, la relative faiblesse des résistances qui lui ont été opposées, et leur caractère désespéré (que ce soient les grandes grèves des mineurs anglais dans la première moitié des années quatre-vingts ou les manifestations françaises de décembre 1995). « *Quand il se présente une occasion considérable où il n'y a rien à vaincre, parce qu'il n'y a rien à combattre, ce qui est très rare, elle donne à leur autorité un éclat pur, innocent, non mélangé, qui ne l'établit pas seulement, mais qui leur fait même tirer, dans les suites, du mérite de tout ce qu'ils ne font pas, presque également que de ce qu'ils font* »[35] : cela paraît avoir été écrit pour les experts. Nous ne demandons pas comment, ni par qui, a été imposée l'idéologie globalisante : la question semble presque aussi vaine que de savoir par quelles ruses une secte de Judée a conquis Rome et son empire – et surtout, dans ses termes mêmes, elle suppose que cette idéologie s'applique aussi directement qu'un logiciel, et qu'il suffirait d'en démonter les ressorts pour en comprendre les effets : ce qui n'a guère de fondement, dans le labyrinthe des miroirs. À notre sens, cette analyse repose sur une confusion entre l'efficacité, telle que la définissent les manuels d'économie (un simple rapport technique[36]), et suivant le mot que Maffesoli emprunte à la philosophie médiévale, *l'efficace* du mythe, c'est-à-dire tout ensemble sa dynamique et sa puissance d'agrégation. C'est une chose de décoder le discours des experts ; c'en est une autre de comprendre comment il *résonne* : et c'est là que commence notre tentative. D'où que vienne, par exemple, cette métaphore de la main invisible (qui l'a utilisée le premier pour désigner le marché, quelles nuances chacun y a ajoutées, quels médias l'ont répandue, *etc.*), il n'empêche que c'est autour de cette représentation, de cette image où se fondent curieusement la raison et le mystère des choses, que s'agglutinent et se déterminent les adeptes de la finance. Nous touchons là aux limites d'une perspective purement sociologique, disons constructiviste, qui fait toujours résider le secret de la puissance

---

[35] C[al] DE RETZ, *Mémoires*, Gallimard, coll. Folio-classique, 2003 (posthume, 1717), p. 106.

[36] *Cf.* MANKIW N.G., *Principes de l'Economie*, Economica, 1998, p. 958 : « Efficacité : *la capacité de la société à tirer le maximum de ses ressources rares.* »

des « grandes images » à l'extérieur d'elles-mêmes, en fonction non de ce qu'elles sont mais de ce qu'elles sont censées *représenter* : par exemple l'idéologie d'une société donnée, ou les traumatismes, les espoirs et les désirs d'un patient comme dans la psychanalyse orthodoxe. Il existe une autre manière de procéder, que nous allons essayer de faire nôtre, et que résume une phrase d'apparence obscure que Jung aimait à citer : « *Le rêve n'est pas une façade.* »[37]

C'est tout l'enjeu de l'hypothèse, décisive pour notre travail, de l'*inconscient collectif* – hypothèse à laquelle Jung n'est venu qu'avec prudence, qu'il appuie sur d'innombrables éléments empiriques, qu'il ne cesse de préciser tout au long de son œuvre, et à laquelle on a pourtant fait dire à peu près n'importe quoi. Si vraiment nous venons au monde comme des pages blanches, que la société s'est contentée de remplir, on comprend mal le sentiment d'étrange familiarité qu'éveillent parfois des œuvres dont nous séparent la distance et le temps. On ne voit pas qu'un conte de fées comme Cendrillon puisse naître en Chine et nous parvenir, dans un contexte culturel difficilement comparable, sans se transformer essentiellement. Dans un article captivant,[38] répondant à une analyse structuraliste des *Chats* de Baudelaire, Gilbert Durand montre qu'il est impossible de ramener le poème au jeu formel des syntaxes et des phonétismes : en remplaçant le mot « chat » par un autre qui lui est extérieurement proche, le poème se disloque pour ainsi dire sous nos yeux. Tandis qu'inversement, si l'on se plonge dans la traduction japonaise, où l'auteur a dû chercher des équivalents aux références classiques de l'original, l'on s'aperçoit que la « *tradition japonaise, tant littéraire que populaire,* renforce *encore la thématique occidentale du chat, donnant au poème de Baudelaire, tout en le dépouillant de ses sonorités, de sa syntaxe, un ton encore plus baudelairien, s'il se pouvait, et en particulier, suggérant autour de cette thématique tout un cortège de sombres et démoniaques images.* »[39] La puissance d'évocation de l'image du chat passe les barrières

[37] Cité par BAUDOIN Ch., *L'œuvre de Jung*, Payot, coll. Petite bibliothèque, 2002 (1963), p. 106.
[38] « Les chats, les rats et les structuralistes », originellement publié en 1969, repris dans DURAND G., *Figures mythiques et visages de l'œuvre – de la mythocritique à la mythanalyse*, Dunod, 1992 (1979), chap. IV.
[39] *Ibid.*, p. 101.

linguistiques ou culturelles, sans qu'on puisse ramener ce noyau commun à une influence, dans un sens ou dans l'autre, entre la France et le Japon. L'on pourrait multiplier les exemples de ce genre, en relevant les traits communs aux déesses-mères de civilisations qui n'avaient pas ou peu de contacts entre elles, sans qu'il soit possible de les déduire de structures familiales très dissemblables, ou en montrant que le symbolisme destructeur, purificateur et érotique du feu se retrouve aussi bien dans les images chrétiennes de l'enfer, dans le *Sermon sur le feu* du Bouddha, que dans le cinéma contemporain.[40]

En simplifiant un peu, c'est en notant d'une part que les rêves de ses patients n'étaient pas de simples reflets, même déformés, des événements extérieurs de leurs vies, et d'autre part en retrouvant certains de leurs symboles dans les sources les plus lointaines et les plus improbables, que Jung a avancé son idée d'une sorte de faculté créatrice commune à l'ensemble de l'humanité, organisée autour d'images fondamentales (*Urbilder*) innées, non représentables en elles-mêmes et qui engendrent les constellations les plus diverses : les *archétypes*. « *Un archétype*, écrit-il, *est quelque chose de comparable à une vieille gorge encaissée dans laquelle les flots de la vie ont longtemps coulé. Plus ils ont creusé ce lit, plus ils ont gardé cette direction et plus il est probable qu'ils y retourneront.* »[41] « *Cette âme est dans l'individu isolé ce qu'elle est aussi chez un grand nombre, et, finalement, elle est en tous. Elle constitue le support de toute psyché individuelle, comme la mer porte les vagues.* »[42] Le terme d'inconscient collectif est à prendre

---

[40] Pour une lecture croisée des figures de la déesse-mère et du feu dans un cadre contemporain, nous nous permettons de renvoyer à ce que nous disions d'un film de Brian de Palma, *Carrie*, dans notre mémoire de maîtrise, *Dialectique de l'ombre et de la lumière – Cinéma d'épouvante et conte de fées par la voie des profondeurs*, soutenu en 2002 à l'IEP de Grenoble, p. 86 *sq.* Au passage, nous rendons hommage au Pr. Claude Boyard, qui a dirigé notre premier travail avec rigueur et ouverture d'esprit.

[41] JUNG C.G., *Aspects du drame contemporain*, Buchet-Chastel, 1971, p. 164. Plusieurs livres de Jung sont des recueils d'articles, qui ne recoupent de surcroît pas toujours les compilations des originaux allemands. Par souci de simplicité, nous ne donnerons pas dans ce cas les dates de première édition.

[42] JUNG C.G., *La psychologie du transfert*, Albin Michel, 1981 (1945), p. 21.

absolument au pied de la lettre : il s'agit de ce qui n'est pas conscient, et qui ne se laisse pas réduire aux événements particuliers de la vie d'un sujet ou d'une collectivité. Ici se pose un problème de traduction puisque, au lieu de *kollektiv*, Jung emploie parfois l'adjectif *überpersönlich* qu'on ne peut rendre que par une périphrase du type « qui dépasse la personne » (certains traducteurs tentent « supra-individuel », mais le néologisme passe mal en français). Cet inconscient collectif ne dépend pas causalement de la « conscience collective » qui se forme dans les rites dont parle Durkheim, à la manière de l'inconscient freudien qui est le produit du refoulement individuel ; il ne dérive pas non plus bien sûr d'un substrat racial, contrairement à un contre-sens qui est une spécialité française.[43] Le texte junguien parle de lui-même : « *J'ai choisi le terme "collectif" parce que cet inconscient n'est pas de nature individuelle mais* universelle *: par opposition à la psyché personnelle, il a des contenus et des modes de comportements qui sont –* cum grano salis *– les mêmes partout et chez tous les individus.* »[44]

Nous ne voulons pas en rajouter dans les concepts – c'est sur pièces que nous allons montrer la richesse de cette approche, non en multipliant les considérations théoriques. Pour le moment, il importe moins de définir précisément les diverses notions dont nous nous servirons que de faire sentir l'ambiance intellectuelle de l'œuvre de Jung. Sa méthode d'interprétation consiste, autant que possible, à interpréter les rêves, les contes, les mythes, bref, toutes les sortes de visions, en les mettant en relation les unes avec les autres : moins pour révéler leur sens caché (latent, dirait Freud), que pour laisser émerger leur logique interne. Eliade écrit que, « *lorsqu'il y va de comprendre un comportement étrange ou un système de valeurs exotiques, les démystifier ne sert à rien. Il est futile de proclamer, à propos de la croyance de tant de "primitifs", que leur village et leur maison* ne se trouvent pas *au Centre du Monde. Ce n'est que dans la mesure où l'on* accepte *cette croyance, où l'on comprend le symbolisme du Centre du Monde et son rôle dans*

---

[43] Sur ces questions, et en particulier sur l'attitude courageuse quoique souvent maladroite qui fut celle de Jung dans les années trente et quarante, *cf.* BAIR D., *Jung*, Flammarion, coll. Grandes biographies, 2007 (2003).

[44] JUNG C.G., *Les racines de la conscience – Etudes sur l'archétype*, Buchet-Chastel, 1988 (1954), p. 14. Ces lignes datent de 1934.

la vie d'une société archaïque, qu'on arrive à découvrir les dimensions d'une existence qui se constitue en tant que telle justement par le fait qu'elle se considère située au Centre du Monde. »[45] C'est dans un état d'esprit analogue que nous allons essayer de comprendre l'efficace du mythe de la finance, la puissance des images qu'il mobilise – qui l'animent et le dépassent.

INTERMEDE LITTERAIRE (2)

Là encore, il est possible qu'une analogie littéraire aide à comprendre où nous voulons en venir. Nous avons déjà noté que la finance contemporaine ne donnait plus guère naissance à des récits « explicatifs », mais plutôt à des ouvrages plus difficiles à définir, des livres de sable, des labyrinthes en hors-sol où l'histoire passe au second plan... Non pas, bien sûr, que cette forme d'écriture soit nouvelle. Eliade notait déjà les similitudes entre les mythes australiens dont les héros se déplacent continuellement, sans but précis, et l'*Ulysse* de Joyce ; et Cioran le déclin parallèle des notions d'affabulation, de personnages, d'intrigues et de causalité.[46] De même, au début de *La connaissance ordinaire*, après avoir cité Proust, Michel Maffesoli fait référence à « *ces romans qui ne sont d'aucun lieu ni d'aucun temps précis :* Au château d'Argol, Le jeu des perles de verre, Héliopolis... *[qui] permettent surtout rebondissements et échos* »[47], en insistant sur la nécessité d'une sociologie qui serait le pendant de ces livres, dont le mode d'exposition ne serait pas uniquement celui du dévoilement et de l'explication.

Cependant une précision vient tout de suite à l'esprit : les auteurs de ces livres se plaçaient explicitement en-dehors de la gestion des affaires courantes, que ce fût pour décrire une société d'oisifs ou des univers imaginaires aux préoccupations

---

[45] ELIADE M., *Le sacré et le profane*, Gallimard, coll. Idées, 1975, p. 9.

[46] *Cf.* ELIADE M., *Fragments d'un journal*, Gallimard, coll. Du monde entier, 1973, p. 415-416 (entrée du 7 mars 1963) ; et CIORAN, *La tentation d'exister* (1956), *in Œuvres*, *op. cit.*, p. 909.

[47] MAFFESOLI M., *La connaissance ordinaire – Précis de sociologie compréhensive*, Librairie des Méridiens, coll. Sociétés, 1985, p. 9.

mystiques et guerrières. Si, comme nous l'avons dit, ce style d'écriture gagne la sphère économique, on peut y voir l'indice qu'il s'est passé *quelque chose* au sein de l'économie elle-même, que la logique économique échoue justement à ressaisir. Ecoutons l'héroïne de *La perte de l'image* : « *Désormais, pour tout dire, il s'agit moins de gérer que de jouer. Nous jouons. Que nous le voulions ou non. Nous sommes contraints de jouer avec l'argent, les chiffres, les produits, les marchés. Et si le jeu, dans notre profession, était autrefois synonyme d'aventure, ou plutôt de simple divertissement, il a pris aujourd'hui une part prépondérante, écrasante : nous jouons tous à un jeu d'argent ; nous sommes contraints d'y jouer.* »[48]

Si les écrivains dessinent les contours d'un monde où la finance devient un jeu obligatoire, c'est-à-dire tout autre chose qu'un jeu, un concours de beauté sans visages où la métaphore du casino elle-même devient inexacte (parce que ce n'est pas un jeu à somme nulle, qu'il s'annexe sans cesse de nouveaux domaines, que ses règles changent en permanence ou se dissolvent dans un étrange brouillard à force de transparence), c'est peut-être en effet que l'on assiste à un effacement du sens, à une déconnexion des causes et des effets, que la globalisation tire sa puissance de cette déconnexion, et par conséquent, que la démarche analytique ne suffit pas à épuiser ce basculement : nous ne disons rien de plus.

---

[48] HANDKE P., *La perte de l'image – ou par la Sierra de Gredos*, Gallimard, 2004 (2002), p. 346.

Balzac (*Gobseck*, *Melmoth réconcilié*), Maupassant (*Bel-ami*), Zola (*L'argent*), Mann (*Les Buddenbrook*), Thomas Payne (*Confesssions d'un taoïste à Wall Street*)	Haruki Murakami (*La Fin des temps*), Don DeLillo (*Cosmopolis*), Bret Easton Ellis (*American Psycho*, *Glamorama*), Peter Handke (*La perte de l'image*)
Période couverte relativement longue et précise Processus d'apprentissage (parfois, schéma maître-disciple) Enjeu autour de choses matérielles (ou inversement, du détachement de ces choses) Manœuvres stratégiques, intrigues Relatif optimisme et exhortation à l'action (ou à la contemplation) **Domination du facteur temporel : capitalisme comme processus productif**	Dilatation du temps Absence de clef explicative Enjeu autour de chiffres et déréalisation générale Violence virale, insaisissable Résignation, désespoir, vertige **Domination du facteur spatial : capitalisme en hors-sol, *globalisation***

UNE METHODE : LE DEVOILEMENT DE L'ABSENCE DE SECRET

La difficulté de notre approche est qu'elle récuse, non dans l'absolu, mais dans l'affaire qui nous occupe, l'idée d'une clef cachée derrière le mécanisme, ce qui nous interdit le recours à la forme du roman policier. Son grand avantage est qu'elle nous permet d'écarter nombre de faux problèmes. Elle nous évite par exemple de gloser, après tant d'autres, sur les différences entre les « cultures professionnelles » des pays anglo-saxons et des pays latins (la préférence implicite allant en général aux premiers, plus réceptifs à la flexibilité et aux exercices de transparence[49]), ou sur les subtilités de telle ou telle méthode de

---

[49] Cette thématique n'est évidemment pas nouvelle. Dans l'excellent pamphlet de LASSERRE P., *La Doctrine officielle de l'Université*

gestion. Tout ceci, qui a nourri quantité de rapports et de thèses, est dérisoire par rapport à l'homogénéité de la finance, dont témoigne au premier chef l'homogénéité de cette littérature elle-même. Les experts disent eux-mêmes qu'ils appartiennent à la *communauté financière*, et ils n'emploient jamais l'expression qu'au singulier, alors qu'ils pourraient parler de « communautés » éparses, à Francfort, New York, Singapour… Une seule communauté, donc, endogame et endogène, branchée sur le même réseau. La finance est vide et tautologique, pour ainsi dire dénuée d'arrière-plan. On pourrait ajouter qu'en un sens, elle est parfaitement libre. Le mot de *dérégulation* ne dit pas autre chose : elle n'a pas d'extérieur, ou du moins, elle se comporte comme si elle n'en avait pas, et toute la logique de son mouvement vise à ne plus en avoir. Elle est là tout entière devant nous, pas dans un arrière-monde philosophique ou dans des manœuvres de coulisse. Elle ne provient pas d'un secret, mais de la réitération d'un même principe (l'expertise) reflété et amplifié jusqu'à devenir incontrôlable.

Nous ne disons d'ailleurs pas que les financiers n'ont pas de « trucs », de « bottes secrètes ». Au contraire, ils aiment s'en vanter et les protègent jalousement. Ce que nous disons, c'est qu'il tient à la nature même du concours de beauté, surtout après la nouveauté introduite par la numérisation, que ces secrets n'aient qu'une portée opératoire très limitée. Si nous les connaissions tous, nous ne pourrions guère mieux prédire l'évolution des marchés (sauf en des cas de fraude manifeste, type délit d'initié). Ce qui compte, c'est l'idée que la finance soit un mécanisme d'une infinie complexité, que de rares initiés sont les seuls à pénétrer, et encore une fois, la puissance d'agrégation de cette idée. Il faut chercher et conjecturer sans cesse, *il y a quelque chose à découvrir* : quelque chose qui pourrait être la voie d'accès à la réalité elle-même, dans sa profondeur et sa nudité. Au début des années quatre-vingts, un écrivain américain allait jusqu'à tenter un parallèle entre le Dow

française, Mercure de France, 1912, on pouvait déjà lire (p. 62) des extraits d'un éloge particulièrement corsé de l'utilitarisme anglo-saxon, dû à un certain Seignobos, cacique de la Troisième République, et qu'on dirait datés de ce matin : « *Les jeunes Anglais et les jeunes Américains ne sont ni plus intelligents ni plus énergiques que les jeunes Français ; mais leur éducation ne leur a pas désappris à se servir de leurs mains et de leurs jambes ; ils restent capables de se remuer et de travailler.* »

Jones, qualifié de « *pouls économique de l'Amérique* » et le Tao, « *propre pouls du monde, qui révèle les battements de cœur de la vie à celui qui l'écoute* »[50]. Le héros de ce roman, élevé dans un monastère en Chine, partait aux Etats-Unis rechercher le lien entre le Tao et le Dow, entre la « Voie », le « Sens »[51] de Lao-Tseu et le principal indice de la Bourse de New York. En janvier 2005, c'était une éminente association française d'analystes financiers qui conviait ses membres à une conférence sur « *le Tao de la Bourse et du trading* ».[52] La possibilité même d'une telle assimilation, quel signe ! Le marché comme voie d'accès au grand Tout, désoccultation de la structure absolue. Il n'est que de lire certaines remarques de Mandelbrot, l'infatigable mathématicien qui essaie de mettre au point une martingale. La citation est assez longue, mais elle vaut le détour :

> « Pourquoi les marchés sont-ils turbulents ? Je suis un scientifique, pas un philosophe ; je ne peux donc que me hasarder à émettre certaines suggestions. Une réponse possible réside dans le monde extérieur aux marchés – ce que les économistes appellent les effets exogènes. Après m'être concentré, au début des années 1960, sur les traits caractéristiques de la turbulence que sont les lois d'échelle et la dépendance à long terme, j'en ai rapidement découvert d'autres phénomènes naturels et économiques ; phénomènes qui, à leur tour, peuvent transmettre ces propriétés aux prix. Ainsi, j'ai découvert des lois d'échelle caractéristiques dans la superficie et les réserves des gisements de pétrole, des plus petits et très nombreux jusqu'aux très rares et très grands. De même, la valorisation de certaines mines d'or, d'uranium et de diamant obéit à des lois d'échelle tout comme les tempêtes et les tremblements de terre. / Il est alors possible d'imaginer une réaction en chaîne. Le climat affecte les récoltes, et les récoltes affectent les prix. De même, la distribution des ressources naturelles autour du globe – le pétrole, l'or et les autres minéraux – affecte les approvisionnements, et donc les prix. La même chose

---

[50] *Cf.* PAYNE D., *Confessions d'un taoïste à Wall Street*, Presses de la Renaissance, 1986 (1984), p. 101. L'auteur place ces propos dans la bouche d'un sage taoïste.

[51] Nous suivons ici la suggestion de Richard Wilhelm, qui rendait *Tao* par *Sinn*, c'est à dire « sens ». Sur les fondements et les limites de cette transposition, *cf. Yi King – Le livre des transformations*, Médicis, 2002, p. 336 (n.).

[52] *Cf.* TÉTREAU E., *Analyste – Au cœur de la folie financière*, Grasset, 2005, p. 191.

> vaut pour les affaires : la taille des firmes dans un secteur industriel, de la puissante Microsoft à la légion de petites compagnies de logiciels, suit également un schéma fractal. Ainsi donc, la concentration des industries influe sur les profits, et donc sur le cours des actions. Pour autant, cela ne peut suffire à constituer une analyse rigoureuse des causes et des effets en économie. *Mais s'il faut une "histoire" pour expliquer la structure des données, alors celle-ci est au moins en partie plausible.* Le comportement d'échelle pénètre le système dès les fondements mêmes de la structure du climat, des distributions des ressources et de l'organisation industrielle. Et, pour finir, il se retrouve – réalimentant ainsi à nouveau le système – sur les places financières. »[53]

De sorte que les marchés sont l'expression la plus pure du code universel et que, inversement, celui qui sait déchiffrer ce code est aussi le meilleur sur les marchés : où l'on voit comment la rationalité, sous sa forme la plus comptable et la plus terne, bascule dans le délire. C'est une de ces vérités de base, de ces banalités fondatrices qui ont sans cesse besoin d'être rappelées : la rationalité ne constitue pas à elle seule une garantie suffisante contre le délire. C'est là une illusion très tentante, fort répandue et particulièrement dangereuse. Comme le disait déjà Heine des faiseurs de système de son époque : « *Une démence française est loin d'être aussi folle qu'une démence allemande ; car dans celle-ci, [...] il y a de la méthode.* »[54] Dans le cas de la globalisation, le point de rencontre entre la démence et la méthode tient dans cette idée de code, d'un code *unique*, dont l'empreinte est censée se retrouver partout, de manière sous-jacente, indiscernable pour les profanes. Lorsque les experts sont mis en échec, ils ne réagissent pas en s'interrogeant sur leur fantasme de maîtrise, mais en déployant un surcroît d'énergie paranoïaque pour dévoiler le sens caché des événements. C'est souvent à ce moment qu'ils passent à l'anglais, ou mieux encore aux modèles mathématiques : toujours plus de statistiques, des statistiques sur les statistiques, interprétées à l'aide de méthodes qui tiennent un peu du test de la tache d'encre, un peu de la lecture du marc de café. Plus les manifestations de la réalité

---

[53] MANDELBROT B. et HUDSON R.L., *Une approche fractale des marchés...*, *op. cit.*, p. 252-253. Nous soulignons.

[54] HEINE H., *De l'Allemagne*, Hachette, coll. Pluriel, 1981 (1835), p. 172.

économique sont cryptiques, plus leur traque est subtile ; et plus frénétiques sont les rituels qui entourent les gourous. On décortique les stratégies de tel grand patron, de tel homme politique, on évalue l'impact du prix du pétrole, de la menace terroriste, des chiffres du chômage et des rumeurs autour de ses chiffres : au vrai, il n'y a rien dont on n'évalue l'impact, puisque tout a vocation à être centralisé par le marché.

Et tout cela pour dire quoi, en fin de compte ? Car c'est un autre fait, que les gourous de la finance ne se prêtent guère à une analyse individuelle. Citons rapidement deux d'entre eux, parmi les plus reconnus, qui doivent leur réputation non seulement à leurs performances financières, mais aux maximes qui inspirent leur action. Le premier, Peter Lynch, assure : « *Bien qu'on l'oublie souvent, une action n'est pas un billet de loterie, c'est le titre de propriété d'une parcelle d'une société.* »[55] Ce à quoi le second, Warren Buffett, répond : « *Il ne faut acheter une action que pour ce qu'elle vaut et pour ce qu'elle rapporte.* »[56] Le débat est à son comble. Les grands articles où *Les Echos* réunissent les experts mondiaux sont de petits bijoux d'humour involontaire. Si l'on laisse de côté ce que Freud appelle quelque part le narcissisme des petites différences, les recommandations sont uniformes, comme les décors. Nous pourrions jouer aux sept erreurs, entre les bureaux où nous avons mené la plupart de nos entretiens, comme avec le contenu de ces entretiens, qui sont presque interchangeables. L'on pourrait intercaler des passages de Buffett ou de Soros, mélanger les réponses des uns et des autres, sans grande déperdition de sens. Comme dans un mauvais roman, on ne parvient pas à distinguer les personnages, qui parlent tous pareil, et la plupart du temps pour ne rien dire : « *Historiquement, le marché rebondit souvent lorsque le pessimisme atteint des niveaux extrêmes[.]* »[57] « *Sur les prochains jours, voire semaines, la cassure de la résistance intermédiaire de 5243 points doit valider la poursuite du retour vers les 5510 points. Cependant, la tendance à moyen terme*

---

[55] Cité par AÏT-KACIMI N., « Nouveau record pour le CAC 40 », *Les Echos*, 9 février 2000, p. 31

[56] Cité par DE KERDREL Y., « Les analystes, moutons noirs ou... de Panurge », *Les Echos*, 29 octobre 2002, p. 48.

[57] Un groupe d'experts de la société Dexia Asset Management, cité par LACHÈVRE C., « Les Bourses internationales demeurent malmenées », *Les Echos*, 9 avril 2001, p. 36-37.

demeure baissière, à moins que ladite zone soit franchie. »[58] Ce qu'on pourrait très exactement traduire en ces termes : tout ce qui descend finit par remonter. Cependant, de là à dire quand, on ne peut « rien exclure ». Dans le même genre, Hugues de Montvalon, chef économiste chez OddoPinatton Equities, « *martelait* », le 17 janvier 2001, que « *le rebond [était] assuré, mais [que] la reprise [était] incertaine.* »[59] Bref, il fera beau, sauf s'il pleut (à moins que ce ne soit l'inverse). « *L'incertitude sur la situation économique demeure grande,* expertisait-on également chez CDC Ixis Capital Markets, *et l'on devrait assister à l'alternance de jours marqués par des mauvaises nouvelles avec des jours de reprise technique et de replacement stratégique.* » Les jours de baisse succéderont aux jours de hausse, ou, si l'on veut filer la métaphore, après la pluie viendra le beau temps, et vice-versa.[60] « *Après la pluie, le beau temps* »[61], assure-t-on d'ailleurs carrément à un moment. Tout cela pour conclure que, « *en Bourse, le pire n'est jamais sûr... Le meilleur non plus.* »[62] « "Oui et non." *Pas facile, lorsqu'on est investisseur et qu'on s'entend donner une réponse, de savoir s'il est temps de profiter du repli des valeurs de médias du nouveau marché allemand pour saisir les opportunités.* »[63] « *En raison de l'absence de moteur pour la reprise, des menaces sur la croissance à moyen terme avec le spectre de la déflation, d'un environnement géopolitique incertain et des risques de révision en baisse des résultats des entreprises européennes, les stratèges de BNP Paribas Equities préfèrent ainsi revenir à une*

---

[58] SAUVAGE A., cité par PRANDI M., « L'indice CAC 40 engage un rebond », *Les Echos*, 11 avril 2001, p. 29.

[59] DE MONTVALON H., cité par PRANDI M., « Le CAC en route vers les 4400 points », *Les Echos*, 17 janvier 2002, p. 29.

[60] Pour d'autres exemples, la même année, *cf.* PRANDI M., « Le CAC 40 grignote un demi-point », *Les Echos*, 25 avril 2001, p. 37 ; du même, « Le CAC 40 sous les 4500 points », *Les Echos*, 28 novembre 2001, p. 31 ; GUILLAUME Ph., « Au gré des résultats et de la conjoncture », *Les Echos*, 30 juillet 2001, p. 24.

[61] « Crible », *Les Echos*, 28 juin 2001, p. 9.

[62] PRANDI M., « Rebond technique modéré du CAC 40 », *Les Echos*, 23 janvier 2002, p. 23.

[63] MADELAINE N., « Le blason terni des médias du Neuer Markt », *Les Echos*, supplément.*net*, 22 avril 2001, p. 18.

neutralité totale entre les actions et les obligations […]. »[64] Nous faisons d'aussi longues citations pour insister sur le point décisif, qui est une fois de plus l'absence d'intérêt de ces lignes. C'est cela même qui rend leur maniement si délicat : elles ne peuvent faire l'objet d'un décryptage, à proprement parler ; ou alors, celui-ci est si sommaire qu'il faut assez vite passer à autre chose. Quand nous parlons d'homogénéité, ce n'est pas un vain mot. En exagérant à peine, si nous nous étions contentés de dépouiller une année, voire un mois de presse financière, nous aurions pu donner une idée tout à fait convenable de son idéologie. Nous aurions pu mener deux cents entretiens, ou nous contenter d'un seul, fût-il suffisamment poussé, nous n'aurions rien appris de plus sur ses ruses dialectiques. Le même discours se répète sans varier, toujours prêt à ressortir : la massue qui écrase les engrenages subtils, le désespoir de l'intellectuel critique.

Venons-en à nos sources elles-mêmes. Il nous fallait une base solide pour appuyer notre réflexion. Des traités d'économie ? Les chiffres de la comptabilité nationale ? Nous ne parlerons de ceux-là qu'au début de notre premier chapitre, ils ne sont pas l'essentiel. Pour comprendre un mouvement politique ou religieux, quels que soient le pays et l'époque, la première chose à faire n'est pas de se noyer dans ses arguties théologiques (à supposer qu'elles aient de l'intérêt, singulièrement dans une période de rétrécissement idéologique telle que la nôtre), comme le font les experts quand ils discutent entre eux. Pour approcher les dieux, il faut aller là où ils rassemblent le plus de fidèles, avec le plus constance et le plus de foi. Dans la presse spécialisée, nous avons par conséquent cherché un journal, le plus lu possible, qui fût une sorte d'organe officiel, et qui jouît d'une certaine renommée à l'extérieur. Ce sont *Les Echos*, en France, qui se rapprochent le mieux de cette définition.[65] Nous avons dépouillé cinq années de ce quotidien, de début 1999 à fin 2003, en complétant à l'occasion notre documentation par des articles d'autres journaux. Cette période, que n'inaugure ni ne clôt aucun événement particulier, offre toute la variété de situations

---

[64] LECLERCQ C., « Le CAC se redresse in extremis », *Les Echos*, 22 mai 2003, p. 29.

[65] Sur la place de ce journal dans le champ médiatique, *cf.* DUVAL J., « Concessions et conversions à l'économie », *Actes de la recherche en sciences sociales*, n° 131-132, mars 2000, en particulier p. 64-65.

souhaitable. Elle permet de voir l'euphorie boursière, la chute, la stabilisation et la remontée qui s'enchaînent de manière endogène, ainsi que les projets d'extension financière qui se font jour immanquablement, dans n'importe laquelle de ces configurations. En complément, nous avons mené une dizaine d'entretiens, dont la durée avoisine en général une heure, en interrogeant des personnages apparemment divers, assez aisés ou richissimes, à Paris ou en Province... Ce que tout cela nous a néanmoins appris, et sur quoi il importe d'insister une fois encore, c'est l'ahurissante uniformité de la rhétorique experte. La même absence de surprise s'étale dans nos coupures de presse, dans nos entretiens, dans les ouvrages experts et contre-experts (souvent peu épais et imprimés en assez gros caractères, mais qui paraissent à la vitesse des balles). Les marchés sont efficients, mais la transparence fait défaut, il faut des contre-pouvoirs, bousculer les tabous, la France est toujours en retard : voilà, c'est à peu près tout.

Comment rendre le mouvement d'amplification qui anime la finance, comment décrire le labyrinthe où le motif économique se réverbère et bascule dans le délire, sans pourtant se contredire, en ne rencontrant jamais que lui-même ? Ce n'est pas une histoire policière que nous avons à raconter, avec des indices qui nous permettraient de remonter jusqu'au coupable. Le « coupable », si l'on veut, le principe moteur, est connu dès le début et claironné partout (ce qui ne veut pas dire qu'il soit bien connu), parfois pour l'accuser, le plus souvent pour le louer, tout en regrettant naturellement ses excès. Mais il passe dans des caisses de résonance dont il ressort presque métamorphosé, et ce sont ces caisses de résonance qui sont le cœur de notre propos. Comme le note Baudrillard, « *ceci n'est plus un processus critique : la crise est toujours affaire de causalité, de déséquilibre entre les causes et les effets, elle trouve ou non sa solution dans un réajustement des causes. Tandis qu'en ce qui nous concerne, les causes elles-mêmes deviennent illisibles, laissant place à une intensification des processus par le vide.* »[66] Pour saisir le fil conducteur de notre travail, il suffit de retenir que nous rangeons clairement la finance contemporaine parmi les phénomènes de ce genre.

Notre raisonnement se fera en trois grandes étapes. Nous allons commencer par revenir sur la question du réductionnisme

---

[66] BAUDRILLARD J., *La transparence du Mal – Essai sur les phénomènes extrêmes*, Galilée, 1990, p. 38.

économique. Quels sont les éléments que l'expert retient, et quels sont ceux qu'il exclut pour constituer ce monde qu'il appelle « la réalité », et qui lui permet de caqueter en permanence, avec autant d'aisance ? Cette question nous mènera dans la suite de ce chapitre à une autre un peu plus complexe : il faudra montrer comment la globalisation financière constitue une accélération décisive de ce processus, comment la « réalité » de synthèse des experts bascule dans le hors-sol pour nous projeter dans l'étrange situation actuelle. Il va donc s'agir de comprendre à la fois comment le capitalisme classique a engendré la finance globale et comment celle-ci s'en est émancipée pour prendre la forme d'une « bulle », comme on dit si bien : une sphère extatique qui gonfle d'autant plus vite et monte d'autant plus haut qu'elle s'isole davantage, toujours plus énorme et plus vide.

Dans notre second chapitre, « un labyrinthe dénué de centre », nous décrirons de façon plus concrète les marchés financiers, la ferveur qu'ils suscitent et la panique qui leur est consubstantielle – « crise » ou non, on verra que peu importe en l'espèce. De proche en proche, nous en viendrons à rassembler dans un même tableau plusieurs caractères essentiels de l'époque qu'ils dominent. Nous essaierons par exemple de comprendre pourquoi les financiers éprouvent un besoin apparemment irrépressible de s'enfermer dans des tours de verre ou dans des baraquements *high-tech* de banlieue. Nous nous interrogerons également sur l'absence à soi-même, la désaffection, la violence erratique qui marquent en général les romans et les films qui leur sont consacrés.

Notre troisième et dernier chapitre est celui qui s'éloignera le plus radicalement de la *vulgate* du tout-économique. Nous nous appuierons sur plusieurs éléments que nous aurons évoqués entre-temps pour établir que la finance a peu à voir avec ce que le sens commun appelle la réalité, et tout ou presque avec les projections des experts. Nous proposerons alors une hypothèse inspirée des travaux de Jung pour expliquer comment la contemplation de leurs propres projections peut les plonger dans une complète fascination, en vase clos pour ainsi dire. « Création de valeur », « liquidité », « volatilité », « fusions » : nous interpréterons plusieurs des termes-clefs du vocabulaire de la finance pour mettre au jour le fantasme toujours identique qui la sous-tend. C'est le même fantasme, nous le verrons, qui tétanise ses adversaires et la rend presque invincible ; et c'est donc aussi de là qu'il faut partir pour s'arracher de la catastrophe molle et totale où elle nous enferme. Nous résumerons notre démonstration dans notre conclusion, en nous arrêtant notamment sur le krach de 2007-2008, et nous tenterons d'ébaucher quelques lignes de fuite.

I

Approche de la globalisation

« *N'ayant jamais vu le monde qu'à travers la fièvre de ses convoitises, il se l'imaginait comme une création artificielle, fonctionnant en vertu de lois mathématiques.* »

Gustave Flaubert, *L'éducation sentimentale*

LA « CROISSANCE » ET L'ISOLATION DE L'ECONOMIQUE

Un exemple valant mieux qu'un long discours, ouvrons *La France qui tombe*, un essai très représentatif de sa catégorie (il en paraît des dizaines de ce genre chaque année) et qui a eu son quart d'heure de célébrité fin 2003. En cent quarante pages en petit format, il s'agissait de faire un diagnostic de la « *maladie de langueur de l'économie française* »[67] et de proposer un traitement. L'auteur s'en prenait aux lâchetés politiques et au peu d'ardeur populaire à se conformer aux règles du droit et du marché,[68] ce qu'il appelait, en filant la métaphore morbide, « *la*

[67] BAVEREZ N., *La France qui tombe*, *op. cit.*, p. 85.
[68] *Ibid.*, p. 73-74.

contagion du nihilisme social »[69]. Le remède n'était pas à proprement parler bouleversant d'originalité : « *Le seul antidote au chômage permanent, c'est la croissance.* »[70] Bien peu de choses dans notre société sont plus consensuelles que cette « croissance », que Baverez brandissait comme la panacée. En 2006 par exemple, à peine le gouvernement avait-il mis en place un nouveau dispositif de précarisation, le CPE, que les syndicats répondaient de manière assez comique, et tout à fait dans la lignée de Baverez, qu'il n'y a justement qu'un moyen de combattre le chômage, à savoir bien sûr la « croissance ». Croissance contre croissance... Tout ce qui ne rentre pas dans ce baromètre (entre autres la désagrégation de la société, l'enlaidissement des villes et la destruction de la planète) passe facilement pour quantité négligeable. C'est encore plus vrai lorsqu'elle donne des signes de faiblesse, comme c'est le cas depuis 2008 : il n'est alors plus question que de la « relancer », dans une ambiance de téléthon permanent.

La « croissance », c'est évidemment la croissance du PIB : le seul fait qu'elle soit devenue, dans le discours médiatique, la « croissance » tout court, donne une idée de son importance. Les experts, qui l'évoquent à tout propos, ne s'arrêtent en revanche presque jamais sur le mode de calcul de cet indicateur, qui joue un rôle central dans leur dispositif : c'est-à-dire qu'ils ne se demandent jamais ce qui croît, et qu'il est intrinsèquement désirable de relancer. C'est ainsi qu'on pouvait lire, au début d'un ouvrage spécialisé : « *La comptabilité nationale répond aux besoins d'informations sur la situation économique d'un pays. S'initier à la comptabilité nationale, c'est se donner les moyens d'améliorer sa connaissance et sa compréhension des informations économiques véhiculées par les médias.* »[71] Bien sûr, la comptabilité nationale est plus vaste que le seul PIB, qui est l'indice qui fait l'objet de l'attention la plus grande. Mais cela ne change rien à ce que l'on attend de cette comptabilité, qui est censée « *répondre aux besoins d'informations sur la situation économique d'un pays* ». La définition de l'« économie », de la sphère économique, suivant cet universitaire, est donc parfaitement simple : l'économie, c'est ce qui apparaît dans la comptabilité nationale. Pour parler

---

[69] *Ibid.*, p. 20.

[70] *Ibid.*, p. 85. *Cf.* aussi p. 15, 21, 116.

[71] LABARONNE D., *Aborder la comptabilité nationale*, Seuil, coll. Mémo, 1997, p. 4.

comme les experts, la comptabilité nationale est le reflet de la réalité économique. Un reflet imparfait, certes : les statisticiens l'admettent et, une fois qu'on s'est habitué à leur jargon, c'est une lecture plutôt amusante, quoique dérisoire, que de les suivre dans leur tentative d'inclure dans leurs indices les œuvres d'art ou le passage du temps – mais un reflet tout de même, et de surcroît un reflet cohérent. Un statisticien écrivait, au début de sa présentation : « *Le texte insiste particulièrement sur ce qui constitue l'apport propre des comptes nationaux : ils couvrent tous les aspects de la vie économique, de manière cohérente, et ils fournissent des agrégats qui en donnent une image synthétique.* »[72] On le voit, ces comptes visent à produire une image parfaitement ordonnée. Les diverses activités qui ne rentrent pas dans ce tableau se retrouvent du même coup exclues de la mesure de « la vie économique » – et ce, alors même qu'elles seraient indispensables à la survie de l'espèce.

Dans le « PIB », produit intérieur brut, c'est le « I », l'intérieur, qui pose le moins de problèmes, puisque la limite est géographique : on peut déplacer à volonté la ligne entre la zone dont on parle (une ville, un pays, un continent...) et « le reste du monde » (c'est le terme technique) puisque l'on se déplace sur un espace homogène, et qu'en d'autres termes le « monde » en question est toujours le même, c'est celui du « P », de la production.[73] Les choses se compliquent lorsqu'il s'agit de définir l'extérieur de la production, ce qui est production et ce qui ne l'est pas : d'après notre statisticien, c'est même le premier problème.[74] Cependant, à peine l'a-t-il posé qu'il l'escamote, quelques lignes plus loin, en bougeant l'air de rien le curseur : « *Tout d'abord, les comptes nationaux retracent toute la production* vendue, *même celle qui est dissimulée aux autorités par les producteurs, ceux notamment qui veulent échapper à l'imposition et aux cotisations sociales.* » Nous soulignons ce mot, « vendue », sur lequel rien n'insiste dans le texte : c'est à ce moment que le questionnement sur la statistique passe à la trappe. Un bien ou un service rentre dans le PIB à partir du moment où il donne lieu à un échange

[72] TEMAM D., *La nouvelle comptabilité nationale*, Dunod, 2000, p. IX.

[73] Le capital s'use progressivement, mais cette dépréciation n'est pas prise en compte dans l'indice, c'est pour cela qu'il est qualifié de « brut » (voir *ibid.*, p. 27).

[74] *Ibid.*, p. 11.

monétaire, et c'est à cette aune qu'il est estimé. Quant à savoir comment ce bien devient marchandise, la question ne se pose pas : l'on suppose que la transsubstantiation est déjà faite.[75] L'auteur n'a plus qu'à s'interroger aussi honnêtement que possible sur les artifices statistiques les plus adéquats pour prendre en compte le travail au noir, les loyers (ce qui donne des questions du genre : comment évaluer les loyers que se versent les propriétaires à eux-mêmes ?) ou le service rendu par les administrations.

Sur la question de la limite, on trouve le même exemple, qui est très révélateur, dans notre abrégé de statistique et dans le manuel le plus vendu au monde, celui de Mankiw (« *2 400 000 $ pour écrire ce livre qui se propose le meilleur manuel d'économie* », lit-on à ce propos sur l'autocollant de couverture). Nous les citons tous les deux rapidement, car l'on y entend le son que rendent les deux grandes tendances de la rhétorique experte, l'assèchement (plutôt destiné à un public spécialisé, comme gage de sérieux) et la robinsonnade :

> « Certains ménages font appel à du personnel domestique pour effectuer des tâches ménagères ou s'occuper de leurs enfants. Les ménages produisent dans ce cas, pour eux-mêmes, les services correspondants, en faisant appel à des salariés. En revanche, quand ces tâches sont accomplies par un membre du ménage, elles ne sont pas retracées dans la production. »[76]

> « Les légumes que vous achetez chez l'épicier sont inclus dans le PIB ; ceux que vous cultivez dans votre jardin ne le sont pas. / Ce qui conduit parfois à des paradoxes amusants. Quand Karen paie Doug pour nettoyer sa maison, cette transaction est incluse dans le PIB. Mais si Karen et Doug se marient, la valeur de ce service ne sera plus incluse dans le PIB, même si Doug continue à nettoyer la maison, car il ne s'agira alors plus d'une transaction de

---

[75] Alors que les économistes classiques s'acharnaient sur ce problème, qui est au début de leur science : voir par exemple les premiers chapitres du *Capital*, qui se distinguent par leur complexité. Ce qui nous importe ici, c'est moins la réponse de Marx en elle-même que le fait qu'il se soit posé la question, tandis que pour l'expert, il n'y a là rien qui ne coule de source : où se fait le partage entre l'économiste et l'expert.

[76] TEMAM D., *La nouvelle comptabilité nationale*, *op. cit.*, p. 12.

marché. Le mariage de Doug et Karen aura donc fait baisser le PIB. »[77]

Dans la perspective qui est la nôtre, nous n'avons pas besoin de supposer un paradoxe. De plus, loin d'être accessoire, le point que soulève Mankiw nous paraît absolument décisif, car il donne une idée très précise du territoire que couvre le PIB, et que les experts se préoccupent d'accroître. Récapitulons. Si je suis pris dans un réseau d'obligations mutuelles, de liens affectifs, en un mot dans un ensemble *organique* (le voisinage, le clan, la tribu, la famille ou simplement mon cercle d'amis), je ne compte pour rien dans le PIB. En revanche, lorsque je rentre dans un système tarifaire, que ce système soit établi par une autorité centrale (planification) ou par le jeu des stratégies des détenteurs de capital (concurrence)[78] – bref, lorsque je suis un atome rationnel qui se positionne par rapport à d'autres entités rationnelles, dans une articulation *mécanique*, je bascule du même coup dans le PIB.[79] Chez les chasseurs-cueilleurs dont parle Marshall Sahlins, le PIB ne fait pas que tendre vers zéro : par définition, il est très exactement nul. Il en va de même dans les sociétés sans Etat dont parle Pierre Clastres, qui n'ont ni autorité centrale ni unité monétaire.[80] Serge Latouche le dit bien : « *Tant que la survie matérielle de l'espèce ou la reproduction des groupes sociaux n'est pas autonomisée, pensée comme une sphère à part, il n'y a pas de vie économique, il n'y a que la vie tout court.* »[81] Sahlins, tout comme Clastres, prennent soin de ne pas idéaliser les sociétés qu'ils décrivent : les premières vivent en général dans l'abondance, mais il leur arrive de connaître la famine (comme

---

[77] MANKIW N.G., *Principes de l'Economie*, *op. cit.*, p. 611.

[78] À quoi il faut ajouter, pour être exhaustif, le secteur associatif, mais sa part est difficile à évaluer, de même que son rôle à cerner. Dans le contexte actuel, il n'est le plus souvent qu'un alibi.

[79] Nous suivons donc Maffesoli, qui propose dans *La violence totalitaire* (PUF, 1979, p. 210) de renverser le sens que Durkheim donne à « mécanique » et « organique ».

[80] *Cf.* SAHLINS M., *Âge de pierre, âge d'abondance*, Gallimard, coll. Bibliothèque des sciences humaines, 1976 (1972), en particulier le chapitre I ; et CLASTRES P., *La société contre l'Etat*, Minuit, coll. Critique, 1974.

[81] LATOUCHE S., *L'invention de l'économie*, Albin Michel, coll. Economie, 2005, p. 15.

elles ne font pas de stocks, elles sont plus vulnérables aux catastrophes naturelles) ; les secondes échappent à l'emprise d'un pouvoir central, mais elles n'en sont pas moins traversées par le conflit. Ces sociétés, comme toutes les autres, cherchent à se reproduire, et leurs membres doivent se nourrir, ce qui ne va pas toujours sans difficultés. L'on peut donc dire à la rigueur qu'elles assument des fonctions économiques, mais l'« économie », au sens où l'entendent les experts, est pour elles chose inconnue. « *Séparer le travail des autres activités de la vie et le soumettre aux lois du marché, c'était anéantir toutes les formes organiques de l'existence et les remplacer par un type différent, atomisé et individuel. Ce plan de destruction a été fort bien servi par l'application du principe de la liberté du contrat. Il revenait à dire en pratique que les organisations non contractuelles fondées sur la parenté, le voisinage, le métier, la religion, devaient être liquidées, puisqu'elles exigeaient l'allégeance de l'individu et limitaient sa liberté. Présenter ce principe comme un principe de non-ingérence, ainsi que les tenants de l'économie libérale avaient coutume de le faire, c'est exprimer purement et simplement un préjugé enraciné en faveur d'un type déterminé d'ingérence, à savoir, celle qui détruit les relations non contractuelles entre individus et les empêche de se reformer spontanément.* »[82]

L'on définit couramment le PIB comme la mesure de l'activité économique : ce qui devrait immédiatement entraîner la question de savoir en quoi consiste l'activité économique. À cette question, qui n'est pas posée si souvent, nous pouvons apporter un début de réponse : ce que le PIB essaie de mesurer, c'est la masse d'activité, machinale et humaine, qui passe par des échanges monétaires ou assimilés ; et cette mesure ne peut se faire qu'en unités monétaires, puisque c'est le *seul* dénominateur commun à toutes ces activités. Définition inévitablement circulaire, puisque le PIB est précisément une tentative de constituer l'« économie » comme une sphère à part. La croissance rythme les progrès de ce qu'on pourrait appeler la « socialisation économique » : la prise en charge progressive de l'être-ensemble par le calcul économique, l'extension et le resserrement de la toile. Cela peut passer par la création de nouveaux produits, mais aussi par l'annexion de domaines qui

---

[82] POLANYI K., *La Grande Transformation – Aux origines politiques et économiques de notre temps*, Gallimard, coll. Bibliothèque des sciences humaines, 1983 (1944), p. 220. Voir aussi p. 106.

étaient régis par une logique « organique », « traditionnelle », voire qui n'avaient besoin d'être régis par aucune en particulier. Si l'eau est abondante, elle est économiquement inexploitable ; en revanche, lorsqu'elle est polluée, il faut construire des stations d'épuration, qui vont gonfler le PIB. Que l'air devienne irrespirable, et que des sociétés s'avisent de l'assainir ; ou encore, que les laboratoires décident de combler les lacunes de la reproduction sexuée : on tient là des gisements de croissance presque inépuisables.

Ce système est tellement excessif que certains experts en viennent à nourrir des réserves, qui ne sont pourtant pas moins éloquentes, à leur manière. Un universitaire habitué des médias suggère de revoir le mode de calcul, « *en y ajoutant la valeur de la production domestique, et en soustrayant les coûts de nuisance et de pollution. Ainsi atteindrait-on la seule mesure réelle du progrès, celle qui tente d'évaluer le "bien-être national brut".* »[83] Si le procédé nous semble discutable, c'est parce que le seul critère commun entre les diverses « productions » qui s'agglomèrent dans le PIB, c'est justement le critère monétaire. Rien ne s'oppose en effet à ce qu'on évalue la production domestique au prix du marché, sauf que, tout simplement, la production domestique *n'est pas* sur le marché. Quant aux nuisances et à la pollution, ce n'est effectivement qu'à la condition de les réduire à des « coûts » qu'on peut les intégrer dans l'indice. Mais nous retombons alors sur notre question initiale : qu'a-t-on fait disparaître dans l'opération ? La conséquence immédiate de ces recommandations est d'englober dans le PIB des aspects de la vie qui lui sont étrangers, de faire *comme si* la vie domestique ou le monde environnant étaient assimilables à des entreprises et à des administrations. Il ne s'agit pas de s'interroger sur le bien-fondé d'une séparation de l'économique, devenu le dépositaire du réel, mais au contraire de placer toute l'activité humaine sous son autorité. Dans cette perspective, plus rien ne lui échappe. On pourrait par exemple faire un inventaire très complet des services domestiques et se demander ce qu'il en coûterait sur le marché de la prostitution. Loin d'être une relativisation du PIB, c'est une étape de plus dans la dénégation de l'extérieur, un stade supérieur de délire. Jacques Marseille appelle un pareil indice (dont il devient difficile de dire à quoi il se rapporte), « *la seule mesure réelle*

---

[83] MARSEILLE J., « Le PIB – Une certaine idée du progrès », *Enjeux – Les Echos*, Mars 2004, p. 121.

du progrès », le « *bien-être national brut* ». Il saute le pas, et cède à une tentation omniprésente dans le discours des experts, l'assimilation de l'« économie » (la sphère de la production) et du bien-être.

C'est également la même opération que réalisent les statisticiens de l'INSEE, lorsqu'ils évaluent le « moral » des ménages à l'aide d'un sondage qui commence par les questions suivantes : « *Question 1 : À votre avis, au cours des douze derniers mois, la situation économique générale de la France... s'est nettement améliorée ; s'est un peu améliorée ; est restée stationnaire ; s'est un peu dégradée ; s'est nettement dégradée. Question 2 : À votre avis, au cours des douze prochains mois, la situation économique générale de la France va... nettement s'améliorer ; un peu s'améliorer ; rester stationnaire ; un peu se dégrader ; nettement se dégrader.* »[84] Les bizarreries de la construction du PIB ou, ici, de la technique des sondages, importent moins que la nécessité intérieure qui gouverne l'ensemble. Avoir le moral, suivant ce questionnaire, cela consiste à être rassuré quant à la « situation économique générale de la France » (la croissance ?), à l'évolution du chômage et de l'inflation, à sa situation financière personnelle, mais aussi penser que le moment est propice pour consommer.[85] Bref, c'est témoigner dans tous les cas d'une inclusion maximale au système économique. « *Nullement instruit de l'intervalle qui sépare* être *et* produire »[86], écrivait Cioran d'un utopiste : raccourci saisissant. C'est lorsque cette distinction tend à s'abolir que la croissance et le moral des ménages trouvent leur cohérence. Cet appareillage renvoie donc dans le moindre détail à l'alternative que Baverez posait tout à l'heure : la croissance ou le « nihilisme social ». Traduisons : sans croissance, pas de société possible. Il ne suffit pas de maintenir, il faut accroître la sphère des échanges économiques. Le délitement serait général sinon.

---

[84] « Enquête mensuelle de conjoncture auprès des ménages », Note méthodologique disponible sur le site Internet de l'INSEE, à l'adresse suivante :
http://www.insee.fr/fr/indicateur/indic_conj/donnees/method_idconj_20.pdf.

[85] Respectivement, questions 1 et 2 ; 3 ; 4 et 5 ; 8 à 11 ; 6 et 7.

[86] CIORAN, *Histoire et utopie* (1960), *in Œuvres*, *op. cit.*, p. 1038.

Un micro-débat, comme il en éclate parfois dans la presse financière, mais qui a pris une tournure particulière, va maintenant nous permettre de préciser ce que les experts attendent de la croissance.

À la fin de l'été 2003, un nommé Olivier Debouzy tentait une *Apologie de la canicule* : celle-ci « *constitue en effet le contrepoint bienvenu à l'acharnement thérapeutique dont font preuve certains médecins pour maintenir en vie des déments séniles et des malades en phase terminale. Ensuite, et par conséquent, l'augmentation du taux de mortalité remplit les caisses de l'Etat à travers la collecte de droits de succession parmi les plus élevés d'Europe, contribuant ainsi à réduire le déficit budgétaire. En troisième lieu, la libération d'un nombre plus élevé d'habitations contribue à faire baisser les prix de l'immobilier, stabilisant ainsi le marché et favorisant l'accès à la propriété des gens modestes, vraisemblablement électeurs socialistes* (sic). *Enfin, la canicule est un facteur de dépenses important : climatiseurs d'appartement et de bureau, boissons fraîches, essence (pour alimenter les climatiseurs, les automobiles), entre autres. Cela permet de collecter de la TVA et de la TIPP, et de contribuer, là encore, à réduire le déficit qu'a légué au pays le gouvernement Jospin.* »[87] L'auteur s'arrête là, mais le cercle vertueux, lui, continue, puisqu'il faudrait ajouter que les climatiseurs rejettent des gaz à effet de serre, qui concourent eux-mêmes au réchauffement de la planète : ils apportent leur contribution, certes modeste, à une nouvelle canicule, qui elle-même, *etc*. Jünger ne cédait pas à un mouvement d'humeur, quand il notait dans son journal que le cannibalisme est l'aboutissement logique d'une économie entièrement rationnelle. On songe aussi au *Meilleur des mondes* de Huxley, où l'on retraite le phosphore des cadavres, ou à ce passage du début de *Crime et Châtiment* : « *Mais M. Lebeziatnikov, qui se tient au courant des idées nouvelles, expliquait dernièrement que, de nos jours, la compassion est*

[87] DEBOUZY O., « Apologie de la canicule », *Les Echos*, 25 août 2003, p. 33.

interdite par la science et qu'il en est déjà ainsi en Angleterre où règne l'économie politique. »[88]

Il est surtout remarquable que cet argumentaire, à peu près inattaquable dans les limites de la croissance, ait fait l'objet de « *vives réactions* », selon la rédaction des *Echos*. De larges extraits du courrier sont publiés quelques jours plus tard (« *choqué* », « *scandalisé* », « *réel malaise* », « *nausée* », « *accents qui, il faut bien le dire, fleurent bon l'extrémisme des années les plus sombres* »[89]), avec par-dessus le marché les mises au point de deux experts. Dans les cinq années que nous avons étudiées, une telle avalanche de réponses est rarissime. Quant au ton général (indigné-écœuré) de la riposte, il est unique en son genre. C'est bien qu'une ligne a été franchie. La croissance circonscrivait le territoire économique, à l'intérieur duquel l'on discutait ; l'apologie de la canicule, plutôt cohérente en elle-même, marque une limite à ne pas dépasser, qui apparaît nettement dans la réponse d'un professeur de HEC : « *Ignorer que l'économie est un système qui n'est pas uniquement comptable mais une dynamique, faire l'impasse sur les aspects non budgétaires et surtout oublier que l'économie, privée ou publique, est au service de l'homme est mal. Les praticiens bilingues qui, à l'image des plus dynamiques des Français expatriés qui n'hésitent pas à être internationaux, les* "déments séniles", *sort qui nous guette tous quel que soit notre revenu, sont des éléments de la nation à qui ils apportent ou ont apporté. [...] Le mépris de la morale pour l'amour de son argent ou la haine d'autrui n'a pas de futur, et aucune doctrine économique ne revendique le mal.* »[90] *Aucune doctrine économique ne revendique le mal.* Il y a d'un côté la croissance – « *Nous savons qu'il n'y a pas d'autre projet d'émancipation que celui de "l'économie politique" qui porte l'Occident depuis le XVIII*e *siècle* »[91], note franchement l'ancien élève de Foucault devenu porte-plume du MEDEF, François Ewald ; de l'autre, les « nihilistes », le « mal » – expressions qu'utilise

---

[88] DOSTOÏEVSKI F., *Crime et châtiment*, Le Livre de poche, 2003 (1865), p. 17-18.

[89] « Vives réactions à l'"Apologie de la canicule" », *Les Echos*, 28 août 2003, p. 33.

[90] MARUANI L., « Canicule et cynisme », *Les Echos*, 28 août 2003, p. 33. Nous soulignons.

[91] EWALD F., « "Entrepreneurs sans frontières" », *Les Echos*, 12 septembre 2002, p. 53.

textuellement Ewald à quelques lignes d'intervalle, seule la seconde étant tout de même accompagnée de guillemets.

Si l'apologiste de la canicule fait pleuvoir sur lui les anathèmes, c'est d'abord pour avoir brouillé les termes de l'équation, pour avoir suggéré qu'une relation était possible entre la « croissance » et le « nihilisme social ». Il a affirmé qu'un même événement (la canicule) pouvait être générateur de croissance, en tout cas dans plusieurs secteurs, et impliquer simultanément l'élimination physique de certains membres de la société – excellente nouvelle, de son point de vue, puisqu'ils freinent la croissance.[92] C'est cela qui est intolérable pour la plupart des experts, qui se donnent beaucoup de mal pour prouver que la croissance, qui est « bonne pour l'emploi », est aussi, par suite, le meilleur outil de lutte contre « l'exclusion ». « *Réintégration des exclus par des moyens économiques* »[93], plaide Alain Touraine, et le journal reprend cette formule, qu'il trouve admirable. C'est la même idée qui revient comme une litanie, sous diverses formes dont la moindre n'est pas l'expression médiatique toute faite, curieuse quand on y pense, les « problèmes-économiques-et-sociaux », qui fait du social l'appendice de l'économique ; qui sous-entend qu'il ne puisse y avoir de terrain d'entente, de monde commun en-dehors de la croissance et de ses fruits. « *La bataille pour le plein-emploi,* s'emporte un autre expert, haut fonctionnaire celui-là, *pour l'exclusion-zéro, pour un travail stable qui ait du sens, pour un développement humain, est une condition pour éviter que de nouveaux drames ne se produisent. Sachons-le : rien n'est gagné. Nul miracle démographique n'assumera demain le*

---

[92] Ce qui est inexact, d'ailleurs. Les « déments séniles » et les « malades en phase terminale » sont également intégrés au tissu économique. Ils font l'objet d'une prise en charge complexe, de soins raffinés. Les pauvres diables participent malgré eux à la croissance : c'est ce que le professeur de HEC, dans sa réponse « morale », est obligé de passer sous silence, et qu'aussi bien, il n'aperçoit probablement pas. Sur cette question, nous ne pouvons que renvoyer aux travaux d'Ivan Illich, beaucoup plus subtils que leur vulgate, et notamment à *Némésis médicale – L'expropriation de la santé* (Seuil, coll. Techno-critique, 1975, repris dans *Œuvres complètes*, t. I, Fayard, 2004).

[93] TOURAINE A., *Comment sortir du libéralisme ?*, Fayard, 1999, cité par MOATTI G., « Pour une gauche dépoussiérée », *Les Echos*, 21 janvier 1999, p. 52.

plein-emploi et la cohésion sociale. » [94] Plein-emploi et cohésion sociale : une fois de plus, le lien logique paraît si évident qu'il n'est pas précisé. À quoi sert l'économie ? À *intégrer*, à gérer, à canaliser des forces qui, sans cela, conduiraient la société à sa perte. C'est cela qui la justifie. Non pas, bien sûr, que l'amour de l'argent soit condamné en lui-même, mais il doit mener à autre chose, à investir ou à consommer : il doit être un vecteur de socialisation. La profession de foi du professeur de HEC (« *Le mépris de la morale pour l'amour de son argent ou la haine d'autrui n'a pas de futur* »), qui a reconnu son ennemi, le mal, tapi entre les lignes de cette pauvre chose qu'est l'apologie de la canicule, ne peut se comprendre autrement.

L'« économie » (qu'on aurait tort de réduire à la sphère marchande : les administrations et les associations, à condition d'être « efficaces », y sont aussi admises) est l'univers organisé, le cosmos ; les autres liens (religieux ou familiaux par exemple) sont cantonnés à la sphère privée. À chaque fois qu'il y a « croissance », c'est autant de terrain gagné sur le chaos, les forces obscures de la tradition.[95] Les exemples de Mankiw le montrent bien, qui prennent toujours place dans un univers vide, avec des personnages interchangeables, qu'il ne caractérise jamais le moins du monde. Peu importe même que « Doug » soit un homme et « Karen » une femme. Ce sont des pions sur un échiquier, pourvus de désirs heureusement quantifiés, ce qui autorise toutes les tractations. Plus ils jouent, mieux ils se synchronisent, et plus l'échiquier s'accroît.

C'est un trait de génie, de la part de Marx, que d'avoir parlé de « robinsonnade » : il a su ressaisir d'un mot l'essentiel de cet imaginaire – il veut dire par là que l'économie bourgeoise fait comme si les relations qu'entretiennent ses figurines, entre elles et avec la nature, se faisaient directement, au lieu d'être médiatisées en tant que marchandises. Dans notre lecture du PIB, nous avons déjà pu apprécier la part de vérité que contient

[94] DE FOUCAULT J.-B., « Les associations de lutte contre l'exclusion : de vrais acteurs », *Les Echos*, 1er juillet 2002, p. 53.

[95] Sur l'opposition entre Cosmos et Chaos, *cf.* ELIADE M., *Le sacré et le profane*, *op. cit.*, p. 28-30. Quelques jours après avoir écrit ces lignes, nous apprenions que l'expert Christian Blanc venait de publier un libelle au titre révélateur : *La Croissance ou le Chaos* (Odile Jacob, 2006).

cette critique, que nous aurions cependant tendance à pousser un peu plus loin, et dans une direction légèrement différente.[96]

Ce terme de « robinsonnade » nous suggère d'abord que l'horizon des personnages de Mankiw est aussi borné que celui de Robinson. En-dehors de ces limites, ils ne voient rien, ils ne peuvent rien voir, comme d'ailleurs Robinson lui-même ne voit le plus souvent dans son île qu'un réservoir de matières premières. Dans le livre de Defoe, qui cristallise mieux qu'aucun ouvrage savant la naissance de l'esprit du capitalisme, on ne lit guère de réflexions sur le bruit de la mer ou les brèches qu'ouvre la solitude (ainsi, à un moment, quand le héros avoue qu'il est heureux d'entendre son perroquet répéter son nom), mais on trouve au contraire un journal de bord soigneusement tenu, et un tableau en deux colonnes sur les avantages et les inconvénients de la situation de naufragé. Robinson est inaltérable, l'économique lui colle toujours à la peau : peu après

[96] *Cf.* MARX K., *Le Capital – Critique de l'économie politique*, Livre premier, PUF, coll. Quadrige, 1993 (1867), p. 88 : « *Les relations entre Robinson et les choses qui forment la richesse qu'il s'est créée lui-même, sont à ce point transparentes et simples que même M. Wirth* [un économiste allemand] *devrait pouvoir les comprendre sans fournir un effort intellectuel particulier. Et pourtant, toutes les déterminations essentielles de la valeur y sont contenues.* » Dans la perspective de Marx, où l'économique reste le moteur de l'histoire, la figure de Robinson garde valeur de paradigme. « Transparentes et simples », dit Marx de ses relations avec la nature : c'est une expression très proche dont il se sert, quelques pages plus loin, pour définir la mise au clair que doit permettre la révolution : « *Le reflet religieux du monde réel ne peut disparaître de manière générale qu'une fois que les rapports de la vie quotidienne des travaux et des jours représentent pour les hommes,* de manière quotidienne et transparente, des relations rationnelles entre eux et avec la nature. » (p. 91 de notre édition, nous soulignons.) Une fois dissipé le mauvais rêve de la marchandise, et assumé le caractère collectif de la production, qui manque à l'histoire de Robinson, il n'y aura plus de séparation, il y aura des relations transparentes entre l'homme et « *les choses qui forment la richesse qu'il s'est créée lui-même* ». L'homme, ayant transformé la nature par le travail, et s'étant lui-même transformé au contact de cette nature (voir p. 199-200), ne rencontrera partout que lui-même. Ce que propose Marx, c'est donc aussi, quoique sous une autre forme, une entreprise générale de socialisation par le biais de l'économie.

la catastrophe, les courants ayant ramené le navire près de son île, il découvre des pièces d'or dans la chambre du capitaine ; cela le fait sourire, juste un instant, mais il les emporte tout de même ; et à la fin de son aventure, comme si de rien n'était, vingt-huit ans plus tard, il les ramène avec lui.[97] « Robinsonnade », si donc le mot nous paraît particulièrement bien choisi, c'est parce que les experts n'ont autour d'eux que des choses mortes, ou des territoires à défricher, des sauvages comme Vendredi, à éduquer (d'où la thématique « pédagogique » qui court dans leurs écrits). Ce n'est pas un hasard si les saynètes de Mankiw ou, à un autre niveau, les situations de la théorie des jeux, ne s'enracinent nulle part. Le personnage qui les peuple, *homo œconomicus*, est lui-même en hors-sol, et il ne change jamais. Heureux Robinson, dans sa carapace ! Ou pauvre homme incapable de s'en passer, chacun tranchera. Le fait est cependant que rien ne l'éloigne de la sphère du calcul. Il a toujours hâte d'échanger des produits, mais cela n'est possible, du moins dans une telle proportion, qu'avec des hommes qui lui ressemblent.

PASSAGE A LA GLOBALISATION

C'est ici qu'intervient un point sur lequel nous avons peur de ne pas insister assez. On peut certainement affirmer avec Serge Latouche que le fondamentalisme économique, cette idéologie qui n'admet pas de vie en société en-dehors de la « croissance » (ou alors comme un à-côté, une série de survivances antiscientifiques), est déjà contenu tout entier dans *La Richesse des nations*.[98] Cependant, pour nous, cela n'empêche pas qu'un changement décisif se soit produit depuis lors, un basculement qui se joue moins dans la théorie économique elle-même que dans sa réverbération. Et ce que nous reprochons aux marxistes, c'est de ne voir dans la globalisation qu'une aggravation du capitalisme, ou plus exactement de ne pas prendre cette aggravation suffisamment au sérieux : car elle peut être telle

---

[97] *Cf.* DEFOE D., *Robinson Crusoé*, Gallimard, coll. Folio-classique, 2003 (1719), p. 128 et 447.

[98] LATOUCHE S., « La mondialisation démystifiée », *in* GOLDSMITH E. et MANDER J. (dir.), *Le procès de la mondialisation*, Fayard, 2001, p. 17.

que la différence ne soit plus seulement de degré. Sans doute les experts n'ajoutent-ils rien de décisif à Smith, qui est lui-même moins un créateur de mythe qu'un compilateur, un repère assez commode.[99] D'une certaine façon, ils ne font que radicaliser les principes qu'il a posés : ils greffent sans cesse de nouvelles articulations à la main invisible, ils renchérissent dans la réduction numérique. Ils poussent ses conclusions à la limite : mais c'est justement ce que lui-même se gardait bien de faire, et cela change tout.

Chez Smith en effet, le mythe est encore mêlé à d'autres éléments plus ou moins contradictoires que la postérité ne va pas retenir (la loyauté, l'héroïsme sont encore pour lui les valeurs suprêmes[100]), tandis que la métaphore de la main invisible, qui n'apparaît en tant que telle qu'une seule fois dans *La Richesse des nations*, qu'il ne considérait d'ailleurs pas comme son livre le plus important, va connaître le succès que l'on sait.[101] Son univers de référence reste celui du village ou de la petite ville : qu'on songe par exemple à ce grand classique des manuels, l'apologue sur le boucher, le brasseur et le boulanger, qui tous profitent de l'égoïsme bien compris des autres (c'est aiguillé par son petit intérêt personnel que chacun travaillera le plus, servant au mieux la communauté). Dans ce village, comme d'ailleurs sur l'île de Robinson (qui a au moins fait naufrage avec la Bible) ou au temps de la splendeur des Buddenbrook, l'on peut compter sur la foi et la vertu des protagonistes. La main invisible n'est encore qu'un autre nom de la Providence, dont le marché est un rouage plutôt subalterne : il va rapidement s'isoler du reste et le soumettre à ses lois. Latouche insiste sur ce double aspect, et montre bien comment l'humanisme libéral du penseur écossais prépare sa propre élimination, en libérant des forces qu'il est incapable de

---

[99] *Cf.* SCHUMPETER J.A., *Histoire de l'analyse économique*, Gallimard, coll. Bibliothèque des sciences humaines, 1983 (posthume, 1954), t. I, p. 260-263.

[100] *Cf.* LASCH Ch., *Le Seul et Vrai Paradis – Une histoire de l'idéologie du progrès et de ses critiques*, Flammarion, coll. Champs, 2006 (1991), p. 66-68.

[101] *Cf.* SMITH A., *La Richesse des nations*, Garnier-Flammarion, 1991 (1776), t. II, p. 45. Sur les racines historiques de cette métaphore et le contexte de son emploi par Smith, *cf.* LATOUCHE S., *L'invention de l'économie, op. cit.*, respectivement p. 139-142 et 211-213.

maîtriser.[102] Toute la violence du capitalisme est déjà en germe dans les paraboles villageoises de Smith : en un rien de temps, il va détruire leur cadre et même en perdre le souvenir. Nous n'excluons pas qu'un processus similaire (mais est-ce encore un processus ?) soit à l'œuvre dans la globalisation : fascination pour le code, basculement dans le labyrinthe des miroirs, la force de travail étant de plus en plus considérée comme un immense poids mort, dont on ne sait que faire (il arrive que certains marxistes relèvent le phénomène, mais ils n'ont en général pas de hâte plus urgente que de le reléguer à la périphérie[103]). C'est ce que nous disions au tout début : le capitalisme est tellement lui-même qu'il devient autre chose ; porteur de tous ses vieux démons et d'autres nouveaux. Ceci échappe complètement aux experts, bien qu'ils aient le nez dedans. Nous ne pensons pas seulement aux apologistes les plus vulgaires, qui chantent la légende du capitalisme à travers les siècles (« *la marche en avant de la liberté* »[104], dit l'un, avec au bout « *la perspective de l'émancipation* »[105], dit l'autre), mais surtout aux auteurs beaucoup plus nombreux qui prétendent enchâsser la globalisation dans une série de mutations « objectives » toutes aussi peu inquiétantes les unes que les autres, qui ont leurs bons et leurs mauvais côtés, et dont il faut savoir tirer parti. Ces livres s'ouvrent en général sur des remarques assez nébuleuses, telles que celle-ci : « *Qu'on l'appelle capitalisme financier ou économie en réseaux, l'économie capitaliste se perpétue en évoluant.* »[106]

---

[102] *Ibid.*, chap. X.

[103] *Cf.* par exemple HARRIBEY J.-M., *La Démence sénile du capital – Fragments d'économie critique*, Ed. du Passant, 2004, p. 83 : « *La seule nouveauté de la période actuelle est sa transparence de plus en plus grande. Que l'on ne nous dise plus que le travail ne crée plus la valeur ou qu'il n'est pas le seul à le créer, ou encore que c'est le marché qui en est le lieu de création, voire le créateur lui-même.* » Il ne comprend pas comment ces balivernes se répandent, mais il ne se pose pas vraiment la question. Il y voit l'effet d'une propagande, et ne pousse pas plus loin.

[104] NORBERG J., *Plaidoyer pour la mondialisation capitaliste*, Plon, 2003 (2001), p. 256.

[105] LÉVY P., *Cyberdémocratie*, Odile Jacob, 2001, chap. I.

[106] BATSCH L., *Le capitalisme financier*, La Découverte, coll. Repères, 2003, p. 3.

Le sens de cette phrase est peu clair ; il faut de surcroît s'arrêter sur sa formulation : le style est extrêmement plat, mais pas à la manière de Smith, avec de longs développements moraux, des robinsonnades et des approximations philosophiques. Tout cela a disparu. On dirait que les mots ont été directement agencés par un ordinateur. Il y a une différence de ton entre les économistes classiques et les experts qui n'a rien d'anecdotique. Elle s'entend immédiatement si l'on a dans l'oreille le grondement prophétique de la parole de Marx – l'exemple est sans doute un peu extrême, mais d'autres économistes, qui n'étaient pas des fondateurs de religion, étaient aussi de vrais écrivains. Schumpeter, Keynes, d'autres moins connus comme Perroux et Wittfogel viennent à l'esprit : fond et forme comme toujours inséparables. « *Lire Marx stimule, agace, révolte ; lire Friedman éteint, lire le Hicks de la première période asphyxie, le Hicks de* Valeur et Capital. *Lire Hayek étonne et lire Keynes éblouit, il n'y a pas d'autre mot. Lire aujourd'hui les revues économiques donne l'impression de mastiquer de la sciure de bois.* »[107] Si l'on reprend la liste, il saute aux yeux que ceux qui savent écrire sont précisément ceux qui ne sont plus lus ou en tout cas plus étudiés sérieusement dans les départements d'économie (Keynes est vu à travers Hicks) : même Hayek, ce qui autorise à supposer que le blocage n'est pas seulement idéologique. Le fait n'est pas anodin, il nous renseigne grandement sur la nature de l'expertise et de ce qu'elle commente.

S'il est vrai qu'aucun des économistes dont nous faisons l'éloge n'est complètement imperméable à la tentation de l'expertise (Schumpeter par exemple : « *Est une science tout domaine de connaissance où des hommes nommés chercheurs, hommes de science ou spécialistes, se vouent à l'amélioration du capital existant de faits et de méthodes et, au cours de ce processus, acquièrent en ces deux points une "maîtrise" qui les différencie du "profane" et aussi du simple praticien* »[108] : raisonnement bizarre qui revient à prouver le statut scientifique de l'économie par l'existence des économistes), ils n'en sont pas moins sensibles à la forme et à la texture des choses. Il est question chez eux de pouvoir, d'angoisse, de beauté : il y a encore quelque chose au-delà des chiffres. Sans multiplier les

[107] MARIS B., *Antimanuel d'économie*, *op. cit.*, p. 39-40.
[108] SCHUMPETER J.A., *Histoire de l'analyse économique*, *op. cit.*, t. I, p. 30-31.

citations, pour rester avec Schumpeter, qui parle ici de la fin du XIXe siècle : « *On dit communément que cette période n'a pas de style. Il y a dans cette phrase quelque vérité : il n'y a pas de doute, la classe des hommes d'affaires et des professions libérales vivait, en règle générale, une vie sans inspiration dans d'affreuses maisons qui déshonoraient les éléments de style ancien qu'elle se plaisait à rassembler. Les membres de cette classe achetaient des meubles affreux du même genre et des tableaux indéfinissables* »[109], *etc.* On ne lirait jamais rien de tel chez Mankiw, Friedman, un analyste financier ou un statisticien, qui sont aveugles à tout cela, dans le cadre de leurs fonctions tout au moins.

« L'économie », au fond, n'est supportable que mélangée à autre chose. Il y a forcément une part de réduction numérique chez les économistes que nous venons de citer, mais il n'y a pas que cela, ils savent en général s'arrêter à temps : croisée avec d'autres approches, de la littérature, de la psychologie (mais pas de la psychologie de singe ou de cobaye), cette réduction prend une autre dimension et même un autre sens. Il y a dans le style de Schumpeter et d'autres classiques (pas de tous, certes, loin de là) une profondeur dramatique qu'il n'est même pas imaginable de retrouver chez les experts. Aussi contradictoires et alambiqués qu'ils puissent être, ceux-ci restent unidimensionnels : c'est même leur marque de fabrique. Comme nous le disait un gestionnaire de fonds : « *C'est un monde de l'oubli. Pour être efficace, il faut oublier le passé.* »[110]

C'est d'ailleurs pour cela qu'une démarche qui cherche à remonter à l'« origine » de la globalisation nous paraît passer à côté de l'essentiel : il y a quelque chose de spécieux à faire la généalogie d'un homme à ce point dénué de dimension historique, qui a d'autant mieux oublié le passé qu'il ne l'a peut-être jamais su. Nous songeons à la démarche

---

[109] *Ibid.*, t. III, p. 36-37.

[110] À Paris, entretien du 20 janvier 2005. Cet entretien est un peu à part dans notre enquête. L'homme qui nous tenait ces propos, s'il n'était pas en rupture ouverte avec son milieu, cherchait en tout cas à s'en détacher. Nous ne l'avons pas rencontré par la voie habituelle, mais par l'entremise de notre directeur de thèse, qu'il avait contacté pour écrire un mémoire sous sa direction. Nous le remercions de sa confiance, et aussi pour les indications très précieuses qu'il nous a données.

« archéologique » de Foucault, qui offre en fait peu de prise sur la finance. Par exemple dans *Les mots et les choses*, l'ouvrage où il accorde le plus d'attention aux processus économiques, Foucault cherche à ressaisir le passage de l'époque classique à l'époque moderne, de l'Ordre à l'Histoire.[111] Il se demande comment le sol vient à manquer sous les pieds de l'homme éternel des taxinomies classiques, qui se découvre tout à la fois producteur du monde dans lequel il vit et agi par des forces qui le dépassent : c'est cet « homme »-là qui va devenir le sujet des sciences humaines, et dont l'auteur veut montrer qu'il est à son tour arrivé dans une impasse. Fort bien : sauf que, pour les experts, aucun bouleversement de ce genre ne s'est jamais produit (c'est d'ailleurs leur *individu* qui est devenu l'hypothèse de travail de sciences de moins en moins *humaines*). L'on chercherait en vain dans leurs écrits trace de ces révisions déchirantes, de ces glissements de terrain qui émaillent le texte de Foucault. Mankiw et les autres sont au contraire parfaitement sûrs d'eux, ces questions *ne les effleurent même pas* (en tout cas lorsqu'ils écrivent). Ils ne se prêtent pas à des lectures subtiles comme celle que donne Foucault de Ricardo.[112] L'expression de *fondamentalisme économique*, que nous citions tout à l'heure, le dit très bien : c'est peut-être la définition la plus concise de l'expertise, qui n'est pas seulement valable pour l'économie *stricto sensu*, comme on pourrait croire. L'expert environnemental fera des écosystèmes, l'expert psychologue utilisera des techniques de dressage (les sinistres TCC, thérapies cognitives et comportementales) pour apprendre à mieux gérer ses émotions, et ainsi de suite dans chaque domaine : on observe toujours la même tendance à réduire la nature, la psyché et n'importe quoi à des organigrammes, des contenus qui circulent. La différence la plus marquante entre la plupart des économistes classiques et les experts, c'est que pour les seconds, le monde se résume purement et simplement à ce circuit. Ils semblent dire à chaque page : nous ne savons pas, mais ça ne nous empêche pas de vivre ; tout ce dont vous parlez n'existe pas, c'est de l'idéologie, laissez-nous travailler ; vous feriez mieux de faire des réformes, au lieu de fuir la réalité. Ils vivent dans un monde *globalisé*, qui a basculé hors de

[111] *Cf.* FOUCAULT M., *Les mots et les choses – Une archéologie des sciences humaines*, Gallimard, coll. Tel, 1990 (1966), en particulier p. 230-231.
[112] *Ibid.*, p. 266 *sq.*

l'histoire : quand Mankiw se met à analyser l'influence de la peste sur les salaires au Moyen-Âge à la lumière des acquis de la théorie économique, il faut vraiment le lire pour le croire.[113] Le roi de Jordanie, invité à Davos, s'extasiait : « *La politique sépare, l'économie réunit. [...] Je suis d'une nouvelle génération, d'une génération globale : une génération qui est en train de prendre les manettes de commande un peu partout dans notre région, chez nous, au sultanat de Bahreïn, au Maroc, etc.* »[114] ; tandis que Pierre Lévy, l'un des idéologues les plus exaltés, notait avec gourmandise : « *La cyberdémocratie connaît de moins en moins d'extériorité absolue, sauf, évidemment, les habitudes politiques qui relèvent des civilisations antérieures : celles de l'écriture idéographique des premiers Etats antiques, comme en Chine ; la nostalgie de celle de l'alphabet manuscrit comme dans certains régimes islamiques ; celle de l'imprimerie, comme le culte bientôt désuet de l'Etat-nation inventé en Europe. [...] Chacun rivalise d'action incluante, jusqu'à Bill Gates distribuant par sa fondation des millions d'ordinateurs et de connexions Internet aux pauvres (même s'il a récemment et fort heureusement souligné que la disponibilité de l'eau potable, de la nourriture et des médicaments était parfois plus urgente que celle de la communication).* »[115] Impossible de trouver de la substance dans les débats entre experts, de situer les enjeux intellectuels dans la réverbération du néant, en un mot de mettre en scène une *tectonique des plaques historiques* avec des acteurs pareils. Il y a un point où l'économisme et l'historicisme se rejoignent, qu'indique le mot trompeur de *mondialisation* : ils ne sont pas à même de penser le basculement dans le hors-sol, la conjonction du vide et de la puissance, la transformation de l'économie en *modèle de simulation*, suivant une forte expression de Baudrillard.

Ce qu'il nous faut à présent, c'est comprendre les modalités de ce basculement. Jusqu'ici, nous n'avons fait que poser des principes, situer le territoire des experts. Avant de voir

---

[113] *Cf.* MANKIW N.G., « L'analyse économique de la Mort Noire », *in Principes de l'Économie*, *op. cit.*, p. 506-507. Vingt-trois lignes en gros caractères, sans références ni notes.

[114] ABDALLAH II, cité par IZRAELEWICZ E., « Davos sans masques – La mauvaise conscience des maîtres du monde », *Les Echos*, 2 février 2000, p. 63.

[115] LÉVY P., *Cyberdémocratie*, *op. cit.*, p. 158.

comment ils s'emballent, un peu à la manière du cheval d'Alexandre qui s'effrayait de son ombre, nous devons voir à quoi ils visent concrètement et de quels moyens ils disposent, sans qu'il soit pour autant nécessaire de donner la primauté à la technique ou à l'idéologie – nous allons essayer d'être aussi clair que possible sur ce point, en montrant un peu plus loin que les deux vont ensemble et qu'il est vain de chercher laquelle commande à l'autre. Juste une citation pour nous mettre sur la voie : « *Contre le discours positiviste ambiant, il faut [...] rappeler que des "nouvelles technologies" ne peuvent déployer leurs effets principaux sur les rapports humains, que dans un monde qui est culturellement déjà préparé à les recevoir. Le principe de la machine à vapeur, par exemple, était parfaitement connu dans l'Alexandrie du II*^e^ *siècle. Pour autant, dans les conditions culturelles de l'époque, aucune révolution industrielle n'aurait pu s'ensuivre ; et le téléphone mobile n'a pu générer tous ses effets d'incivilité que dans un monde où les formes autistiques de l'individualisme [...] avaient déjà atteint un degré de développement appréciable [...].* »[116] Et une autre, plus brève, qui touche directement au cœur du problème : « *Impossible en effet de distinguer clairement la guerre* économique *de l'*informatique, *puisqu'il s'agit d'une même ambition hégémonique de rendre interactifs les échanges commerciaux et militaires.* »[117]

L'IMAGE DE LA SPHERE ET LA FASCINATION POUR LE CODE

Une ambition hégémonique d'interactivité : la formule de Virilio est absolument frappante, et elle suffit à suggérer la distance qui nous sépare de la grande horloge de Smith et consorts. Car bien sûr, si l'on emploie cette image, c'est que l'on suppose une circulation parfaitement réglée : tels rouages qui réagissent avec tels autres, toujours les mêmes ; des rouages qui ne sont d'ailleurs pas obligés d'être en tous points similaires, pourvu que chacun reste à sa place. Dans

[116] MICHÉA J.-Cl., *Impasse Adam Smith – Brèves remarques sur l'impossibilité de dépasser le capitalisme sur sa gauche*, Climats, coll. Sisyphe, Castelnau-le-Lez, 2002, p. 170.
[117] VIRILIO P., *La bombe informatique*, Galilée, 1998, p. 158.

l'accélérateur de particules que nous avons décrit, les choses se passent différemment : tout se joue au contraire autour de ces individus dénués d'aspérités, dont chacun est censé pouvoir se brancher sur n'importe quel autre. Les principes de base n'ont pas changé, puisqu'il ne s'agit toujours que de multiplier des articulations ; les perspectives en revanche ne sont plus les mêmes. Le mythe s'épure en tournant sur lui-même : les rouages s'érodent, deviennent de plus en plus interchangeables, pour aboutir à cet individu qui se répand par son inexistence. Les experts continuent à se servir de l'image de Smith sans trop se poser de questions, même si l'on sent parfois qu'ils soupçonnent quelque chose – ainsi de Bill Gates qui écrit dans son autobiographie que, « *à [son] avis, nous ne sommes plus très loin d'assister à l'avènement du marché idéal décrit par l'économiste britannique Adam Smith, au XVIIIe siècle* », avant d'enchaîner, deux pages plus loin : « *Une autre métaphore, plus proche de la réalité, consisterait à parler de "marché ultime". Le marché – des bureaux aux galeries marchandes – est un élément constitutif des sociétés humaines. Je crois que le réseau deviendra un jour le grand magasin planétaire. L'endroit où les animaux sociaux que nous sommes vendront, négocieront, investiront, marchanderont, choisiront, débattront, flâneront, se rencontreront. Quand vous entendez "autoroute de l'information", ne pensez pas route, mais plutôt place ou Bourse. Imaginez la foule remuante de Wall Street ou d'une foire aux bestiaux. Ou bien d'une librairie remplie de clients en quête d'informations et d'histoires palpitantes. Dans ce "marché ultime" se croiseront toutes les facettes de l'activité humaine,* de la négociation d'un milliard de dollars au flirt. *Les transactions se feront en monnaie numérique et non plus en devises. L'information numérique sous toutes ses formes, et pas seulement monétaire, sera le nouveau médium.* »[118] La marchandisation est d'abord perçue comme une mise en code, un préalable au numérique : Gates nous apprend par ailleurs qu'il avait commencé par viser une licence d'économie, avant de se consacrer à ses logiciels. L'appât du gain joue certainement son rôle, mais il n'est pas sûr qu'il soit le seul, ni même le premier, si on le ramène au désir d'aplanissement que dicte cette peur de l'étrange et de l'étranger. C'est la phrase de Hegel que cite Debord dans *La société du spectacle*, selon

---

[118] GATES B., *La route du futur*, Robert Laffont, 1995, p. 16-17 (également p. 197) et 19. Nous soulignons.

laquelle l'errance des nomades est purement formelle, car elle se limite à des espaces uniformes.[119] Cette soif de connexion est le contraire du métissage, puisque c'est toujours le même qui s'accouple avec le même, le tout dans une absence de contact physique assez terrifiante et un imaginaire d'une singulière indigence (« *toutes les facettes de l'activité humaine, de la négociation d'un milliard de dollars au flirt* »).

L'idée s'impose tout naturellement qu'en accroissant cette masse d'informations homogènes, l'on accède à une forme de compréhension supérieure : comme si en additionnant des perspectives identiques l'on élargissait son champ de vision au lieu d'accumuler les œillères. C'est ainsi qu'un expert, dans une conversation avec un autre que nous nous apprêtions à interroger, commentant l'afflux de chiffres sur Internet, s'enthousiasmait : « *L'individu, normalement, il devient de plus en plus intelligent !* »[120] Un membre de l'académie des sciences publiait une tribune intitulée *L'avenir des nombres*[121] : « *Des millions d'intelligences humaines participent au Web. Des dizaines de milliers d'entre elles participent à des développements collectifs d'outils ; demain disponibles pour tous […]. […] Grâce aux nombres,* le virtuel devient une vision avancée du réel [relevons ce passage, où l'imaginaire passe à la trappe], *permettant d'explorer les combinaisons de l'avenir. Avantage décisif pour la science, l'industrie, l'économie.* » L'amalgame des trois termes est révélateur de cette ambition de tout fondre dans une sorte de *mégamachine*, suivant le mot de Lewis Mumford.

Cette mégamachine, plus précisément que l'« économie » en général, c'est la finance, qui est censée centraliser l'information (le Pentagone, qui crédite apparemment les marchés financiers d'une meilleure capacité de prévision que les services secrets, est allé jusqu'à mettre en place une sorte de « Bourse des événements », une cotation des attentats et des catastrophes, où l'on parie sur leur occurrence, contre ceux qui n'y croient pas[122]). Pour comprendre ce qui sépare le modèle

---

[119] DEBORD G., *La société du spectacle*, Gallimard, 1992 (1967), § 127, p. 98.

[120] À Paris, le 18 novembre 2004.

[121] LIONS J.-L., « L'avenir des nombres », *Les Echos*, 12 avril 1999, p. 64. Nous soulignons.

[122] *Cf.* BAUDRILLARD J., *Le Pacte de lucidité ou l'intelligence du mal*, Galilée, 2004, p. 104.

actuel de la criée, ce qui a changé non seulement depuis les descriptions de Zola, mais bien plus près de nous, depuis l'informatisation des transactions et la perte du monopole des agents de change, rien n'est plus instructif que deux visites, si possible à la suite.

La première au Palais Brongniart, aujourd'hui transformé en musée et en bureaux. Euronext, la société qui gère plusieurs places financières européennes,[123] continue de le louer à la mairie de Paris, y organise des conférences, des soirées, et, c'est ce qui nous intéresse, des visites guidées « *vers le passé, vers le dinosaure, vers la préhistoire* » – *dixit* le guide, au moment d'entrer dans la salle de la Corbeille, en échangeant l'inévitable sourire de connivence avec les connaisseurs. Tout commence par un court film avec des petits dessins, sur le mode de la robinsonnade, qui explique le rôle de la Bourse. « *C'est un marché qui utilise des techniques très compliquées pour une activité somme toute très simple* », à savoir : acheter et vendre des capitaux, répartir au mieux les capacités productives. Un diaporama retrace un peu plus tard l'extension du principe, après la dissolution numérique : « *Avec ce système, qui est complètement informatisé, la Bourse est partout et nulle part. […] Elle est partout où vous êtes et partout où vous voulez qu'elle soit.* ». En 1987, lorsque l'informatisation est achevée et la Corbeille fermée (le monopole des agents de change va disparaître logiquement l'année suivante, et il devient possible pour les particuliers de passer des ordres directement : à l'époque, par minitel), il s'échangeait chaque jour entre un milliard et un milliard et demi de francs à la Bourse de Paris.[124] En 1998, on en était à entre sept et quatorze milliards ; en 2003, à entre trente et quarante milliards. Rien n'a changé que l'échelle, nous assure le guide : ce n'est jamais qu'un plus grand nombre d'activités humaines qui sont mieux synchronisées, qui sont en dialogue permanent. Le guide le répète avec insistance : il n'y a aucune raison d'avoir peur. Le petit film du début décomposait les séquences du marché

[123] Elle naît en 2000 d'un accord entre les Bourses de Paris, Amsterdam et Francfort. D'autres places de moindre importance, telles que Porto et Lisbonne, ont rejoint le groupe depuis.

[124] Pour les détails des réformes et de la chronologie, *cf.* GODECHOT O., *Les traders – essai de sociologie des marchés financiers*, La Découverte, coll. Textes à l'appui, série « Enquêtes de terrain », 2001, p. 49-56.

boursier (il y a une scène du même genre, très amusante, dans *Le Bûcher des vanités* de Tom Wolfe, où la femme d'un *trader* essaie d'expliquer son travail à leur fille de sept ans : « *Imagine simplement qu'une obligation est comme une part de gâteau, et que tu n'as pas aidé à faire ni à cuire le gâteau, mais à chaque fois que tu tends une part de ce gâteau à quelqu'un, une minuscule miette en tombe, et tu peux garder cette miette* » – et la fillette éclate en sanglots[125]). Aucune raison de s'inquiéter, vraiment : en parcourant les salles du Palais Brongniart, c'est comme si l'on visitait l'organigramme de la régulation marchande : les bureaux des surveillants, les salles où l'on établit les cotations, la Corbeille où se réunissent les acheteurs – et comme ne manque pas de le souligner le guide, l'AFP de l'autre côté de la rue. Mais cela restait encore artisanal : la mission civilisatrice du marché, la synchronisation optimale, la mobilisation pour la croissance, ne tenait plus entre ces murs. La criée, toujours selon le guide, c'est *super sympa*, *humain*, mais hélas (à bien y réfléchir, nous semble-t-il, pour cela même) c'est *archaïque*. Aussi la Bourse a-t-elle proliféré en se désincarnant totalement, en tout cas sur les grandes places d'Europe continentale. Elles sont en *avance*, insiste le guide, puisqu'il y a encore une criée à New York, par exemple. Pour une fois que la France n'est pas en retard, c'est sans doute une excellente nouvelle. L'on peut cependant conjecturer que la tradition survit à Wall Street pour la même raison que les experts éprouvent le besoin de faire des robinsonnades, ou qu'Euronext continue de louer le Palais Brongniart : « *pour l'image* », suivant le guide, c'est-à-dire pour que le modèle s'incarne tout de même quelque part (c'est d'ailleurs peut-être la raison pour laquelle Jean-Pierre Gaillard, le chroniqueur financier de LCI et de France-Info, y a conservé ses bureaux jusqu'à sa retraite, alors qu'il ne s'y passait déjà plus rien : « *Jean-Pierre Gaillard, en direct de la Bourse de Paris* »).

Le Palais Brongniart avait été conçu, sur l'ordre de Napoléon, à la romaine, comme un temple de la finance. L'ambiance change lorsqu'on se rend aux bureaux parisiens d'Euronext, quelques rues plus loin : particulièrement le hall d'entrée, gris, blanc, couleur métal, en tout cas prophylactique à souhait, avec ses hôtesses et ses vigiles en cravate, un peu comme dans un aéroport, avec des écrans géants un peu partout

---

[125] WOLFE T., *Le Bûcher des vanités*, Le Livre de poche, 2004 (1987), p. 323.

qui diffusent en boucle des chiffres, des graphiques, des images diverses entrecoupées de slogans (« *Euronext, go for Growth* »). Difficile d'imaginer un lieu moins solennel, où l'on ait aussi peu l'impression qu'il se passe quelque chose d'important. Plus exactement, il semble que beaucoup de choses se passent (des chiffres circulent, des cadres s'agitent), mais que rien n'arrive. Euronext n'est plus là que pour assurer l'intendance informatique. Le film du Palais Brongniart nous avait prévenus : « *L'information n'a jamais été aussi importante et aussi bien diffusée.* » C'est donc que tout va bien. Le questionnement sur les chiffres est toujours d'ordre technique : sont-ils exacts ? L'on ne se demande jamais s'ils ont un sens ; et par conséquent, plus ils seront transparents, plus ils seront en adéquation avec la réalité, et mieux le monde sera organisé. « *Le défi n'est pas de réguler mais de déréguler les marchés de l'énergie* »[126], comme l'expliquait le directeur de l'agence britannique chargée de les réguler. Un accroissement de la dérégulation permet au marché de mieux jouer son rôle. Par une ruse de la raison inaccessible aux profanes, c'est la forme la plus subtile et la plus achevée de régulation. Avec la globalisation, il se glisse dans le système quelque chose qui nous éloigne beaucoup de l'équilibre smithien des passions et de la main invisible. Dans cette version, les mots, les choses, les êtres aussi bien que la vie elle-même (« *L'ADN humain rappelle un logiciel, mais fabuleusement sophistiqué !* »[127] s'échauffe Gates), dûment encodés, vont fusionner dans une même sphère, la forme parfaite et auto-suffisante qui est l'un des attributs traditionnels du divin[128] – une *noosphère*,[129] une sphère des esprits, comme l'appelle Pierre Lévy, en pleine ivresse verbale, au bord de la lévitation : « *Beaucoup de bulles spéculatives crèveront, mais la bulle spéculative de l'économie et de la finance mondiale ne crèvera jamais. Au contraire, elle*

---

[126] McCARTHY C., propos recueillis par Marie-Laure Cittanova, « Le patron de l'Ofgem britannique plaide pour la libération du secteur énergétique », *Les Echos*, 27 mars 2003, p. 13.

[127] GATES B., *La route du futur*, *op. cit.*, p. 230.

[128] De nombreux exemples dans BORGES J.L., « La sphère de Pascal », *in Œuvres complètes*, t. I, Gallimard, coll. Bibliothèque de la Pléiade, 1999, p. 676-679.

[129] *Cf.* LÉVY P., *Cyberdémocratie*, *op. cit.*, p. 170 ; et sur la noosphère, *World Philosophie – Le marché, le cyberespace, la conscience*, Odile Jacob, 2001, p. 173 *sq.*

enflera continuellement et beaucoup d'autres lui succèderont et l'accompagneront, comme la bulle du langage et de la connaissance, comme celle d'un technocosme toujours plus perfectionné et irréversiblement croissant, toujours plus loin et plus près d'un "réel" qui ne veut rien dire. Merci à l'Homo economicus d'avoir inventé un monde aussi délirant... / Mais attention ! Il s'agit d'un délire rationnel, car le sens profond de la spéculation est toujours de miser sur l'avenir. »[130] « *Voilà d'où vient ma fascination pour les logiciels*, écrit Gates. *La réponse d'un ordinateur à des programmes simples est d'une clarté absolue. Aujourd'hui encore, je suis ému de penser qu'un programme bien fait va fonctionner à la perfection, en toute occasion, exactement comme je le lui ai demandé. [...] Grâce aux progrès de l'avenir, la rationalisation s'étendra à des domaines qui nous paraissent bien fonctionner.* »[131] Toujours cette obsession de la synchronisation, d'un temps mécanique, sans interstice,[132] qui s'écoule à l'extérieur de nous, qui n'est jamais en suspens et auquel il faut nous soumettre sans espoir de l'oublier un instant (car l'on est tenu de se concentrer sur un autre instant, celui qui va suivre), « *réduisant progressivement la multiplicité des cultures et préparant le totalitarisme de l'Un, celui du marché, ou, ce qui revient au même, celui du rationalisme* »[133], comme l'écrit Maffesoli. « *Illusion délirante de réunifier le monde sous un seul principe* », note quant à lui Baudrillard, qui parle aussi de *divinité binaire.*[134]

L'image de la sphère, du volume sans aspérités, est récurrente dans les publicités (dans les logos des sociétés, également). Il peut s'agir d'une photo de la planète Terre, suivie

---

[130] *Ibid.*, p. 87.

[131] GATES B., *La route du futur, op. cit.*, p. 14 et 182.

[132] *Cf.* JÜNGER E., *Le traité du sablier*, Christian Bourgois, 1995 (1954), p. 53-54.

[133] MAFFESOLI M., *L'instant éternel – Le retour du tragique dans les sociétés post-modernes*, Denoël, 2000, p. 12. Il fait au passage ce pronostic largement vérifié depuis (et l'on n'a peut-être encore rien vu) : « *Les bons esprits, de nos jours, appellent cela "globalisation" ou "mondialisation". [...] Colosses aux pieds d'argile dont on va voir, de plus en plus, la fragilité.* »

[134] *Cf.* BAUDRILLARD J., *L'échange symbolique et la mort*, Gallimard, coll. Bibliothèque des sciences humaines, 1976, p. 89-95, et pour la citation p. 92.

de l'inscription *.com*,[135] ou placée dans l'ombre d'un jeune cadre.[136] « *Le monde est grand* », lit-on par ailleurs, en légende d'un cliché satellite, avec juste au-dessous, exactement de la même taille, le logo de Bouygues Telecom, lui aussi de forme circulaire, et ce commentaire : « *Le monde est rassurant* ».[137] Ces projections ne ressortissent pas tout à fait du vieux fantasme impérialiste. Ce serait aller un peu vite en besogne, et même, croyons-nous, faire un vrai contre-sens que de les assimiler à ces cartes du siècle dernier où les puissances coloniales étalaient leurs possessions : car en effet, ce qui était alors figuré, c'était l'emprise de l'homme blanc sur des contrées perçues comme luxuriantes, dangereuses, barbares, tout ce qu'on voudra, mais irrémédiablement étrangères, exotiques. Ce n'est plus un rapport de cet ordre, un rapport vertical qui est en jeu, tout au moins dans l'imaginaire (il s'agit plus que jamais de domination, mais d'une domination qui ne s'avoue plus du tout comme telle) : c'est plutôt un fantasme de connexion généralisée, sur un espace homogène. L'abstraction peut être poussée très loin, comme dans cette autre publicité où les latitudes et les longitudes sont tracées à l'aide de codes informatiques, et où le globe terrestre est figuré par une surface parfaitement lisse, semblable à une boule de cristal, entourée d'un léger halo lumineux : « *Nous ne faisons pas que transporter l'information. Nous transmettons l'information qui fait bouger les marchés mondiaux. [...] Mettre le monde à votre portée pour pouvoir le transformer.* »[138] Dans le même ordre d'idées, en couverture de l'édition de poche du livre de Jean-Marie Messier, *j6m.com*, l'on voit la planète, qui brille dans la transparence, se fondre dans une puce électronique, derrière le visage pensif et joufflu de l'oligarque. Nous songeons aussi à cette vision totalitaire où le mot *un* apparaît en surimpression, avec un globe en arrière-fond : « *Aujourd'hui, le marché paneuropéen de Tradepoint démarre – un marché unique traitant toutes les principales actions en Europe. / Une seule*

[135] Publicité pour Sun microsystems, *Les Echos*, 3 novembre 1999, p. 20.

[136] Publicité pour Deutsche Asset Management, *Les Echos*, 12 octobre 1999, p. 5.

[137] Publicité pour Bouygues Telecom, *Les Echos*, 17 juin 1999, p. 15.

[138] Publicité pour Global Crossing, *Les Echos*, 3 octobre 2000, p. 23. Voir aussi une autre image, tout aussi impressionnante, le 28 juin 2000, p. 42-43.

plate-forme ; un seul jeu de règles ; un seul modèle de computation ; un seul carnet de commande ; un seul règlement par titre, par jour ; une réduction des complications et une diminution des coûts. »[139] « *l'internet ne dort jamais. ne fait jamais de pause déjeuner. ne prend jamais de vacances. et vous ?* »[140] « *La Terre est devenue une gigantesque sphère conductrice, et même supra-conductrice, connectée dès aujourd'hui à ce qu'elle sera demain et après-demain.* »[141] Un auteur comme Olivier Dolfuss, qui n'est pas spécialement un apologiste et veut vraiment *expliquer* ce qui arrive, démonter le mécanisme, ne trouve au fond rien à ajouter (« *La rotondité de la terre intervient dans la finance avec un soleil qui ne se couche jamais sur la* sphère financière *dans le fonctionnement continu des bourses de valeur et des salles de changes, selon leur position sur la planète* »[142]), parce qu'il n'y a rien à en dire : c'est vide, c'est rond, ça tourne.

Dans la finance, il n'y a qu'*une seule* sphère, qui a vocation à tout englober par numérisation interposée : le mot de *globalisation* le dit assez, et au besoin, l'examen des publicités le confirme. Le reste, mettons, ce qui dans la langue ne peut se réduire à un code, ou dans le phénomène de la vie à l'ADN ? Canetti tenait l'internationalisme pour une illusion parce que, disait-il, *nous parlons des langues*,[143] et il en appelait plutôt au plurinationalisme et à la babélisation : il est à craindre que cette objection n'ait cessé d'être valable pour les experts, qui ne la comprennent pas, qui n'en sentent même pas la nécessité. Un économiste honnête comme Georgescu-Roegen n'est pas moins troublé par la survivance des idéogrammes en Asie[144] que

---

[139] Publicité pour Tradepoint, *Les Echos*, 10 juillet 2000, p. 9.

[140] Publicité pour Intel, *Connectis*, supplément aux *Echos* du 28 mars 2001, 4° de couverture. Un œil énorme recouvre la moitié de la page.

[141] KLEIN E., cité par FUR A., « Leçons de crises : vaincre la tyrannie de l'immédiateté », *Les Echos*, 25 mai 1999, p. 73.

[142] DOLFUSS O., *La Mondialisation*, Presses de Sciences Po, 1997, p. 17.

[143] CANETTI E., *Le territoire de l'Homme*, Albin Michel, 1978 (1973), p. 85.

[144] GEORGESCU-ROEGEN N., *La science économique – Ses problèmes et ses difficultés*, Dunod, 1969, p. 11. Il n'hésite pas à écrire que la « *survivance [de l'écriture en idéogrammes en Extrême-Orient] constitue un handicap intellectuel énorme : l'emploi d'idéogrammes restreint le nombre de savants effectifs et en outre gaspille beaucoup*

l'inénarrable Pierre Lévy. Nous citions tout à l'heure quelques lignes où ce dernier se désolait de voir persister certaines « *habitudes politiques qui relèvent des civilisations antérieures* ». Les calligraphies en chinois ou en arabe, les livres même ? Il n'apparaît pas que tout cela ait sa place dans la noosphère ou la cyberdémocratie, qui, comme il s'en réjouissait, *connaît de moins en moins d'extériorité absolue*. Si la sphère fait l'objet d'une si remarquable faveur, ce n'est pas du tout par ce qu'elle a d'insaisissable, les reflets qu'elle permet : là où nous sommes, elle ne se reflète nulle part, puisque rien d'autre (ou rien d'important) n'existe, et surtout pas d'autres sphères. C'est elle-même qui se mire dans son vide, exactement à rebours de la subtile combinatoire du *Jeu des perles de verre*, produit d'un mythe en tout point différent dont Hesse est le messager très conscient et qui nous servira de *révélateur* de la finance, au sens photographique du terme, dans notre chapitre final. Lorsque nous nous appuierons sur l'œuvre de Jung et que nous comparerons l'imagerie globalisante à celle de la tradition hermétique, nous verrons que la contemplation de la sphère peut ouvrir à tout autre chose qu'à ce genre de fantasme totalitaire. Il ne s'agit pas tant de cette image en elle-même, ni des autres que nous verrons mobilisées tout au long de notre étude, que de la façon dont elles se répercutent dans la finance, tout comme pour prendre un exemple extrême la swastika, suivant qu'on considère sa tradition d'origine ou sa récupération par les nazis.

L'on ne saurait en tout cas s'en tirer en disant que ce ne sont là que des images – *pour revenir à la réalité !* s'exclame le matérialiste naïf.[145] Bien sûr qu'une métaphore peut être gratuite, isolée dans un texte. Mais pour trouver un tel écho, il

---

de leur énergie intellectuelle. De nos jours il empêche l'emploi de machines à écrire ou de linotypes. / Dans le cas de la Chine cette survivance peut trouver certaines justifications : la multiplicité des dialectes à l'intérieur d'une culture unifiée sous les autres aspects. Mais la survivance au Japon d'une écriture hybride qui défie toute règle systématique constitue une énigme qui paraît d'autant plus surprenante devant le développement miraculeux de l'économie japonaise. » Des signes « non systématiques », une façon de penser différente, et qui ne conduit pourtant pas au chaos ? L'expert s'empresse de crier au miracle et de donner sa langue au chat.

[145] *Cf.* BAUDRILLARD J., *L'échange symbolique et la mort*, *op. cit.*, p. 199.

faut qu'elle dise quelque chose sur la manière dont la finance est perçue, sur ce qu'elle représente aux yeux de ceux qui la font vivre, et par conséquent, dans la mesure où elle vit au moins en partie de ces représentations, sur ce qu'elle est effectivement. Si l'image de la sphère – et surtout de la sphère *unique*, nullement celle d'une pluralité de mondes, peut-être conciliables mais irréductibles – remporte un tel succès, c'est bien qu'elle évoque quelque chose. Elle n'est pas un signe arbitraire, elle est, suivant la distinction que fait Jung, un *symbole*, intérieurement motivé et qui passe la convention : « *La roue ailée de l'employé de gare [en usage en Suisse] n'est pas un symbole du chemin de fer ; elle n'est que le signe de l'appartenance à l'exploitation ferroviaire.* Un symbole suppose toujours que l'expression choisie désigne ou formule le plus parfaitement possible certains faits relativement inconnus mais dont l'existence est établie ou paraît nécessaire. *Si l'on prend la roue ailée pour un symbole, cela équivaudrait à dire que l'employé dont elle décore le couvre-chef aurait affaire à quelque être inconnu, qui ne saurait avoir d'autre expression plus appropriée.* »[146] *Quelque être inconnu qui ne saurait avoir d'expression plus appropriée* : ici le marché *global*, et plus précisément la finance qui en est le fleuron, dont nous verrons quelle sorte d'émotions elle suscite chez les experts lorsqu'ils essaient d'interpréter les courants qui la traversent. Nous disposons déjà d'une première approximation de cette entité (une *entité*, c'est ainsi que nous la décrivait déjà la toute première de nos interlocuteurs[147]), du moins dans l'idéal, dans la pureté des intentions qu'on lui prête : une sphère lisse et unique, sans recoin où se cacher, qui n'oppose aucun obstacle à la circulation du code – une vision paroxystique de l'absence de secret et de la commutation universelle.

MESSIE, PROLETARIAT, MARCHE

Si maintenant, pour faire la part des choses et situer le mieux possible en quoi consiste la nouveauté de la finance, l'on

---

[146] JUNG C.G., *Types psychologiques*, Georg, Genève, 1991 (1921), p. 468-469.

[147] Entretien avec un professeur de finance, Grenoble, le 27 novembre 2002.

cherche ce qui la relie aux mégamachines antérieures, il est certain que l'obsession illuministe et virginale qui l'anime ne lui appartient pas en propre. Comme le note Maffesoli, « *de saint Paul à saint Augustin, des philosophes des Lumières aux diverses théorisations hégéliano-marxistes, l'universalisme judéo-chrétien propre à la tradition occidentale s'est employé, avec outrance, à théoriser, et à essayer de mettre en pratique le bien. De la "Cité de Dieu" à la société parfaite on retrouve la même tension : mobiliser les énergies individuelles et sociales pour réaliser un parachèvement, une parousie évacuant la part obscure de l'humain.* »[148] C'est toujours le même thème qui revient, celui d'une opposition tranchée entre la lumière et l'ombre : celle-ci n'étant généralement pas conçue comme une chose avec laquelle il faut apprendre à vivre, porteuse d'énergie, ancrée en nous ; elle est toujours pensée en termes d'ascèse, de purification, de repentir… L'innovation majeure des temps modernes est que l'éradication, qui était d'abord à usage interne, se tourne de plus en plus vers l'extérieur : la technique apparaissant alors comme une méthode pour expulser la souffrance de ce monde.

Ce sont là des choses évidentes, ou qui devraient l'être, c'est pourquoi nous ne les évoquons que de façon très rapide ; de même qu'il devrait sauter aux yeux que ces remarques ne valent pas seulement pour le communisme, auquel on les réduit souvent, mais aussi pour le capitalisme, le principal messianisme économique concurrent – ils sont d'ailleurs nombreux à avoir sauté de l'un à l'autre, en l'espace de quelques années.[149] Alexandre Adler et Jacques Marseille sont d'anciens membres du Parti. L'économiste Jean-Louis Gombeaud, autrefois communiste, se demandait de son côté si « *à force, le capitalisme [n'allait pas] engendrer le communisme [dans le domaine des télécommunications]. Tout gratuit. À chacun selon ses besoins.* »[150] On peut aussi songer à l'ancien maoïste devenu vice-président du Medef, Denis Kessler, qui, amené dans un questionnaire de libre association à apposer une définition sur une douzaine de mots, en donnait une

---

148 MAFFESOLI M., *La part du Diable…*, *op. cit.*, p. 37.

149 *Cf.* HOCQUENGHEM G., *Lettre ouverte à ceux qui sont passés du col Mao au Rotary*, Agone, Marseille, 2003 (1986).

150 GOMBEAUD J.-L., Europe 1, 12 février 1999, cité par HALIMI S., *Les nouveaux chiens de garde* (2ème éd.), Liber-raisons d'agir, 2004, p. 90.

tout particulièrement révélatrice : « *Culture :* "Accumuler, accumuler, c'est la loi et les prophètes." *La formule est de Karl Marx.* »[151] Les similitudes apparaissent d'elles-mêmes, en creux, dans l'analyse que consacre Eliade à la structure mythique du communisme : « *Quoi que l'on pense des velléités scientifiques de Marx, il est évident que l'auteur du* Manifeste communiste *reprend et prolonge un des grands thèmes eschatologiques du monde asiatico-méditerranéen, à savoir : le rôle rédempteur du Juste (l'"élu", l'"oint", l'"innocent", le "messager", de nos jours, le prolétariat) dont les souffrances sont appelées à changer le statut ontologique du monde. En effet, la société sans classes de Marx et la disparition conséquentielle des tensions historiques trouvent leur plus exact précédent dans le mythe de l'Âge d'or qui, suivant des traditions multiples, caractérise le commencement et la fin de l'Histoire. Marx a enrichi ce mythe vénérable de toute une idéologie messianique judéo-chrétienne : d'une part, le rôle prophétique et la fonction sotériologique qu'il accorde au prolétariat ; de l'autre, la lutte finale entre le Bien et le Mal, qu'on peut facilement rapprocher du conflit apocalyptique entre Christ et Antéchrist, suivi de la victoire définitive du premier.* »[152] Communisme et capitalisme sont imprégnés d'un bout à l'autre par le mythe de l'Âge d'or, à travers une version laïcisée de l'eschatologie judéo-chrétienne : c'est-à-dire qu'on retrouve la même croyance dans le Progrès, dans la Science qui doit mener à la fin de l'histoire et refonder la société sur des bases entièrement nouvelles.[153]

Pour établir l'appartenance de l'idéologie globalisante à cette filiation, ce sont encore les publicités qui sont le plus

---

[151] Cité par FAVARD E., « Le numéro deux du patronat – Kessler, grosse tête et forte tête », *Les Echos*, 16 janvier 2001, p. 50. La formule de Marx se trouve au début du livre III du *Capital* (Ed. sociales, 1977, p. 35).

[152] ELIADE M., *Mythes, rêves et mystères*, Gallimard, coll. Folio-essais, 1993 (1957), p. 24.

[153] *Cf.* COHN N., *Les fanatiques de l'Apocalypse – Millénaristes révolutionnaires et anarchistes mystiques au moyen-âge*, Payot, 1983 (1957). Dans la conclusion, l'auteur fait un parallèle très précis entre les mouvements millénaristes et gauchistes. L'idée n'est sans doute pas neuve, mais nulle part nous ne l'avons vu développée avec autant de rigueur que dans cet ouvrage, tant sur le plan de la doctrine que de l'organisation.

parlantes. Nous pensons surtout à une campagne menée par la banque d'investissement JP Morgan, fin 1999, début 2000, où l'on pouvait voir en gros plan, sur une pleine page, des jeunes cadres à l'air décidé. Chacun de ces portraits était accompagné d'un petit texte. Nous en citons quelques-uns :

« J'examinerai toutes les hypothèses.
Je me ferai visionnaire.
Je remonterai à la source. /
Je me montrerai perspicace.
Ne me contenterai pas de statistiques.
Sur tout je ferai la lumière. /
J'observerai.
Et puis je reviendrai pour observer encore.
Je saurai prendre les risques qui en valent la peine. /
Je travaille pour JP Morgan. »[154]

« Je participe à la création d'entreprises.
J'aide à bâtir l'avenir.
Je me passe de ceux qui doutent. /
Je peux tolérer certaines erreurs
mais je ne peux pas tolérer qu'elles se répètent.
Je peux évoluer. /
Je crois en mes réponses
parce que je me suis déjà posé les bonnes questions.
Je peux révéler des trésors cachés. /
Je travaille pour JP Morgan. »[155]

« J'apporterai tout mon soutien à un client pour qu'il réussisse,
Puis, j'en aiderai un autre.
Je ne laisserai jamais l'acceptable se mettre en travers de la perfection. /
Je n'aurai pas toujours la solution
Mais je réussirai à la trouver.
Je m'adapterai. /
Je ne présumerai de rien.
Je douterai de tout.

---

[154] Publicité pour JP Morgan, *Les Echos*, 8 septembre 1999, p. 9 ; 18 et 19 janvier 2000, p. 12. Nous soulignons, en gras dans l'original. De même, pour les citations suivantes.
[155] *Ibid.*, 5 juin 1999, p. 5 ; 28 et 29 janvier 2000, p. 13.

Je défendrai la vérité. /
Je travaille pour JP Morgan. »[156]

Beaucoup de ces phrases ne veulent pas dire grand-chose, et certaines à la rigueur se contredisent (*je me passe de ceux qui doutent* d'un côté, *je douterai de tout* de l'autre – mais il faut dire qu'il s'agit d'un doute systématique, c'est-à-dire encore d'un système, une coquetterie d'expert qui se veut en toutes circonstances sans préjugés, et qui d'ailleurs jure tout de suite après : *je défendrai la vérité*) ; mais peu importe au fond, le message n'en est pas moins parfaitement clair. *Je me ferai visionnaire, sur tout je ferai la lumière, je me passe de ceux qui doutent, je peux révéler des trésors cachés, je ne laisserai jamais l'acceptable se mettre en travers de la perfection.* C'est surtout le ton psalmodique, le délire catharophile, quelque part entre le chevalier de la lumière, l'hygiéniste fou et le commissaire politique chinois (les visages fermés renforcent l'impression de fanatisme), qui fait l'unité de l'ensemble.

Il est entendu que si rien ne gêne la concurrence, le système donnera forcément les meilleures ou en tout cas les moins mauvaises réponses possibles. Le marché est innocent, en lui-même il est *impeccable* : il ne pèche pas, il *ne peut pas* pécher. Le coupable, c'est celui qui a contrevenu à ses principes éternels, intrinsèquement bons. C'est celui qui ne respecte pas « les règles du jeu », celui qui a contribué à la « mauvaise information des acteurs », et qui empêche par conséquent le marché de répandre ses bienfaits. Nous l'avons vu, un tel raisonnement présuppose l'existence d'une « réalité » économique préétablie, dont il faudrait rendre compte le plus honnêtement possible, et que les marchés auraient pour tâche d'interpréter. À partir du moment où on se laisse enfermer dans ce cercle de fer, les éléments non-mathématisables prennent forcément une importance secondaire. Les phénomènes inconscients passent pour des aberrations, des interférences dont il faudrait purger le système pour le rendre plus « efficace » et « transparent ». Cette aspiration à l'efficacité et à la transparence est bien sûr par excellence de nature religieuse, mais elle refuse absolument de se reconnaître comme telle, et c'est cela même qui lui donne cette nuance de danger si particulière, sur laquelle Jung est souvent revenu dans les livres

[156] *Ibid.*, 8 juillet 1999, p. 11.

qu'il a écrits à la fin de sa vie.[157] Plus l'on refuse de reconnaître ces forces, plus elles nous possèdent en réalité.

La « nouvelle économie », comme on a appelé le syncrétisme de l'informatique et de la finance, s'est présentée comme la promesse d'un nouveau monde, ce qui en soi n'a rien que de très cohérent, puisque dans la perspective de l'expertise, l'économie et le monde se confondent. À la fin des années quatre-vingt-dix, la croyance s'était suffisamment emballée pour qu'un économiste plutôt connu pour sa circonspection, occupant une place centrale dans sa discipline, se hasardât à prophétiser dans un magazine : « *Voici venu le temps de la croissance infinie.* »[158] Beaucoup d'experts ne prenaient pas la peine de déguiser leur millénarisme : la coïncidence entre l'avènement de ce temps radieux et celui de l'an deux mille ne leur avait pas échappé (cela rappelle ce slogan de France Télécom, qui a toujours sonné pour nous comme une menace plutôt qu'une promesse : *nous allons vous faire aimer l'an deux mille*). Jean-Marie Messier a même été frappé d'une sorte de révélation, qu'il faisait partager dans un livre publié au temps de sa gloire : « *L'an 2000 vient de commencer et en ce jour de janvier, je comprends brutalement que nous sommes bien en train de changer de siècle, d'*entrer dans un nouveau monde. *Vers dix-huit heures, je reçois un appel sur mon téléphone portable de Thomas Middlehoff, Président du groupe allemand de communication Bertelsmann. / Je connais bien Thomas.* C'est un patron visionnaire pour Internet. *Nous sommes arrivés à peu près en même temps à la tête de nos entreprises, lui en 1998, moi en 1996. Nous avons la même certitude : les nouvelles technologies vont bouleverser nos métiers.* »[159]

Les publicités traduisent directement cette filiation messianique, puisque l'imagerie révolutionnaire s'y est faite très présente au plus fort de l'euphorie boursière, fin 1999,

---

[157] *Cf.* notamment l'étude sur le communisme, JUNG C.G., *Présent et avenir*, Le Livre de poche, 2001 (1948).

[158] AGLIETTA M., « Voici venu le temps de la croissance infinie », *L'Expansion*, 21 janvier 1999, cité par LABARDE Ph. et MARIS B., *La Bourse ou la vie – la grande manipulation des petits actionnaires*, Albin Michel, 2000, p. 17.

[159] MESSIER J.-M., *j6m.com – Faut-il avoir peur de la nouvelle économie ?*, Le Livre de poche, 2001 (2000), p. 23. Nous soulignons.

début 2000. Dans un spot télévisé,[160] le dispositif était très simple, presque l'équivalent d'une vignette animée : l'on entendait des grognements dans un cimetière, sans musique, sans présence humaine visible ; la caméra descendait lentement vers l'origine de ce bruit ; sur la tombe, on pouvait lire le nom de Marx ; la voix off égrenait quelques chiffres sur les bienfaits de la nouvelle économie et, pour expliquer l'agitation du cadavre : « *Il y en a sûrement qui vont se retourner dans leur tombe...* » Elle concluait par ce slogan : « *Et si la Bourse profitait à tous ?* » Jean-Marie Benoist affirmait que Marx était mort ; Furet, Fukuyama et d'autres ont popularisé cette étrange antienne, que nous voyons ici reparaître. Ce n'est pas seulement sa formulation qui nous fait dire qu'elle est étrange (car il ne viendrait à l'idée de personne de proclamer que Platon, Nietzsche ou Spinoza sont *morts*), mais aussi son contenu : il nous semble que si Marx était vraiment mort, on ne l'évoquerait pas à tout propos, surtout dans une publicité. Il n'y a pas beaucoup de philosophes ou d'économistes à être suffisamment célèbres pour cela. Même en y réfléchissant bien, nous n'en voyons pas d'autre pour notre part. Cet acharnement à tuer Marx, et plus encore à ne jamais cesser de le tuer (« *Il y en a sûrement qui vont se retourner dans leur tombe...* »), est tout à fait curieux : frère ennemi et jumeau en même temps, dont on ne saurait se passer, à la fois comme modèle et repoussoir. Contre, tout contre soi : c'est-à-dire trop près.

Cette publicité est d'autant plus digne d'intérêt qu'une autre campagne de l'époque, pour un fournisseur d'accès à Internet, nous met face à une énigme très similaire. Des leaders très divers étaient réunis, cette fois, dans une sorte de station spatiale (!). L'on voyait mobilisées, pêle-mêle, les figures du Che, de Zapata, de Gandhi, de Lénine et de Robespierre, qui tous s'émerveillaient des perspectives offertes par Internet – l'accès pour tous « *au savoir, au commerce* »... À la fin, Lénine jetait un regard mélancolique sur la Terre, ôtait sa casquette et demandait : « *Mais, qui est leur leader ?* » Dans l'une des déclinaisons de cette campagne dans la presse, l'on pouvait lire : « *Même les munitions sont gratuites, ça, c'est de la révolution !* »[161] Cette fois-ci, après que la finance assistée par ordinateur eut été décrite comme un moteur de progrès

---

[160] Publicité téévisée pour Selftrade. On en trouve une caricature dans *Charlie-Hebdo* du 1er mars 2000.
[161] Voir un encart paru dans *Les Echos*, 17 mai 2000, p. 28.

universel (« *Et si la Bourse profitait à tous ?* »), Internet est présenté comme un espace de gratuité absolue, ce qui constituerait une étape supplémentaire dans une authentique révolution.

Ce que nous disent ces deux publicités, ce n'est pas exactement que le « socialisme » a été vaincu. Certes, Marx est sous terre, et les autres révolutionnaires dans l'espace. Cependant, si l'on considérait que les espoirs dont ils étaient porteurs sont nuls et non avenus, on ne prendrait pas la peine de les convoquer pour assister au triomphe du système qu'ils combattaient, et surtout pas en utilisant leurs propres arguments, qu'il s'agisse du partage (dans le premier cas) ou de la liberté (dans le deuxième). La nouvelle économie prend en charge les aspects proprement utopiques – en les revendiquant comme tels – des projets radicaux de transformation sociale. Un intellectuel californien, qui se présentait comme néo-marxien, s'exprimait en ces termes : « *Les grandes transformations de l'histoire de l'humanité sont d'abord des transformations technologiques. La première et la plus importante est la révolution néolithique (la domestication des animaux et des plantes) qui s'est faite il y a douze mille ans. Au XVIII*^e^ *siècle, la maîtrise de l'énergie a amené la révolution industrielle. Aujourd'hui, la maîtrise de l'information, qui permet une communication instantanée et tous azimuts, a déjà transformé radicalement le monde de l'industrie et du travail. Avec la révolution industrielle, l'agriculture était devenue une activité minoritaire. C'est ce qui est en train d'arriver au travail industriel et à la condition ouvrière. [...] La maîtrise conjointe de l'énergie et de l'information est en train de changer le possible comme le désirable. Les utopies socialistes et communistes nées de la révolution industrielle visaient surtout le partage des richesses. Aujourd'hui, nous sommes face à d'autres choix : comment faire circuler l'information, comment la partager, la contrôler, la développer.* »[162] Cet extrait est comme la quintessence de la thématique à laquelle nous n'avons cessé d'être confronté : celle d'une déconflictualisation générale, avec en contrepoint la référence aux mouvements de contestation sociale sous toutes les formes imaginables, réformistes, libertaires, révolutionnaires et

---

[162] SPERBER D., propos recueillis par Natalie Levisalles, « L'utopie communiste devient possible – La nouvelle économie en débat », *Libération*, 13 et 14 novembre 1999, p. 20.

autres… Si les experts rejettent violemment les contenus et les croyances du marxisme, c'est souvent pour mieux reprendre son armature logique, de façon naturellement très caricaturale, mais aussi, et c'est peut-être cela surtout qui importe, très partiale, *expurgée de toute négativité*. L'histoire est alors remontée comme une sorte de film tout public, un vol plané de la technique et de la raison dans une ambiance de dessin animé, avec Fukuyama en Hegel des studios Disney.

Nous en venons à la différence essentielle qu'il y a entre les sécularisations messianiques du XIXe siècle[163] et le bricolage des experts, dont l'inculture est extraordinaire, et le style reconnaissable au bout de quelques lignes. À une époque où le débat avait une tout autre substance qu'à présent, Sorel faisait déjà observer que les politiciens ne s'adressaient plus au public lettré qu'avaient imaginé les théoriciens classiques de la démocratie : « *Ils s'adressent*, écrivait-il, *à des catégories de personnes qui ont été soumises à un entraînement spécial et qui ont été façonnées en vue d'admirer les oracles qui sortent de leur bouche.* »[164] La remarque n'a fait que gagner en pertinence (la bête noire de Sorel, dont il moquait l'emphase et le flou, c'était tout de même Jaurès), et il serait dommage de la limiter aux politiciens. Tout au plus trouverions-nous à ajouter que les personnes dont il parle ont moins été soumises à ce conditionnement qu'elles ne s'y soumettent d'elles-mêmes, continuellement, notamment par l'entremise de la télévision, et que la novlangue s'est imposée presque partout : sans trop insister sur les ouvrages à prétention littéraire ou savante, ou encore sur ce qu'est devenue la sociologie, un bon moyen de le vérifier consiste à lire les reportages d'Albert Londres ou d'Ella Maillart, et à se rendre au kiosque à journaux le plus proche. Nous avons déjà dit quelques mots du fort sentiment de

[163] Nous songeons ici aux grandes philosophies de l'histoire, notamment Comte et Hegel. Nous ne nous y aventurons pas pour des raisons qui tiennent à la fois aux limites de nos connaissances (l'œuvre de Marx est la seule où nous ayons pris le temps d'entrer, et sur laquelle nous ayons suivi des cours) et à la perspective que nous avons choisie : il ne s'agit pas de débats entre spécialistes, mais de réverbérations mythiques. Le récit de Marx est de loin celui qui a le plus marqué l'imaginaire collectif : on n'imagine tout simplement pas de voir apparaître les personnages de Comte et Hegel dans des publicités.

[164] SOREL G., *Les illusions du progrès*, Slatkine, coll. Ressources, Genève, 1981 (1908), p. 267.

contraste que l'on éprouve, selon qu'on lise Marx (qui gagnait aussi sa vie comme journaliste) ou les experts. Ce n'est pas au *Capital* que nous pensons d'abord, mais aux études qu'il a écrites sur le vif, sur le coup d'Etat de Louis-Napoléon Bonaparte ou la Commune de Paris, qui donnent le même genre de plaisir que les gros romans charpentés de ses contemporains – plaisir que nous rapprocherions volontiers, pour faire image, de ce saisissement que l'on a parfois, surtout pendant l'enfance, en arrivant sur un chantier : on ne se dit pas forcément que c'est beau, mais au moins c'est impressionnant ; c'est lourd, mais ça bouge ; des forces immenses se mettent en ordre de marche. Il est d'ailleurs significatif qu'aucun nom ne vienne à l'esprit pour faire pendant à Marx : il n'y a plus d'équivalent, de prophète en chef. L'on ne peut lui opposer qu'une multitude d'experts anonymes, ou qui le seront bientôt, et une entité si dépourvue de consistance que c'en est à peine croyable.

Le contraste ne joue pas seulement sur le plan du style et des idées. Au sein même du capitalisme, où les forces en présence ne changent guère vues de l'extérieur (des débiteurs et des créanciers, des vendeurs et des acheteurs, des Etats et des mafias...), l'on devine aussi, au moins par intuition, ce qu'il y aurait de ridicule à tracer un parallèle entre les experts actuels, les actionnaires, les gestionnaires de toute sorte d'un côté, et les initiateurs du capitalisme de l'autre, par exemple les marchands de la Renaissance et les « entrepreneurs » de Schumpeter (que celui-ci présentait déjà dans les années quarante comme une espèce en voie de disparition[165]). Quand on lit les platitudes mondialisantes,[166] on a vraiment l'impression que les financiers sont animés par l'esprit d'aventure et de conquête, qu'ils descendent en droite ligne de Marco Polo : « *Au niveau où opèrent des entrepreneurs de la classe d'un Henry Ford, d'un Andrew Carnegie ou d'un Ted Turner, la consommation n'est pas un motif important. De tels personnages sont également "avides" de masses d'argent toujours plus importantes, mais l'argent est beaucoup plus un gage ou un symbole de leurs capacités qu'un moyen d'acquérir des biens sans nombre –*

[165] *Cf.* SCHUMPETER J.A., *Capitalisme, socialisme et démocratie*, Payot, coll. Petite bibliothèque, 1974 (1942), p. 186-187.

[166] Nous renvoyons de nouveau au livre de COHEN D., *La mondialisation et ses ennemis*, *op. cit.*, issu d'un séminaire à l'ENS-Cachan, dont le ton raisonnable et lénifiant, atrocement *pédagogue*, est très représentatif du genre.

maisons, voitures, ou femmes – pour leur consommation personnelle. Ils ne risquent pas leur vie, mais ils mettent en jeu leur fortune, leur statut et leur réputation pour l'amour d'un certain type de gloire ; ils travaillent extrêmement dur et négligent les petits plaisirs en faveur de plus grands et de plus intangibles ; leur activité débouche fréquemment sur des produits et des machines qui démontrent une époustouflante domination sur le plus dur des maîtres, la nature […]. »[167]

La première raison pour laquelle ces éloges paraissent déplacés et même franchement grotesques, est qu'on ne voit guère aujourd'hui ce qu'il y a d'héroïque à domestiquer la nature : Fukuyama la désigne virilement comme *le plus dur des maîtres*, mais à l'heure actuelle, elle nous menace surtout par sa destruction. Il s'est produit entre-temps un retournement décisif, qu'a bien noté Ellul : « *L'homme vivait dans un environnement naturel et utilisait les instruments techniques pour y vivre mieux, s'en défendre et l'utiliser. Maintenant, l'homme vit dans un milieu technicien et l'ancien monde naturel lui fournit seulement son espace et des matières premières – à la limite le milieu technicien suppose donc la substitution de* tout *ce qui était le milieu naturel, à l'accomplissement de toutes ses fonctions.* »[168] Les experts eux-mêmes reconnaissent plus ou moins clairement cet état de fait : les jusqu'au-boutistes comme Pierre Lévy s'extasient sur le *technocosme* (« *toujours plus perfectionné et irréversiblement croissant* », disait-il), tandis que l'assentiment reste implicite pour la grande foule des modérés, qui applaudissent aux manipulations génétiques. Au travail du négatif, aux oppositions dialectiques (le maître et le valet, l'homme et la nature), succède la répétition du même, le triomphe du code.

Pour reprendre le parallèle d'Eliade, la finance évoque un Christ sans Antéchrist : c'est la perte de la structure duelle qui la distingue fondamentalement des messianismes précédents. Elle baigne dans une lumière fade et aveuglante, que ne vient rehausser aucune ombre – dans la *transparence*, à laquelle renvoie aussi l'image de la sphère, pure et atemporelle. Au contraire des marxistes, qui ont beaucoup écrit sur le monde où ils vivaient, et assez peu sur celui qui était à venir (en s'en

---

[167] FUKUYAMA Fr., *La fin de l'histoire et le dernier homme*, Flammarion, 1992, p. 356.

[168] ELLUL J., *Le Système technicien*, Le cherche-midi, 2004 (1977), p. 58.

tenant généralement à des phrases conventionnelles, *sublimes*), les experts ne respirent qu'*après* la révolution, après l'histoire, qu'ils prennent soin de récrire à leur goût (voir Fukuyama). La nouvelle bourgeoisie qui se retrouve porteuse de ce messianisme est ouverte d'esprit, inculte et mondialisée.[169] C'est dire qu'elle n'éprouve aucun manque, qu'elle se sent sauvée d'avance. Ses enfants parcourent le globe et s'enchantent de se découvrir partout identiques. « *Plus de polarité, d'altérité, d'antagonisme : une supraconductivité, une électricité statique de la communication* », comme l'écrit Baudrillard : « *Plus d'autre : la communication. Plus d'ennemi : la négociation. Plus de prédateur : la convivialité. Plus de négativité : la positivité absolue. Plus de mort : l'immortalité du clone. Plus d'altérité : identité et différence. Plus de séduction : l'indifférence sexuelle. Plus d'illusion : l'hyperréalité, la Virtual Reality. Plus de secret : la transparence. Plus de destin. Le crime parfait.* »[170]

TECHNIQUE ET IDEOLOGIE : LES DEUX FACES DU BASCULEMENT VERS LA MANIPULATION GENERALISEE

C'est bien d'un basculement qu'il s'agit, dans la mesure où il ne semble pas possible d'isoler de stades intermédiaires. Les antinomies précédentes se volatilisent pour l'essentiel, dans les discours tout au moins. C'est à peine si l'on se souvient du dernier sauveur en date, le prolétariat, qui se retire, toutes proportions gardées, de la même manière que l'Olympe antique à l'arrivée du christianisme : presque sans bruit ni raison apparente.

---

[169] Dans *La culture du narcissisme* (Climats, coll. Sisyphe, 2000, p. 167), Christopher Lasch cite une étude de l'université Columbia, dont il ressort que les étudiants, en lisant Rabelais, croient que les troubles qu'il décrit sont ceux de la révolution de 1789 ; qu'une classe de vingt-cinq élèves n'avait jamais entendu parler du complexe d'Œdipe, ni d'Œdipe lui-même ; et qu'un seul étudiant, dans une classe de quinze, connaissait la décennie, sinon la date, de la révolution russe.
[170] BAUDRILLARD J., *Le crime parfait*, Galilée, 1995, p. 64 et 157-158.

« *À la fin du XIXe siècle [...],* écrit Hobsbawm, *les populations très diverses et loin d'être homogènes qui, dans les pays développés, gagnaient leur vie en vendant leur travail manuel apprirent à se voir comme une seule classe ouvrière : c'était de loin l'élément le plus important de leur situation d'êtres humains en société. Ou, du moins, ils furent assez nombreux à tirer cette conclusion pour que, en l'espace de quelques années, les partis et les mouvements qui en appelaient essentiellement à leur condition d'ouvriers (leur nom même l'indiquait : Labour Party, Parti Ouvrier) s'imposent comme d'immenses forces politiques. [...] Ils étaient [...] unis par l'élément central de leur vie, la collectivité : la domination du "nous" sur le "je". Ce qui donnait aux mouvements et aux partis ouvriers leur force originelle, c'était la conviction justifiée des ouvriers que des gens comme eux ne pouvaient améliorer leur sort par l'action individuelle, mais uniquement par l'action collective, de préférence à travers des organisations, que ce fût par le secours mutuel, la grève ou le vote [...].* »[171] Les mobilisations inspirées par ce modèle sont encore nombreuses au début des années soixante-dix dans la plupart des pays occidentaux,[172] et se raréfient très vite par la suite. Les ouvriers cessent de jouer un rôle en tant que groupe organisé. Les « hamburger jobs » du tertiaire, et surtout la réapparition d'un chômage de masse touchant plus durement encore les personnes non-diplômées, privent beaucoup d'entre eux de visibilité statistique. Les experts les oublient d'autant mieux, et redécouvrent périodiquement leur existence, toujours avec un rien d'agacement et de désarroi (par exemple après l'élimination du candidat socialiste à l'élection présidentielle de 2002, ou lors du rejet du traité constitutionnel européen trois ans plus tard). Ils les dépeignent alors comme une masse informe, tentée par le *populisme*, dont le handicap pour

---

[171] HOBSBAWM E.J., *L'Âge des extrêmes – Histoire du court XXe siècle*, Complexe, Le Monde Diplomatique, 2000, p. 401-402. La suite du texte insiste sur les aspects moins reluisants de cette solidarité, qui tenait aussi à l'impossibilité de conserver toute espèce de vie privée. Mais naturellement, cela n'a guère compté dans l'élaboration de la mythologie qui nous intéresse ici.

[172] *Cf.* BOLTANSKI L. et CHIAPELLO E., *Le nouvel esprit du capitalisme*, *op. cit.*, p. 244 et 691.

s'adapter aux *réalités* est très lourd – le seul fait de vouloir conserver un emploi étant en soi un archaïsme formidable.[173]

Les auteurs sont assez rares à avoir réfléchi aux conditions de ce basculement, spectaculaire par son absence de fracas. Nous pourrions citer d'autres passages de Baudrillard, et pas seulement pour le plaisir de son style : alors qu'il s'éloignait du marxisme, il notait que le fondement idéologique du système se déplaçait de l'économie politique à des disciplines telles que la linguistique structurale, la sémiologie, l'informatique, la cybernétique [174] – encodage qui devait culminer avec la domination de l'économie néo-classique. Ellul a enregistré cet écart, de façon plus méthodique, entre ses deux grands livres sur la technique. C'est ainsi que dans le premier, publié dans les années cinquante, il pouvait encore écrire qu'elle supposait forcément un centralisme : « *Lorsque je me sers du téléphone ou de l'électricité, ce n'est pas un appareil nu et simple qui entre en jeu, c'est une organisation centralisée. Il y a une centrale électrique ou une centrale téléphonique qui donnent l'existence à tout le réseau ou à chaque appareil individuellement. La centrale technique est l'expression normale de toute application.* » [175] Il y a une homologie structurale entre la classe ouvrière, nombreuse, fortement encadrée et hiérarchisée, et ce centralisme technique. Dans sa formulation classique, le prolétariat était un immense levier de transformation du monde, un produit typique de l'industrie lourde. La classe ouvrière faisait office de messie idéal, de puissance démiurgique, parce que c'était *sa* force, alliée à l'ingénierie, qui faisait tourner le système.

---

[173] *Conserver un emploi*, cela s'entend comme : *servir à quelque chose*. En plus de la pression matérielle, il faut faire la part de l'idéologie économique, dont les ouvriers sont tellement imprégnés qu'ils ne peuvent souvent imaginer *s'employer* à autre chose. Une expression terrible revient dans la bouche des chômeurs qui retournent au salariat : ils disent qu'ils retrouvent leur dignité.

[174] *Cf.* notamment BAUDRILLARD J., *Le miroir de la production – ou l'illusion critique du matérialisme historique*, Casterman, coll. Synthèses contemporaines, 1973, p. 103 ; *L'échange symbolique et la mort*, *op. cit.*, p. 23 ; et *Les stratégies fatales*, Grasset, coll. Figures, 1983, p. 92.

[175] ELLUL J., *La Technique ou l'enjeu du siècle*, Armand Colin, coll. Sciences politiques, 1954, p. 177.

Le contexte change complètement avec l'arrivée de l'ordinateur, qui permet la mise en œuvre « *d'une sorte de systématique interne de l'ensemble technicien, s'exprimant par et jouant au niveau de l'information : c'est par l'information totale et intégrée réciproque que les sous-systèmes techniciens à la fois peuvent se constituer comme tels et peuvent se coordonner. [...] Ce système existe essentiellement parce qu'entre les différents facteurs s'est établi non pas un rapport mécanique (les différentes pièces d'un mécanisme d'horlogerie : ce n'est pas du tout ainsi qu'il faut se représenter le système technicien !) mais un ensemble de plus en plus dense de rapports d'informations. [...] Nous ne sommes plus dans une société dominée par l'impératif de production mais par l'émission, la circulation, les réceptions, l'interprétation d'informations multiples : et c'est exactement cela qui achève de donner au système sa constitution. [...] Ce qui fait sa souplesse et son insaisissabilité à un moment donné : on ne peut jamais faire une sorte d'"état du système" parce que ce serait figer les informations, donc nier le système en lui-même.* »[176] C'est précisément ce qui différencie le modèle de la grande horloge, qui suppose une main pour la remonter, une cadence imposée de l'extérieur une bonne fois pour toutes, de la synchronisation réciproque et continue, de l'utopie de la décentralisation totale qui a pris le relais. Tout ce qui n'est pas léger, souple, *flexible*, passe pour obsolète : la classe ouvrière en est un bon exemple. Ce qui permet aussi de mieux comprendre l'évolution de l'école néo-classique, dont les présupposés pouvaient conduire à la planification totale (l'autre versant de la dictature des experts) aussi bien qu'à la concurrence pure et parfaite. On oublie souvent que le grand ancêtre Walras lui-même était rien moins que néo-libéral ; Schumpeter va jusqu'à le qualifier de semi-socialiste.[177] D'après Jacques Sapir,[178] le système d'équations des théoriciens planificateurs de la première moitié du XXe, comme Oskar Lange, ne craint pas la comparaison avec celui que nous connaissons, pas plus d'ailleurs qu'il ne lui est supérieur : ce qui n'est pas très étonnant de notre point de vue. Ces deux

---

[176] ELLUL J., *Le Système technicien*, *op. cit.*, p. 111 et 102-103.

[177] SCHUMPETER J.A., *Histoire de l'analyse économique*, *op. cit.*, t. III, p. 194.

[178] *Cf.* SAPIR J., *Les trous noirs de la science économique*, Albin Michel, coll. Economie, 2000, p. 125-136.

systèmes sont moins descriptifs que normatifs. Pour parler comme Max Weber, ils sont dans une logique du devoir-être. Les conceptions néo-libérales l'ont emporté – sans véritable débat, comme à l'accoutumée –, non en fonction de leur valeur intrinsèque, mais parce qu'elles étaient plus en phase avec le fantasme de commutation universelle soudain cristallisé autour de l'informatique.

Une fois que l'on a posé le fait, son interprétation est moins évidente qu'elle ne pourrait paraître. Ellul met souvent en garde contre certaine déformation de sa pensée, qui lui ferait dire que la technique ne dépend de rien ni de personne. On peut dire en effet que, lorsque le corps social s'y abandonne, elle se développe selon une logique d'essai/erreur de plus en plus endogène (les solutions qu'elle apporte amènent de nouveaux problèmes, qui ne trouvent à leur tour de « solutions » que dans le cadre technique, et ainsi de suite[179]). Mais il n'y a aucune nécessité, justement, à ce qu'il s'abandonne à elle. Les experts affirment que le progrès technique est toujours porteur de bénéfices plus importants. Nous dirions plutôt qu'il en est la promesse, qui ne peut être tenue qu'à une condition qu'ils négligent : que les nouveaux produits trouvent des acheteurs. Toujours de nouveaux acheteurs et de nouveaux actionnaires : ce souffle-là doit être entretenu. On verra qu'il ne peut même tolérer la stagnation. Si l'on en croit *Les Echos* eux-mêmes, la forte hausse du nombre d'actionnaires que l'on a observée entre 2000 et 2001 est d'abord due à l'enthousiasme pour la Bourse en ligne, [180] qui ne change pourtant rien à la valeur des équipements et de la production des entreprises. C'est l'aura d'Internet, et non un calcul rationnel sur la base des bénéfices de telle ou telle entreprise (qui serait de toute façon inadéquat), qui a attiré en masse de nouveaux actionnaires, et par là même, fait monter les cours. Le Nasdaq – c'est-à-dire le marché sur lequel s'échangent les valeurs américaines de la « nouvelle économie » – a grimpé plus vite que la moyenne, sans comparaison possible. De base 100 en 1971 et 1000 en 1996, il

---

[179] *Cf.* ELLUL J., *La Technique…*, *op. cit.*, p. 79.

[180] *Cf.* « Crible », *Les Echos*, 11 juillet 2001, p. 11 : « *Le dernier recensement des actionnaires individuels est à prendre avec précaution. Pas seulement en raison des difficultés méthodologiques de l'exercice, mais parce que l'augmentation de 500 000 en un an traduit avant tout l'émergence de la Bourse en ligne obtenue à grand renfort de marketing.* »

a atteint 5000 points au début de l'année 2000. Pour donner un dernier chiffre : sa capitalisation avait gonflé de presque 90 % au cours de la seule année 1999.[181]

Ce n'est pas la technique à elle seule qui fait monter les cours de la Bourse, mais bien plutôt la *croyance* en sa mission historique : « *La tendance la plus certaine aujourd'hui est [...] de désigner comme sacré ce qui autrefois a joué un rôle désacralisant envers les vieilles valeurs. [...] On ne dira pas : "La technique, c'est sacré" ou "L'Etat, c'est sacré", même si tout dans le comportement de l'homme pousse à démontrer qu'il tient pour sacré inconsciemment et au fond de lui-même cette technique et cet Etat.* »[182] La remarque sonne incontestablement juste, en tout cas pour la technique (l'Etat s'est effacé avec les modèles plus massifs, fordiste et soviétique, au profit du marché). Ellul la faisait il y a plus de quarante ans, et elle s'applique parfaitement à nos experts, qui écrivent : « *La mondialisation n'est pas une politique. C'est une évolution de la société. Il est inutile de s'en effrayer ou de s'en irriter. Cela reviendrait un peu à s'emporter contre l'électricité. D'ailleurs, il en est de la mondialisation comme de l'électricité, il faut la maîtriser afin qu'elle soit bénéfique et qu'elle garantisse un monde plus sûr, plus juste et plus équitable.* »[183] « *Toute réforme de l'enseignement qui amplifie la place des sciences de l'information et de la communication (et des biotechnologies) va dans la bonne direction. Il faut des hommes ouverts sur le marché :* le marché n'est pas une religion, mais c'est le seul moyen d'obtenir la croissance *[...].* »[184] « *Le constat est finalement irrécusable : les Français n'ont en rien imité les Américains, qui sont 42 % à détenir des actions. Analysant les conséquences de ce faible enthousiasme boursier, les experts souligneront que l'absence d'actionnaires nationaux laisse la part belle aux investisseurs étrangers, qui mettent en tutelle nos grandes entreprises. Ils déploreront que*

---

[181] *Cf.* PRANDI M., « En 2000, les places financières à l'heure américaine », *Les Echos*, 2 janvier 2001, p. 22.

[182] ELLUL J., *Exégèse des nouveaux lieux communs*, La Table Ronde, 1994 (1966), p. 221.

[183] HAIN P. et BENSHOP D., « La mondialisation, c'est comme l'électricité... », *Les Echos*, 4 décembre 2001, p. 58.

[184] FAURRE P., « Haute technologie : la France doit surmonter son handicap culturel », *Les Echos*, 25 octobre 1999, p. 63. Nous soulignons.

la pusillanimité des épargnants français prive de carburant la machine économique et empêche de financer des firmes innovantes. Encore faudrait-il comprendre pourquoi ces considérations rationnelles rencontrent si peu d'écho. *Parmi toutes les explications possibles, la plus fondamentale est sans doute que les Français sont encore loin d'avoir* intégré l'esprit capitaliste. *Ils restent les héritiers de ces épargnants qui privilégient stabilité et sécurité.* »[185] « *La France est un vieux pays catholique qui a appris à ses enfants que le profit était suspect. Les Français n'aiment pas l'économie, pire, ils s'en méfient. [...]* L'économie, l'argent et le travail sont la vie. »[186] Il y a dans ces phrases autre chose que le souci de l'intendance ; ou plutôt, l'intendance y revêt une nuance très spéciale : elle prend valeur de fatalité et de vérité révélée.

Il est évident que les transformations de la structure technique ont dégagé certaines conditions du passage du mythe du prolétariat à celui du marché global. Mais lorsqu'on a dit cela, il nous semble légitime d'avancer l'explication symétrique : à savoir que l'épuisement du mythe du prolétariat exigeait d'exalter un nouveau dieu, et que, au milieu d'autres vieilles idoles (c'est à ce moment que les idéologies d'extrême-droite refont surface), et dans une ambiance de religiosité diffuse (autour des simulacres de spiritualités orientales, du *New Age* et des divers groupes sectaires – toutes doctrines affectées de ce même coefficient de transparence), c'est le marché qui a pris la place ; l'informatique, particulièrement bien ajustée au nouveau sauveur, étant dès lors appelée à jouer le rôle que l'on sait. Les deux interprétations sont valables, et renvoient à un noyau d'indécidable.[187] Aussi bien dans sa

---

[185] FAVIL A., « Effet d'optique », *Les Echos*, 16 août 1999, p. 42. Nous soulignons.

[186] BEYTOUT J., « Le coq gaulois ne chante plus, il est en RTT », *Les Echos*, 4 novembre 2003, p. 23. Nous soulignons. On retrouve au passage une constante de la pensée experte, où les catholiques sont toujours suspects, et sommés de s'aligner sur la Suède protestante, féministe et hygiéniste – nonobstant l'effroyable ennui qu'en rapportent les voyageurs.

[187] Sur la complémentarité de ces points de vue, *cf.* WEBER M., *L'éthique protestante et l'esprit du capitalisme*, Plon, coll. Agora, 1994 (1905), p. 226-227 ; SIMMEL G., *Sociologie et épistémologie*, PUF, coll. Sociologies, 1981, p. 96 ; et ELIADE M., *Briser le toit de*

version matérialiste qu'idéaliste, le récit policier a sa légitimité, mais nous croyons qu'en l'espèce quelque chose lui échappe, qui pourrait être l'essentiel : la *forme* qui, comme l'écrit Jünger, « *n'est pas le but de l'effort mais l'empreinte qui, d'une façon qui va de soi, marque d'avance tout effort. [...] Le geste dont chacun ouvre son journal est plus révélateur que tous les éditoriaux du monde, et rien n'est plus instructif que de rester une heure à un carrefour. Que peut-il y avoir de plus simple mais aussi de plus ennuyeux que l'automatisme de la circulation ? – pourtant n'est-ce pas également un signe, une image de la façon dont l'homme commence aujourd'hui à se déplacer en respectant des ordres silencieux et invisibles ?* »[188] Chaque époque a ses dieux et ses structures économiques : les uns et les autres se rejoignent dans un réseau d'affinités, sont représentatifs de son style.[189] Telles façons de parler, de se tenir, d'aimer, de prier, de penser, de construire et de se vêtir, qui se répondent. Non seulement il n'est pas toujours possible de dire laquelle précède les autres, mais il n'est pas sûr que la question ait un sens : dans cette perspective, il n'y a plus lieu de s'étonner que les premiers ordinateurs aient suivi de si près les commencements de la théorie néo-classique. Par saturation, on passe d'une forme à une autre, et l'histoire change en même temps que le décor, le film en même temps que la musique. Jacques Cauvin fait à ce sujet une remarque d'une grande finesse, à la fin de son étude sur l'apparition conjointe de l'agriculture et des dieux : « *L'invention de l'agriculture, en tant que comportement nouveau chargé de sens [peut fort bien avoir été] plus ou moins contemporaine de la mutation religieuse elle-même, manifestant alors dans la pratique ce que nous avons d'emblée perçu dans l'art. Il ne faudrait donc pas chercher entre les deux phénomènes une relation de causalité proprement dite, mais plutôt une "correspondance" entre deux versants, intérieur et extérieur, d'une seule et même mutation.* »[190]

---

la maison – La créativité et ses symboles, Gallimard, coll. Essais, 1987, p. 252-253.

[188] JÜNGER E., *Le travailleur*, Christian Bourgois, 1993 (1932), p. 294 et 177.

[189] *Cf.* MAFFESOLI M., *La contemplation du monde – Figures du style communautaire*, Grasset, 1993, p. 35-68.

[190] CAUVIN J., *Naissance des divinités, naissance de l'agriculture – La révolution des symboles au néolithique*, Flammarion, coll. Champs,

Ce qui fait cependant la spécificité de la globalisation par rapport aux mutations précédentes, c'est qu'elle n'est pas la cristallisation d'une vision du monde, comme celle qui s'impose, presque malgré eux, aux Romains du début de l'ère chrétienne, aux savants de la fin de l'âge classique en Occident – ou à quelque autre de ces moments où « *la pensée se détache [des] plages qu'elle habitait jadis* »[191]. La globalisation n'est pas l'irruption de nouvelles images : elle est un mouvement d'amplification de l'économisme, un économisme sans ombre, sans autre point de référence que lui-même. Si les experts ont encore une pensée, elle habite plus que jamais la même plage, mais cette plage s'est tellement étendue qu'elle a changé de nature : comme dans cet apologue de Borges qui revient de façon obsédante dans les écrits de Baudrillard, où il est question d'un empire d'Orient dont les érudits sont si éperdus de précision que la carte qu'ils dressent en vient à se confondre avec l'empire lui-même, qui dépérit alors, ne laissant subsister que des lambeaux de réalité, des îlots de territoire éparpillés sur la carte[192] – à la différence certaine que le quadrillage n'est plus l'œuvre d'érudits, et que la puissance technique lui donne une ampleur vertigineuse. « *Tout a déjà changé, quand la pensée commence à changer aussi* »[193] : c'est plutôt un défi de ce genre que nous aurions à relever aujourd'hui.

1997, p. 278. Ce mot de « correspondance » mérite qu'on s'y arrête. C'est celui-là même qu'avait choisi Baudelaire pour donner forme à une intuition poétique, très proche de ce qui, sous le nom de « synchronicité », a été le thème central de la réflexion de Jung à la fin de sa vie, notamment après sa rencontre avec le sinologue Richard Wilhelm. Pour deux textes lumineux sur cette notion souvent mal comprise, *cf.* PERROT E., « Préface du traducteur français », *in Yi King – Le livre des transformations*, *op. cit.*, p. xi-xxvi ; et BORGES J.L., « Le rêve de Coleridge », *in Œuvres complètes*, *op. cit.*, t. I, p. 682-685. Il existe une traduction de l'article de 1950, qui est rédigé dans une terminologie plus académique, un peu décourageante : JUNG C.G., « La synchronicité, principe de relations acausales », *in Synchronicité et Paracelsica*, Albin Michel, 2002, p. 19-119.

191 FOUCAULT M., *Les mots et les choses…*, *op. cit.*, p. 229.

192 BORGES J.L., « De la rigueur de la science », *in Œuvres complètes*, *op. cit.*, t. II, p. 57.

193 JÜNGER E., *Graffiti / Frontalières*, Christian Bourgois, 1977 (1960), p. 62.

II

Un labyrinthe dénué de centre

> « *Il me semble que le mystère est considéré comme insoluble, par la raison même qui devrait le faire regarder comme facile à résoudre – je veux parler du caractère excessif sous lequel il apparaît... Dans des investigations du genre de celle qui nous occupe, il ne faut pas tant se demander comment les choses se sont passées, qu'étudier en quoi elles se distinguent de tout ce qui est arrivé jusqu'à présent.* »
>
> Edgar Poe, *Double assassinat dans la rue Morgue*

L'EXPERTISE ET LA DESTRUCTION DE LA COMMUNAUTE

Très tôt dans nos recherches, pour notre premier mémoire sur le sujet, nous avons été frappé du peu d'écho que nous trouvions chez les contestataires, que nous ne voyions guère plus que les experts poser la question dont nous sentions qu'elle allait nous occuper longtemps, celle de la *consistance* de la finance. Ils partagent en général avec leurs adversaires ce postulat que la globalisation est d'abord orientée par des stratégies très élaborées et très subtiles, en fonction d'intérêts éminemment complexes, alors que dans nos entretiens, nous pouvions tout de même nous rendre compte que nous ne rencontrions ni Talleyrand ni le cardinal de Retz. Les économistes altermondialistes qui s'essaient à définir la nouveauté de la globalisation restent pour la plupart prisonniers de leur discipline. Ce n'est pas exactement que la technique soit neutre à leurs yeux, mais ils continuent de l'appeler *science*, voire *progrès*, et il y a toujours l'idée que l'homme (qui reprend parfois sa majuscule) doit s'approprier la révolution numérique, comme il l'a fait avec les précédentes, au lieu de l'abandonner au marché – ce qui est sans doute souhaitable, mais également un peu court.[194] On remplace Windows par Linux, et le tour est joué – comme s'il suffisait que la recherche ne soit plus dictée par la soif du profit mais par l'amour de l'humanité pour retrouver soudain la raison et l'usage des sens (on peut très bien imaginer des manipulations génétiques qui ne soient plus mises en œuvre par des multinationales mais par des ONG, par exemple pour améliorer les rendements en riz dans un pays du tiers-monde). C'est plus largement la lacune de ces approches qui se contentent d'étudier le néo-libéralisme, sans s'intéresser à l'expertise qui en est le soubassement : si d'ailleurs les néo-libéraux l'emportent presque invariablement, en dépit des conséquences catastrophiques de leurs recommandations (en Russie après la chute du mur, [195] et plus récemment en Argentine), il ne paraît pas aberrant de supposer que c'est en grande partie parce qu'ils sont encore plus experts que les autres : ils n'ont besoin de faire intervenir aucun autre principe explicatif que la loi de l'offre et de la demande dans sa virginale simplicité, et aucune autre thérapie que le marché à l'état pur, démultiplié par les nouvelles techniques de communication. Leurs préconisations sont extrêmement basiques : ce sont eux qui poussent le plus loin l'exigence de transparence. Quant à savoir ce qu'il advient de ces propositions, une fois mises en code et répercutées dans le labyrinthe des miroirs, c'est naturellement une autre affaire, dont nous allons nous occuper dans les pages qui suivent.

---

[194] *Cf.* par exemple PASSET R., *L'illusion néo-libérale*, Fayard, 2000. L'affirmation du dogme progressiste est poussée très loin dans ce livre, avec force citations de Hugo et de Condorcet (voir notamment p. 121, 130, 143, 160, 237).

[195] *Cf.* SAPIR J., *Les économistes contre la démocratie – Pouvoir, mondialisation et démocratie*, Albin Michel, coll. Economie, 2002, p. 28-51.

À chaque fois que nous nous sommes interrogé sur l'impuissance des contre-experts, c'est donc toujours la même réponse qui s'est imposée à nous, simple et terrible : parce qu'ils sont trop proches du camp d'en face, et souvent d'autant plus qu'ils veulent s'y opposer radicalement. Qu'ils plaident en faveur d'une *autre* croissance, d'une *autre* mondialisation, d'un *autre* développement ne fait rien à l'affaire : c'est toujours de croissance, de mondialisation, de développement qu'il s'agit. Tout comme les experts, ils font de longs discours sur l'exclusion et l'intégration, et ne s'interrogent guère sur la nature de la société à laquelle il est désirable de s'assimiler ; ou encore, ils multiplient les dénonciations des fameuses dérives des marchés, au lieu de se demander si ce sont des dérives. Il est dans l'ordre des choses que Jacques Généreux, l'un des contre-experts les plus célèbres de France, et l'un des plus marqués à gauche, fasse des remarques « intégrationnistes » légèrement effrayantes (« *La pauvreté au travail est parfois moins désespérante que la pauvreté au chômage ; elle préserve au moins une forme d'utilité sociale* et donc de dignité »[196]), ou qu'il avance trois principes censés sauver la vie politique du naufrage ; et que ces trois principes, ô surprise, se nomment *transparence*, *évaluation indépendante* et *responsabilité*, dans une surenchère tautologique qui ne déparerait pas dans un quotidien financier : « *Il s'agirait de montrer que les élus n'ont rien à redouter de la transparence et de la lumière et que leur honneur n'a pas besoin d'autre protection que leur honorabilité* »[197], écrit-il. Il n'y a qu'un pas à faire pour rejoindre le discours des experts officiels, qui ne prennent pas la peine de se déguiser en contestataires, et qui ne disent au fond rien d'autre. Le marché en lui-même est bon, clament-ils, c'est l'intégrisme des marchés qui est mauvais (le gourou George Soros s'est fait une spécialité de ces dénonciations schizophréniques[198]). Une citation pour les résumer, issue d'un

---

[196] *Cf.* GÉNÉREUX J., *Une raison d'espérer – L'horreur n'est pas économique, elle est politique*, Pocket, coll. Agora, 2000 (1997), p. 84-85. Nous soulignons. Le titre d'un autre de ses ouvrages, *Les vraies lois de l'économie* (Seuil, 2005), est également très révélateur de l'impasse de la contre-expertise.

[197] *Ibid.*, p. 169.

[198] *Cf.* SOROS G., *La crise du capitalisme mondial – L'intégrisme des marchés*, Plon, 1999.

ouvrage que *Le Monde* trouvait « *sans complaisance* »[199] : « *Les marchés financiers, ce lieu où se rencontrent le capital et le travail, l'argent des épargnants et les projets des entreprises, sont une affaire sérieuse et respectable, tout comme les agents qui le composent. / L'on pourra toutefois découvrir dans ces carnets de voyage que les habitants de la planète Finance ne sont pas toujours raisonnables. Ils sont souvent mus par tout un ensemble de forces, d'illusions et de désirs, mais rarement par le souci d'être justes, précis, équilibrés.* »[200] C'est toujours le même raisonnement, avec son cortège d'oppositions cousues de fil blanc (par exemple le productivisme à outrance qui est très condamnable, tandis que l'efficacité et le développement durable sont les meilleures des choses), la même atmosphère grise et bien-pensante. Il n'y a pas jusqu'à la maquette de ces ouvrages qui ne soit identique, aux couleurs invariablement glacées. Si l'on prend au sérieux la notion de forme, l'on a tôt fait de s'aviser qu'il y a certainement un peu plus qu'une coïncidence dans le fait que ces écrits, d'où le langage normal a disparu, aient fini par perdre jusqu'à l'apparence de livres.

Ce qui rassemble les experts et les contre-experts importe davantage, et de loin, que ce qui les divise : ils donnent tous l'impression de ne parler de nulle part, et d'être incapables de se mouvoir dans le clair-obscur. Ils veulent que la société soit faite de rouages, et que ces rouages apparaissent en pleine lumière, pour réduire au maximum le jeu qui pourrait s'y insinuer. Ils n'essaient jamais de faire la part des choses qui se saisissent et de celles par lesquelles il faut se laisser saisir, de ce qui se prouve et de ce qui s'éprouve. Quand bien même le voudraient-ils qu'ils ne le pourraient pas. Ou alors, cela impliquerait de remiser leurs gadgets et d'écrire avec de vrais mots, ce qui revient tout bonnement à sortir des rangs de l'expertise. Nous n'avons finalement isolé qu'une seule caractéristique de celle-ci, et c'est bien le moment de la rappeler, car elle va plus que jamais nous servir de point d'appui, dans cette nouvelle partie de notre raisonnement : ce qui définit les experts, ce n'est nullement le fait de recourir à la logique du calcul, mais d'y recourir *exclusivement*, comme seule voie d'accès au réel. À partir de là, n'ayant plus rien pour la contenir, il est fatal qu'elle se mette à tourner toute seule : c'est ce que nous avons appelé le

---

[199] BRATMAN N. et DUCOURTIEUX C., « Sous pression, les analystes financiers ont le blues », *Le Monde*, 24 mars 2003, p. 17.
[200] *Cf.* TÉTREAU E., *Analyste…*, *op. cit.*, p. 16.

délire. Elle se mue en rage de tout expliquer, de tout mettre à plat. Il est difficile de ne pas voir que cette rage mène tout droit à l'uniformisation générale, au règne du quantitatif : les experts aussi bien que les contre-experts participent à ce mouvement. Il y a un lien direct entre la haine du secret, ou si l'on préfère l'exigence de transparence, et l'hégémonie de l'expertise.[201] Il nous faut impérativement penser ce lien, si nous ne voulons pas rester figés dans une posture technicienne, et connaître la mésaventure des contre-experts.

Nous allons voir ce que donne ce fantasme de socialisation intégrale, d'une société entièrement transparente à elle-même, mais dans tout ce que dirons, il faudrait ne jamais perdre de vue ce que le principe a d'étrange, pour ne pas employer de mot plus fort. Le sens commun nous met en garde contre ce genre de bonnes intentions. Et même s'il s'agit de choses souvent bien oubliées, il faut noter que les références théoriques ne manquent pas en sciences humaines, qui vont dans le même sens et qui sont de tout premier ordre. Plusieurs textes fondateurs de la sociologie insistent sur la stérilité du dévoilement, lorsqu'il n'est que cela : on peut citer celui de Simmel sur le secret[202] ou les dernières pages de *L'éthique protestante...* de Weber, qui fixent *in statu nascendi* les grands traits du cauchemar de l'expertise. Du côté de la psychologie, on ne s'étonnera pas de retrouver de nombreuses remarques éloquentes sous la plume de Jung, dont c'est l'un des thèmes de prédilection, mais aussi chez Freud, par endroits, de façon plus souterraine, en particulier dans ses écrits sur le peuple juif.[203] L'étymologie elle-même place le *munus*, ni dette, ni gage, mais plutôt don-toujours-à-donner, manque toujours à combler, au fondement de la communauté – dont l'exact contraire est le fait de ne partager aucune charge, c'est-à-dire *l'immunité*.[204] La teneur des secrets

---

[201] *Cf.* GUÉNON R., *Le Règne de la Quantité et les Signes des Temps*, Gallimard, coll. Tradition, 2001 (1945), chap. XII.

[202] SIMMEL G., *Secret et sociétés secrètes*, Circé, 1991 (1908).

[203] *Cf.* par exemple FREUD S., *Moïse et le monothéisme*, Gallimard, coll. Idées, 1971 (1939), p. 143 : « *Nous pouvons affirmer que Moïse conféra au peuple juif le caractère qui, à jamais, le distingua des autres peuples. Il lui donna une confiance accrue en lui-même en lui affirmant qu'il était le peuple élu, le déclara béni, et l'obligea à se tenir à l'écart des autres peuples.* »

[204] *Cf.* ESPOSITO R., *Communitas – Origine et destin de la communauté*, PUF, coll. Les essais du collège international de

importe moins que le fait qu'ils existent : l'anthropologie, pour sa part, nous renseigne sur la ruine des sociétés traditionnelles lorsqu'elles en perdent le sens (ruine qui peut aller jusqu'à la « mort psychogène collective » décrite et analysée par Armin Prinz[205]).

---

philosophie, 2000, p. 20 ; et BOUTANG P., *Ontologie du secret*, PUF, coll. Quadrige, 1988 (1973) p. 132-134.

[205] *Cf.* PRINZ A., « Medizinantropologische Überlegungen zum Bevölkerungsrückgang bei den Azande Zentralafrikas » (« Réflexions d'anthropologie médicale sur le recul démographique chez les Azande d'Afrique centrale »), *in Curare : Zeitschrift für Ethnomedizin*, Berlin, 2002 (1985), vol. 25, p. 235-242. La population azande s'effondre au rythme de 2% par an, notamment en raison d'un taux de stérilité très élevé : près de la moitié des femmes sont touchées, ce dont on ne trouve pas l'équivalent chez les peuples voisins. Après avoir étudié les explications « extérieures » (maladies, contraception, alcoolisme, exode rural, *etc.*) qui, même prises en faisceau, ne sont pas satisfaisantes, Prinz avance l'hypothèse d'une « mort psychogène collective » (*psychogener Völkertod*), analogue à la mort psychogène individuelle : les liens qui les unissent au monde ayant été rompus, les Azande n'auraient plus, tout simplement, le ressort pour vivre. En particulier, la pacification forcée, c'est-à-dire le manque de confrontation, l'absence de provocation à la vie chez ce peuple de tradition guerrière, pourrait jouer un rôle dans la chute de la fertilité. L'hypothèse paraît d'autant moins gratuite que les Azande, de leur côté, sont arrivés depuis longtemps à la même conclusion. Une exhortation de leur chef est reproduite en exergue : « *Mes enfants, ne nous laissez pas continuer comme ça plus longtemps. Laissez-nous à nouveau emprunter le chemin où les pères de nos pères ont marché, il y a déjà très longtemps, avant que les cinglés blancs du coton [weiße Baumwollspinner] n'envahissent notre pays. Si nous ne retrouvons pas l'héritage et le mode de vie de nos ancêtres, nous mourrons. Voilà ce que vous dit, ici, à Doruma, votre chef Ukwatutu Ndolumo.* » Le problème est qu'il n'est pas si facile de réinvestir les anciens temples, quand la vie les a quittés ; et que, s'il est facile de « dire » les secrets, de vendre la mèche, il faut beaucoup de folie et d'inspiration pour en inventer de nouveaux. Pour la contre-preuve d'une société qui est parvenue à préserver sa cohésion en dépit de conditions extérieures tout aussi défavorables, voir les remarques de Jung sur les Pueblo dans ses mémoires intérieurs (*« Ma vie » – Souvenirs, rêves et pensées,*

Les experts nous enferment dans une alternative intenable. Ils ne laissent le choix qu'entre *dire* et *taire* les secrets, c'est-à-dire le scientisme, le mécanisme et l'uniformisation d'un côté, l'irrationalisme primaire, le mysticisme de bazar de l'autre, conséquence et faire-valoir du précédent (c'est d'ailleurs tout le ressort de la surenchère entre l'irénisme globalisant et la folie terroriste).[206] L'opposition entre les deux pôles n'est que de façade ; tout au contraire, ils grandissent ensemble. Il faut se rappeler la phrase de Pascal : « *Qui veut faire l'ange, fait la bête.* »[207] On ne peut par exemple s'empêcher de trouver suspect le zèle que mettent les experts à enchaîner les professions de foi rationalistes : car si tout cela est aussi évident qu'ils le disent, on se demande d'où leur vient ce besoin de s'affermir dans leur foi, de se répéter rageusement dans un journal qui n'est de plus, par définition, guère lu que par des convaincus. Et de fait, lorsqu'on délaisse les éditoriaux et les articles d'opinion pour aller voir dans les pages financières comment ils décrivent le dernier tour de passe-passe de la main invisible, il n'est pas rare de tomber sur des considérations rien moins que rassurantes. Qu'il nous suffise pour l'instant de citer un passage parmi beaucoup d'autres, en avant-goût, pour montrer que nous n'exagérons pas : « *L'indice CAC 40 connaissait hier une hausse pour le moins étrange. Les amateurs de signes cabalistiques verront dans la clôture du marché à 6.633,99 points quelques enseignements pour l'avenir. De même, des volumes d'activité colossaux, et comme sortis de nulle part, animaient le marché. En effet, les titres du règlement mensuel et les valeurs de l'indice CAC 40 se sont octroyé des montants de transaction respectifs de 6,2 et 5,1 milliards de dollars (40,6 et 33,4 milliards de francs). Ces volumes d'activités importants étaient attribuables à de multiples échanges de blocs d'actions, qui trouvaient peu d'explications convaincantes. Le nouveau marché poursuivait pour sa part son envolée irréelle avec un gain de 5,13%, à*

Gallimard, coll. Folio, 2004, p. 288-291) : il pointe immédiatement le rôle du secret.

[206] *Cf.* MURAY Ph., *Chers djihadistes…*, Mille et une nuits, 2002 ; et SOFSKY W., *L'ère de l'épouvante - Folie meurtrière, terreur, guerre*, Gallimard, coll. Essais, 2002, en particulier p. 167.

[207] PASCAL Bl., *Pensées*, *in Œuvres complètes*, Gallimard, coll. Bibliothèque de la Pléiade, 1991, p. 1170.

4.4685,63 points. » [208] Une hausse étrange, des signes cabalistiques (66 33 99) où l'on peut essayer de lire l'avenir, des volumes d'activité surgis de nulle part qui animent le marché et l'entraînent dans une envolée qualifiée d'irréelle, le tout en quelques lignes.

Les experts ne voient rien de tout cela, ou du moins, on n'en trouve pas trace dans leurs propos ou leurs écrits. Ils ont un peu le même rapport avec les chiffres que le poisson du poème d'Hikmet, qui ne sent plus l'eau où il nage. S'ils menaient une enquête comme la nôtre, il est aisé de deviner ce qui se passerait. Voyant que les marchés délirent, ils en concluraient que c'est parce qu'ils ne sont pas assez rationnels. À partir de là, le remède est tout trouvé. Il ne reste qu'à *ouvrir le débat*, un nouveau, un grand débat, pour repérer les dysfonctionnements, traquer les déviants et relancer la croissance (après le krach de la « nouvelle économie », comme après celui de 2008, ce fut à chaque fois un festival). Les grandes « affaires » comme Enron ou WorldCom, les rituels expiatoires comme la mise à mort de Messier, ne manquent pas de déboucher sur la réaffirmation de la supériorité du marché, et ne peuvent déboucher sur rien d'autre. C'est ainsi qu'après avoir dressé sur près de trois cents pages le tableau de la « *folie financière* », l'analyste que *Le Monde* trouvait sans complaisance l'oppose sans ciller à la « *raison économique* »[209], pour conclure que la mise au pas est plus urgente que jamais : « *Le seul moyen de faire repartir un pays qui devient chaque jour un peu plus cet "homme malade" de l'Europe, telle la Grande-Bretagne des années 70, n'est pas le rituel moisi des grèves et manifestations pour protéger ses petits et gros privilèges. Le seul moyen de s'en sortir ensemble est bien au contraire d'oser travailler, risquer, et changer toujours plus.* »[210] Rien ne trouble l'expert, qui se répète à l'infini. Relevons en vrac l'obsession hygiéniste, avec l'aversion pour la *moisissure* (dont le corollaire est le fantasme de pasteurisation généralisée) ; la lubie intégrationniste, doucement totalitaire, qui veut que tout le monde *ose changer ensemble*, *toujours plus* (où est l'audace là-dedans ?) ; et pour finir une charge contre les privilèges des fonctionnaires, qu'on peut s'amuser à mettre en balance avec les commissions, les

---

[208] AÏT-KACIMI N., « Le CAC 40 s'adjuge une petite hausse », *Les Echos*, 30 août 2000, p. 29.
[209] TÉTREAU E., *Analyste…*, *op. cit.*, p. 264.
[210] *Ibid.*, p. 277-278.

primes, les salaires mirobolants qu'il a rapportés dans son livre. Les contre-experts partagent l'essentiel. Ils ne contesteraient à vrai dire que le dernier aspect, qui est le seul mesurable et qui, isolé des deux autres, conduit tout droit à une critique « technicienne » – ce que, par bonheur pour leur tranquillité d'esprit, leur pusillanimité bavarde les dispense d'admettre.

Comme nous l'annoncions en introduction, nous allons tenter de sortir de cette impasse non pas en tentant de dévoiler les puérils « secrets » de la finance, mais plutôt en nous demandant pourquoi ils sont aussi dénués de mystère – y compris, il faut le dire tout de suite, dans le cas de scandales à grande échelle comme Enron, qui ne sont pas moins inintéressants que le tout-venant des affaires. Il n'y a pas de manipulateur machiavélique et séduisant, seulement des hommes gris, et les pièces à produire sont uniquement comptables. Le manque d'épaisseur des personnages fait qu'il serait impensable d'en tirer un film d'aventures, comme celui d'Alain Resnais sur l'affaire Stavisky, ou même un film-dossier, dans la tradition du cinéma américain.[211] Cela ne veut pas dire que toute tentative d'analyse ou de fiction sur la finance soit condamnée d'avance, mais que le genre « à mystères » ne convient guère en l'occurrence. Ce n'est pas que les financiers ne cachent rien, mais que ce qu'ils cachent a aussi peu de consistance que ce qu'ils disent – sauf, encore une fois, à supposer que leur médiocrité ne soit qu'une ruse : et dans ce cas, nous n'avons rien à répondre, à part que l'imitation est réussie. Cette expression de « communauté financière », en particulier, ne laisse pas d'être intrigante. On peut se demander si c'est vraiment une communauté qu'elle désigne, ou plutôt, presque par lapsus, un agrégat humain qui tend désespérément vers cet idéal que ses propres principes, dès le départ, placent hors d'atteinte… D'où une course toujours plus effrénée, une dévastation dont il est ardu de suivre les progrès, parce qu'elle n'a pas de sens… « *Comme dans un cauchemar – sans aucun centre de gravité – un tourbillon sans pivot –* »[212]

Viennent également à l'appui de notre hypothèse les expériences continuellement renouvelées où l'expert est mis en concurrence, par exemple, avec une fillette de quatre ans et un

---

[211] Pour deux exemples récents, *cf.* MANN M., *Révélations*, Etats-Unis, 1999 ; et SODERBERGH S., *Erin Brockovich*, Etats-Unis, 2000 (films).

[212] COLERIDGE S.T., *Notebooks*, Allia, 1999, p. 43.

astrologue spécialisé dans les investissements. Leur résultat n'est généralement pas des plus probants, c'est le moins qu'on puisse dire : dans une tentative plus médiatisée qu'à l'accoutumée, à Londres il y a quelques années, c'est la fillette qui l'a emporté (l'histoire ne dit pas si ce coup d'éclat lui a ouvert une brillante carrière d'analyste). Florin Aftalion, le professeur de finance qui commente l'événement, écrit : « *De très nombreuses études ont cherché à établir de manière rigoureuse si les analystes et les gestionnaires arrivent à réaliser autrement que par hasard des performances supérieures à celles des indices boursiers sur lesquels ils opèrent. Qu'elles portent sur une période plus récente ou plus ancienne, sur des marchés américains ou européens, leurs conclusions sont claires et nettes. Il est impossible de "battre" systématiquement les marchés ! / Cette affirmation peut paraître surprenante. Ne paie-t-on pas justement des spécialistes pour qu'ils obtiennent des performances supérieures à celles qui seraient attendues de néophytes ou d'investisseurs amateurs ? Comme ils gèrent des montants très importants, en fait ce sont les interventions des spécialistes sur les marchés qui déterminent les cours observés.* »[213] À partir de là, deux hypothèses sont possibles. La première est celle des experts en général et d'Aftalion en particulier, qui fait de cette expérience, dans la suite de son article, la preuve de la capacité de calcul supérieure du marché, lequel centralise une telle quantité d'informations que certaines ramifications de l'opération échappent forcément à notre entendement. C'est justement, dit-il, le travail de rationalisation des experts qui prépare le terrain à ces remarquables performances, qui le sont tellement, d'ailleurs, qu'on ne peut les prédire : c'est tout l'intérêt de la chose. Si les experts suspendaient leurs interventions, le miracle cesserait aussitôt. La croissance ne pourrait qu'en souffrir : et alors bien sûr, s'il n'y a plus de croissance… L'humour en moins, c'est un peu le raisonnement des Shadoks, les petits personnages créés par Jacques Rouxel, qui inventent des machines absurdes sur leur planète, et qui passent le plus clair de leur temps à pomper (« *ils pompaient le matin, ils pompaient l'après-midi, ils pompaient le soir, et quand ils ne pompaient pas, ils rêvaient qu'ils pompaient* »), car ils ont trop peur de ce qui arriverait, s'ils venaient à cesser.

[213] AFTALION F., « La Bourse et les experts », *Les Echos*, 10 avril 2001, p. 69.

Notre hypothèse est moins tirée par les cheveux, et ne s'appuie sur rien d'invérifiable : elle consiste à supposer que le contenu de l'expertise est en l'espèce tout simplement nul, ou peu s'en faut, et qu'il gagne surtout à être étudié comme bruit de fond, en tant qu'il maintient l'intérêt et la cohésion des participants.

L'ENGAGEMENT DANS LA FINANCE

On peut se faire une première idée des formes de l'engagement dans la finance au culte qui entoure les gourous. On ne compte ainsi pas moins de onze métaphores religieuses dans un article que *Le Point*, hebdomadaire pourtant peu suspect de crypto-marxisme, consacrait à l'assemblée générale du fonds d'investissement de Warren Buffett : « *grand-messe* », « *oracle* », et « *secte* » chacun à deux reprises, « *pèlerins* » et « *pèlerinage* », « *culte* » et « *culte de la personnalité* », « *catéchisme* ».[214] L'on pouvait aussi lire des témoignages : « *Buffett est un esprit incroyable, comme Shakespeare. Il naît des génies pareils seulement tous les six cents ans.* » (*Sic*) « *Il y a tant de substance et de sagesse, cela vaut tous les cours d'économie.* » « *Je parierais ma vie et ma maison qu'il n'a jamais rien fait de malhonnête.* » « *Suivre ses traces, manger comme lui, c'est une manière de mieux comprendre l'homme et de se sentir membre de la grande famille.* » Les préfaciers des gourous écrivent sur le même ton de prédication, avec cette cordialité un peu brutale typiquement américaine, qui ne laisse pas la complexité s'immiscer au milieu des problèmes : « *Soros se révèle être le grand visionnaire sur les marchés de notre temps. / L'Histoire se souviendra certainement de George Soros comme du spéculateur qui fit plier la banque d'Angleterre en 1992 (et qui ainsi libéra les Anglais d'une récession certaine). Son gain, qui se chiffre autour du milliard de dollars, est une histoire trop irrésistible pour que les scribes s'en désintéressent.* [L'anecdote est exacte ; mais les scribes en quête d'histoires édifiantes peuvent pousser jusqu'en 1998 où,

---

[214] VISSIÈRE H., « La secte Buffett », *Le Point*, 19 mai 2005, p. 84-86. Toutes les citations viennent de la journaliste, sauf *oracle* (l'« *oracle d'Omaha* », c'est le surnom que lui ont donné ses disciples), et *catéchisme*, dont se sert, apparemment sans ironie, son principal associé pour désigner la parole du maître.

rien qu'en Russie, Soros perdit le double de cette somme.[215]] *George Soros aimerait certainement qu'on se souvienne de lui comme d'un grand économiste ou même d'un scientifique. Mais je me rappellerai de lui pour quelque chose d'encore plus important, une qualité pour laquelle il n'a pas reçu tout le crédit qu'il mérite. C'est quelqu'un qui s'intéresse profondément à la condition humaine et qui tente de l'améliorer. Sa myriade de gestes philanthropiques conséquents l'élève au rang des grands bienfaiteurs de l'Histoire.* »[216] De tels disciples n'incitent pas à l'autocensure. C'est l'une des raisons qui nous ont poussé à nous intéresser de plus près aux écrits de Soros : il donne l'impression d'écrire tout ce qui lui passe par la tête, de sorte qu'il reconnaît, avec une majesté tranquillement charlatanesque, toute une série de choses qui sont bien présentes chez ses collègues, mais toujours en filigrane. C'est ainsi que, vers la fin de *L'alchimie de la finance*, Soros donne un autoportrait où il révèle sans façons en quoi consiste la « réalité » dont il se réclame : « *Pour m'exprimer de façon plus directe, disons que je me suis considéré comme une sorte de dieu ou de réformateur économique à l'image d'un Keynes (chacun d'entre nous ayant sa Théorie Générale) ou, mieux encore, comme un scientifique tel Einstein (phonétiquement, réflexivité*[217] *ressemble d'ailleurs à relativité). Mon sens du réel a toujours été suffisamment fort pour me permettre de réaliser que ces attentes étaient excessives, et je les ai conservées en moi comme un secret coupable. Ce fut la source d'une considérable tristesse tout au long de ma vie d'adulte. Tandis que je me faisais une place dans le monde, la réalité s'est suffisamment rapprochée de mon fantasme pour me*

---

[215] *Cf.* ROCHE M., « Les fonds spéculatifs ont souffert de la crise des marchés émergents », *Le Monde*, 17 septembre 1998 : « *Aux dernières nouvelles, au cours des quatre dernières semaines, le financier américain George Soros aurait perdu 4 milliards de dollars (22,8 milliards de francs), dont la moitié rien que sur la Russie, sur des actifs totaux de 21,5 milliards de dollars.* »

[216] TUDOR JONES P., « Avant-propos », *in* SOROS G., *L'alchimie de la finance*, Valor Editions, 1998 (1994), p. 6-7.

[217] La « réflexivité » est l'idée-force de Soros, qu'il considère comme sa grande innovation théorique. Elle consiste à dire que la finance est modifiée par les perceptions de ceux qui y participent ; d'où aussi la référence à l'alchimie. Nous reviendrons sur tout ceci au chapitre suivant.

permettre d'avouer mon secret, tout au moins à moi-même. Il va sans dire que maintenant je me sens beaucoup mieux. [!] *J'ai eu la chance de réaliser certains de mes fantasmes – ce livre, par exemple, me remplit de la satisfaction de l'œuvre accomplie. La réalité se trouve cependant bien en deçà de mes attentes, comme le lecteur peut facilement le constater, mais je n'ai plus lieu de me sentir coupable. Le fait d'écrire ce livre, et particulièrement ces lignes-ci, me dévoile d'une façon dont je n'aurais jamais osé le faire auparavant, mais je considère que je peux me le permettre car mon succès dans les affaires me protège.* »[218] Soros n'a effectivement peur de rien : il se lance à un moment dans une digression sur le principe d'incertitude de Heisenberg, qui jette selon lui un puissant éclairage sur le fonctionnement des marchés boursiers, et il rebaptise sa société le *Quantum Fund*, pour attirer l'attention sur les affinités qui existent entre la physique quantique et sa méthode de gestion (en dialecte sorosien, cela donne : « *pour célébrer le saut quantique accompli par le Fonds* »[219]).

L'enthousiasme de Soros a sans doute quelque chose d'excessif, mais ce n'est pas parce que son témoignage est plus délirant que la moyenne qu'il est moins significatif. Au contraire, par la caricature, il nous permet de tout de suite cerner cette double tendance des experts, qui consiste d'une part à vilipender les intellectuels, les professeurs, les hommes politiques, « *les grands doctriniens, les idéologistes* »[220] (*sic*), et d'autre part à se poser eux-mêmes comme intellectuels et professeurs. Il n'y a pas vraiment de contradiction. Il suffit de se rappeler que ce sont des professeurs qui lisent peu de livres, s'en vantent même, et pressent les élèves d'aller au plus vite sur le terrain, faire des sondages par exemple, ou mieux encore, en entreprise, au plus près des « réalités ». On assiste alors à un phénomène très curieux. Dans la mesure où ils sont tout imprégnés du terrain et où leur esprit n'est pas pollué d'imprudentes lectures (« *cette formation judéo-chrétienne et au passage néo-marxiste, [...] le colbertisme qui mène au marxisme* » [221] , enfin, toute cette galaxie fantasmatique

---

[218] SOROS G., *L'alchimie de la finance*, *op. cit.*, p. 425.

[219] SOROS G., *Le défi de l'argent*, *op. cit.*, p. 160 et 67.

[220] Entretien avec un gestionnaire de fonds, professeur en école de commerce, Grenoble, 22 janvier 2003.

[221] Entretien avec l'ancien PDG d'une entreprise cotée au CAC 40, Paris, 2 décembre 2004.

d'idéalisme, de jacobinisme, de collectivisme rentré, qui donnait des frissons à nos interlocuteurs), il est frappant de les voir aussi soucieux d'élever au niveau de la science – un mot dont ils se servent volontiers – le premier venu de leurs préjugés. Nous songeons à cet ancien directeur commercial d'une banque, à son compte depuis une quinzaine d'années, qui a mis au point une méthode d'évaluation des sociétés dont il est si fier qu'il n'accepte de conseiller aucun client qui n'aurait suivi la formation qu'il anime : « *Si ça ne les intéresse pas, ils dégagent. [...] En général, ils n'ont pas fait d'analyse économique, ou Sciences Po, ce qui est préférable : ils sont vierges, comme ça.* »[222] Comme nous acquiescions à tout ce qu'il disait, il s'est rapidement échauffé, et parlant de Keynes, Schumpeter et Ricardo (pourquoi ces trois-là, nous l'ignorons), s'est exclamé : « *Eux ont fait des théories, vous, vous allez faire des lois. Comme il y a très peu d'interventions étatiques, on est sur une masse pure, et vous allez définir des lois.* » C'était un bon point qu'il se donnait à lui-même, puisque nous n'avions exprimé d'autres opinions que les siennes, et que nous avions entamé la discussion, comme d'habitude, en protestant que notre intention était de nous mettre à l'école du terrain (c'était d'ailleurs la vérité, mais pas au sens où il l'entendait). Il importe surtout cependant de noter que ce *satisfecit* est à double fond, puisqu'il n'est pas seulement pour sa méthode, en tant qu'outil de connaissance, mais aussi pour l'aplanissement de l'activité économique auquel elle participe, pour la *masse pure* qu'elle contribue à alimenter. Plus l'on appliquera sa méthode, et plus la masse sera pure. Plus la masse sera pure (pure de quoi ? il nous le dit lui-même : pure d'*interventions étatiques*, hors de portée des judéo-chrétiens colbertistes néo-marxistes), et plus sa méthode sera sûre. À son échelle, il est lui aussi un *réformateur économique*, comme se définissait Soros, et dans la mesure où les contours de l'économie se confondent avec ceux de l'activité humaine, il est presque *une sorte de dieu* – mais là, par contre, il faut avoir le culot de Soros pour le dire ouvertement. Cet expert se contente, comme la plupart de ses collègues, d'évoquer une *masse pure*, des *flux transparents*, ou quelque chose d'approchant, qui dans les discours et les publicités, nous l'avons vu, prend spontanément la forme d'une sphère.

---

[222] Entretien avec un gestionnaire de fonds de placement, Paris, 23 janvier 2006.

Tout cela se tient parfaitement, si parfaitement qu'il y a de quoi décourager l'analyse. Ce n'est pas non plus un hasard si l'on sent, chez les experts, pointer une agressivité très particulière, immédiatement reconnaissable quand ils parlent du lien qui les unit à leur métier (« *C'est plus qu'un métier, c'est une passion* »[223]), un petit côté moine-soldat.[224] Il leur arrivait de revendiquer férocement : « *On aime l'argent* » [225] , en marquant un temps d'arrêt pour nous laisser mesurer leur audace, le tabou qu'ils venaient de briser (car, dans ce vieux pays catholique qu'est la France, comme chacun sait...). Mais à l'instar de Soros, ils insistaient tout de suite après sur la modestie de leur train de vie, et leur rythme de travail effréné. Restons avec le même expert, qui nous disait se lever à trois heures et demie du matin, pour avoir le temps d'étudier à fond toutes sortes d'indices avant d'aller au bureau, qu'il ne quitte que vers six ou sept heures du soir. C'est un programme similaire qui se devine dans nos entretiens, dans les articles de presse, où la vantardise la plus courante est de travailler énormément. [226] De même Tétreau nous apprend dans sa

---

[223] Entretien avec un gestionnaire de fonds, professeur en école de commerce, Grenoble, 22 janvier 2003.

[224] Dans une interview publiée les 7 et 8 janvier 2000 (p. 62-63), *Les Echos* appelaient d'ailleurs l'ancien directeur du FMI, Michel Camdessus, le « *moine-soldat de la mondialisation à visage humain* ». Dans le contexte, aucune trace d'ironie.

[225] Entretien avec un gestionnaire de fonds, Paris, 23 janvier 2006.

[226] Nous citons sans commentaire, et en intégralité, un encadré paru dans *Les Echos* du 13 janvier 2000 (p. 11), où l'on faisait le portrait de Carlos Ghosn, petit concentré d'idéologie globalisante : « C'est l'histoire d'un Brésilien né au Liban qui est en train de chambouler la société japonaise pour le compte d'une société française. Et ça marche. Le "gajin" – l'étranger – est en passe de devenir une véritable vedette au pays du Soleil-Levant. On lui téléphone pour lui demander où il se fait couper les cheveux. Pourtant, le "cost killer", comme l'appelle la presse américaine, a décidé de supprimer 21.000 emplois chez Nissan. Les Japonais lui savent peut-être gré de faire le sale boulot à leur place. S'il réussit, la voie royale lui est ouverte pour succéder à Louis Schweitzer à la tête de Renault. Pas étonnant qu'il ne ménage pas sa peine : "Seven-eleven" est le surnom dont les Japonais l'ont affublé en comptant ses heures quotidiennes de travail. » Dans un autre encadré, consacré à Philippe Oddo les 21 et 22 novembre

chronique garantie « sans complaisance » qu'il commence sa journée bien avant sept heures, en consultant les sites des journaux français et étrangers, les dépêches des agences de presse, diverses bases de données, pour avoir un maximum de chiffres à sortir lors de la réunion du matin, le *morning meeting*, « *rendez-vous sacré, liturgique avec le marché* »[227]. Même si l'on retranche une heure ou deux à ces emplois du temps pour faire la part de l'exagération, ils ne sont guère moins impressionnants. On retrouve ce trait spécifique aux temps modernes, que Nietzsche a été un des premiers à relever et qui fait froid dans le dos lorsqu'on y réfléchit, que les maîtres se sont soudain fait une fierté de travailler plus que leurs esclaves.[228] Il y a d'ailleurs une ironie féroce dans la situation actuelle, où ils vont jusqu'à massivement les licencier, et les condamner à une oisiveté qu'eux-mêmes ont désapprise.

C'est pour cela que nous ne prenons pas le terme d'« expert » en un sens restreint, pour désigner seulement une catégorie statistique qui imposerait peu à peu sa légitimité, comme par exemple les « cadres » de l'analyse de Boltanski.[229] Si nous ne nous intéressions qu'aux « experts » ou aux « consultants » rémunérés comme tels, nous passerions à côté de la véritable nouveauté du phénomène, de ce langage technique qui s'insinue dans les moindres recoins de la vie. Nous avons pris soin d'y insister dès les premières pages de ce travail, en ne définissant pas l'expert par son titre, son domaine d'intervention ou sa feuille de paie, mais bien par sa manière de penser. Pour nous, il est moins un échelon hiérarchique qu'un type, une figure, comme le « travailleur » du grand livre de Jünger. [230] Il peut être conseiller, journaliste, professeur, investisseur : cela ne change pas grand-chose, et il cumule

---

2003 (p. 44), on citait des horaires presque aussi effarants (« *au bureau de 7 heures à 21 heures* »), avec autant d'admiration.

[227] *Cf.* TÉTREAU E., *Analyste…*, *op. cit.*, p. 29 pour la citation, et 33 *sq.* pour le récit de son arrivée au travail.

[228] *Cf.* par exemple dans *Aurore*, le fragment 173, « Les apologistes du travail », ou dans la première partie d'*Ainsi parlait Zarathoustra*, le passage intitulé « Des prédicateurs de la mort ».

[229] BOLTANSKI L., *Les cadres – La formation d'un groupe social*, Minuit, 1982.

[230] Type, figure, forme… L'allemand possède un terme qui convient mieux à notre propos, celui de *Gestalt*. Sur sa définition, *cf.* JÜNGER E., *Le travailleur*, *op. cit.*, p. 61-78.

souvent telle ou telle de ces fonctions. [231] Nous parlons d'« experts », à chaque fois que nous rencontrons un certain comportement, remarquablement homogène, à divers degrés de dilution chez les adeptes du marché global et leurs ennemis – qu'il s'agisse d'un métier à plein temps ou d'une activité parallèle, voire d'un simple hobby.

Nous songeons ici tout particulièrement aux « petits porteurs » (Latouche rappelle opportunément quelque part que le slogan fut lancé par le patronat au moment du Front Populaire). Nous avons pu assister à l'assemblée générale de la principale association de défense des actionnaires minoritaires, dénommée logiquement ADAM, en l'honneur du « *premier minoritaire* », si l'on en croit sa présidente et fondatrice, « *pasionaria des minoritaires* », « *madone des petits porteurs* »[232], comme l'appelle le journaliste qui rapporte ce propos. Il faut avoir vu ladite pasionaria, plus âgée que l'autre mais tout aussi dogmatique, devant une cinquantaine d'admirateurs dont quelques-uns avaient *Les Echos* sur les genoux, balayer son action au cours de l'année écoulée et terminer son intervention en disant : « *Je rentre chez moi à onze heures tous les soirs, je travaille tous les week-ends et je ne prends pratiquement pas de vacances.* » [233] Le murmure approbateur qui n'avait jamais cessé de l'accompagner, et qui s'était déjà emballé une ou deux fois (quand elle avait relevé des pratiques françaises contraires au droit européen : « *république bananière !* » avait lancé quelqu'un), monta tout de suite d'un cran, et fut suivi d'une salve d'applaudissements – montrant qu'elle avait touché juste. L'auditoire comptait un bon nombre de retraités. Une conversation s'engagea autour de nous, où quelques-uns comparaient le temps qu'ils passaient à suivre le cours de leurs actions sur Internet. D'après *Les Echos*, certains continuent ordinairement de spéculer après dix heures du soir. [234] Nous avons souvent dit que la comparaison keynésienne avec le casino ne nous paraissait plus adéquate ;

---

[231] Sur le mouvement général de disparition de toute compétence, *cf.* DEBORD G., *Commentaires sur la société du spectacle*, Lebovici, 1988, p. 20.

[232] *Cf.* MANIÈRE Ph., *Marx à la corbeille – Quand les actionnaires font la révolution*, Stock, 2000, p. 220 *sq.*

[233] Assemblée générale de l'ADAM, Paris, 15 décembre 2004.

[234] *Cf.* DE CLAPIERS R., « Les accros de la Bourse », *Les Echos*, 20 avril 2000, p. 62.

nous l'avons rarement éprouvé avec autant d'évidence qu'en ce matin de décembre, dans cette réunion blafarde et tatillonne.

Dans les conversations de ces petits porteurs, et plus largement dans la rumeur médiatique qu'ils répercutent, le marché devient un malade sur lequel tout le monde se projette et se penche, à qui l'on n'administre jamais trop de soins, et à qui tout défaut d'attention serait fatal : « *L'argent est un petit animal sensible, et quand on s'en occupe bien, il vous en est reconnaissant* »[235], lisait-on dans une publicité (ce qui implique un rapport affectif à l'argent, et fait de la Bourse un équivalent collectif et géant de ces jouets électroniques japonais qui crient sans arrêt famine, les *tamagochis*). Ce qui n'est pas non plus sans rappeler un propos grotesque quoique inquiétant du chroniqueur Jean-Pierre Gaillard : « *La nuit, quand je me lève pour aller pisser, je regarde où en est la Bourse de Tokyo sur mon beeper.* »[236]

C'est le corollaire de la vision de la sphère pure, dans la pratique quotidienne. En effet, si le mythe du marché global joue un rôle décisif dans les discours, c'est toujours en tant que norme idéale : il est ce que le marché devrait être, et qu'il serait effectivement si toutes les réformes nécessaires étaient faites, si les tricheurs cessaient de sévir, si le bon peuple intégrait l'esprit capitaliste, enfin, si tout le reste était éradiqué. Dans la mesure où nous n'y sommes pas encore, et où il est douteux que nous y soyons jamais tout à fait (ce qui fait que, de lui-même, le mouvement n'a aucune raison de s'arrêter : il y aura toujours quelque chose à globaliser), le marché est nécessairement biaisé, et il est difficile de déchiffrer ses messages. En quoi se retourne alors cette sphère qui n'est pas aussi pure qu'elle devrait, qui est bonne mais qui est intraitable, et qui est presque toujours pervertie par l'inconséquence ou la folie des hommes ? Sur le long terme, il est entendu qu'elle ne peut qu'affiner son orbite, et les experts ne manquent jamais, rétrospectivement, de souligner l'excellence de telle ou telle de ses décisions. Mais dans la vie de tous les jours, ils ont le plus grand mal à faire le tri entre le bon grain et l'ivraie, la « vraie » et la « fausse » valeur. Impossible de savoir si le dernier retournement des marchés est inspiré par les « fondamentaux » (auquel cas, bien

---

[235] Publicité pour mesfinances.fr, parue dans *Les Echos* du 12 octobre 2000, p. 44.

[236] Cité par LATRIVE Fl., « Jean-Pierre Gaillard, 59 ans... », *Libération*, 15 juin 1998.

sûr, c'est la véritable « création de valeur » qui s'est manifestée, et l'anecdote sera retenue dans les manuels) ou s'il s'agit d'un épiphénomène, d'une « surréaction », voire d'une manipulation. Si l'on a foi dans le marché, il ne fait pas de doute qu'une courbe cohérente finira par se dessiner. Mieux : elle se dessine déjà en réalité, c'est nous qui ne savons pas la voir : « *Le marché, il faut savoir que le marché a toujours raison. Donc à partir de là, il faut voir le temps qu'il met pour avoir raison, mais en réalité il finit par avoir raison à un moment ou à un autre. Quand il monte il a raison et quand il baisse il a raison, parce que c'est lui l'indicateur et à partir de là... C'est comme ça, c'est comme ça.* »[237] « *Et c'est bien tout ce que l'on demande à un indice : d'être fiable et comparable sur la durée pour s'assurer que le marché finit toujours par avoir raison.* »[238] Ces certitudes sont rassurantes pour l'avenir, mais dans l'immédiat, que faire ?

C'est ici que les experts se dédoublent, en quelque sorte. Dans les manuels, dans les éditoriaux, ou dans leurs entretiens avec un profane comme nous, ils s'astreignent à une certaine hauteur de vue, à un effort d'abstraction, et c'est la vision de la sphère pure, du grand mécanisme numérique qui s'impose, à quelques exceptions près. Il n'en va pas de même lorsqu'on lit les articles qui retracent au jour le jour les variations des marchés, ni non plus, notons-le en passant, si nous en croyons le gestionnaire en rupture de ban qui nous a servi d'informateur, lorsque plusieurs experts d'une entreprise se consultent pour prendre une décision commune.[239] Ils apparaissent alors sous une lumière très différente, accumulant les métaphores nébuleuses, les hypothèses hasardeuses. Ils donnent l'impression de vivre entourés de forces invisibles, qu'ils

[237] Entretien avec un gestionnaire de fonds, Paris, 18 novembre 2004.

[238] « Crible », *Les Echos*, 12 juillet 2001, p. 11.

[239] Il nous disait en substance (à Paris, le 20 janvier 2005) que si les clients entendaient ce que les experts se disent, une fois dépouillés de leur jargon, ils y regarderaient à deux fois avant de leur confier leur argent (ces clients hypothétiques seraient mal avisés : car c'est justement cette agitation qui fait monter les cours et fructifier leurs économies). Cependant, comme nous n'avons jamais cherché à travailler dans la finance, nous n'avons pu le vérifier par nous-même. Nous citons en confiance le témoignage de cet homme singulier, mais nous ne pouvons nous avancer plus avant : nous préférons nous appuyer sur les articles de presse, que nous tenons de première main, et qui sont accessibles à tous.

blessent sans le savoir et qui exigent des comptes tout à coup. Il faut se représenter notre surprise, et aussi le mal que nous avons eu à ne pas sourire en entendant un expert qui avait passé l'entretien à jouer les Machiavel au petit pied et à vanter les vertus de la baisse (nous étions alors à Grenoble, fin 2002), nous parler tout à coup d'une « *marée noire boursière* » et la commenter en ces termes : « *L'expérience montre que les individus reprennent confiance quand l'environnement dans lequel ils baignent va mieux. Actuellement, il faut reconnaître que, non seulement* tout est malade, mais on ne voit pas les moyens de guérir le malade. *Et le problème dépasse de loin le marché, la croissance. Si vous regardez par exemple le point de vue de la santé, [...] quand vous regardez par exemple la progression du sida, c'est effectivement quelque chose qui est effrayant, et donc on cherche un plan sur lequel on pourrait retrouver confiance* mais on n'a même pas le foot *puisqu'on a fait une prestation hors du commun à la dernière coupe du monde, etc. Je veux dire qu'on ne voit pas à quoi se raccrocher pour [...] passer du pessimisme ambiant à une humeur assez optimiste.* »[240]

Les experts les plus intégristes, les plus sûrs de leur science, s'avèrent généralement les plus démunis lorsque le réel y contrevient. Il y a là un balancement presque délirant, bien connu des psychologues, que décrivent par exemple ces lignes de Jung : « *Le tyran sujet aux cauchemars, aux sombres pressentiments, aux terreurs sournoises, est une figure typique : dur, cruel, inabordable au-dehors, il est intérieurement la proie de toute ombre, le jouet de toute humeur passagère, l'être le moins autonome, le plus malléable. Faiblesse et déterminabilité qui lui font totalement défaut au-dehors, prennent intérieurement leur revanche.* »[241] Restons avec le même homme, qui illustre admirablement le phénomène. Nous l'avons interrogé à un moment propice, parce que les cours avaient chuté l'année précédente et ne semblaient pas devoir immédiatement remonter, ce qui n'était plus arrivé depuis longtemps. Certains experts avaient prédit une « correction » plus ou moins forte, mais ils étaient assez rares à avoir parié sur cette chute et cette stagnation. Une rapide enquête nous avait appris que l'homme

[240] À Grenoble, le 9 décembre 2002. Nous soulignons.
[241] JUNG C.G., *Types psychologiques*, *op. cit.*, p. 410.

que nous nous apprêtions à rencontrer n'était pas de ceux-là, et nous étions curieux de savoir s'il en rabattrait sur ses prétentions. Ce ne fut pas le cas. Il insista même sur les opportunités qu'offrait la baisse : « *Je suis de ceux qui disent et répètent à longueur d'année, notamment aux étudiants, que, certes, la baisse des cours, c'est gênant, mais c'est gênant dans des cas très particuliers, c'est par exemple très gênant pour les fonds de pension, les SICAV, les fonds communs, qui doivent détenir un portefeuille en actions, et qui n'ont pas de moyens de booster le rendement de leur portefeuille. [...] Il faut vraiment s'inscrire en faux contre le sentiment dominant, et là, les médias y sont pour beaucoup dans l'affaire, qui croient, ou qui laissent croire – en sont-ils persuadés eux-mêmes, je n'en sais rien – que les boursiers sont heureux et qu'ils gagnent de l'argent quand les cours montent, et qu'ils sont extrêmement malheureux quand les cours baissent : ce n'est pas vrai. Je dirais que, au pire – c'est un peu provocant – ils sont encore plus heureux en principe quand les cours baissent, parce qu'on a les moyens de jouer la baisse, en faisant les ventes à découvert, par exemple. [...] Et comme ils baissent beaucoup plus vite qu'ils ne montent, je dirais que la baisse est encore plus propice aux gains que la hausse.* » Le raisonnement semble cohérent, vu de l'extérieur. Nous sentions pourtant qu'il y manquait quelque chose, autour de quoi nous allions tourner longtemps – et que l'expert nous indiqua comme à regret, au détour d'une remarque : « *Simplement*, nous dit-il un peu plus tard, *[jouer la baisse], c'est pas naturel. Ça, c'est un gros problème, puisque je vois bien avec mes étudiants auxquels je fais pratiquer des simulations boursières, ce n'est vraiment pas naturel d'acheter des choses qu'on n'a pas ou de vendre des titres.* » *Pas naturel...* On ne voit pas pourquoi, s'il ne s'agit que de gagner de l'argent.

C'est le moment de rappeler une analyse de Marcel Mauss, où il montre que la monnaie partage certains des attributs du talisman : elle est une valeur d'usage non-fongible, moyen de se procurer d'autres faveurs fongibles et transitoires. Comme le talisman, elle est permanente et transmissible. Pas plus que le talisman, la monnaie ne peut se détériorer, du moins en théorie. Et pas plus que lui, dans aucune société connue, elle ne peut être sacrifiée aux dieux.[242] Cette analogie trouve encore à se

[242] *Cf.* MAUSS M., « Les origines de la notion de monnaie », *in Œuvres*, t. II, Minuit, coll. Le sens commun, 1974 (1914), p. 106-112.

vérifier dans le contexte actuel : à moins d'être collectionneur (et avec la numérisation, il n'y a même plus rien à collectionner), l'on n'accumule pas les fétiches d'un dieu auquel on a cessé de croire. Selon l'idéologie économique, il est peut-être rationnel de jouer la baisse, mais les étudiants ne s'y conforment pas spontanément. Les spéculateurs s'y plient pour sauver leur position, mais si l'on excepte les cyniques qui ne croiraient pas au marché et y consacreraient pourtant leur vie (il y faut tout de même des dispositions très particulières, dont il n'est guère vraisemblable qu'elles soient la norme), il n'apparaît pas que ce soit de gaieté de cœur, si l'on en juge au ton apocalyptique que prennent alors *Les Echos*. Nous parlons d'apocalypse à dessein, car dans leurs métaphores, il semble que tout un monde s'engloutisse : « *L'indice Nasdaq poursuit sa descente aux enfers.* »[243] « *L'onde de choc provoquée par les sombres perspectives de résultats [de] Nortel, a de quoi ébranler le moral des investisseurs.* »[244] « *Les marchés internationaux emportés dans une spirale baissière.* »[245] « *Wall Street en zone maudite pour la première fois depuis 10 ans.* »[246] « *Horizon bouché sur les marchés américains.* »[247] « *Le brouillard sur le plan macroéconomique est plus épais que jamais.* »[248] « *L'accumulation des nuages a sans doute fini par rendre les intervenants plus ou moins insensibles.* »[249] « *Alcatel en enfer.* »[250] « *Un voile épais obscurcit l'image comptable que*

On peut aussi citer les pages célèbres du premier livre du *Capital* sur « *le caractère fétiche de la marchandise et son secret* » (*op. cit.*, *p.* 81 *sq.*), ou encore les pages de la *Théorie générale* où Keynes fait l'éloge de l'« étrange prophète Silvio Gesell » et de sa « monnaie fondante » (p. 350 *sq.* de notre édition).

243 GUILLAUME Ph. et LACHÈVRE C., « L'indice Nasdaq poursuit sa descente aux enfers », *Les Echos*, 3 janvier 2001, p. 19.

244 COLMANT P.-M., « La fragilité des marchés boursiers tend à s'accentuer », *Les Echos*, 19 février 2001, p. 34-35.

245 HIAULT R., « Les marchés internationaux emportés dans une spirale baissière », *Les Echos*, 23 et 24 mars 2001, p. 34.

246 BARRÉ N., « Wall Street en zone maudite pour la première fois depuis 10 ans », *Les Echos*, 23 et 24 mars 2001, p. 28.

247 BARRÉ N., « Horizon bouché sur les marchés américains », *Les Echos*, 4 avril 2001, p. 30.

248 *Ibid.*

249 FRADIN Ch., « Les marchés se veulent résolument optimistes », *Les Echos*, 5 novembre 2001, p. 34.

250 « Sanofi-Syntélabo à la fête, Alcatel en enfer », *Les Echos*, 27 décembre 2001, p. 10.

certaines icônes du capitalisme renvoient à leurs actionnaires […]. »[251] Ils recourent volontiers également à la métaphore pathologique, et plus précisément, on va y revenir, à celle de la contagion.

Un autre fait significatif vient étayer notre intuition. C'est que la diffusion de la presse spécialisée a chuté dans les mois qui ont suivi le krach de la « nouvelle économie » : le *Financial Times* lui-même a été touché, ce qui était une grande première, tandis que *Les Echos* et le journal espagnol *Expansión* connaissaient également des difficultés.[252] Or, si l'on s'en tient à une grille de lecture rationaliste, cela reste parfaitement incompréhensible. En bonne logique, les informations financières (si on croit à leur valeur) ne présentent pas moins d'intérêt quand les choses tournent mal que dans les moments d'euphorie ; ce serait même plutôt le contraire, et ce n'est pas du tout ce qui s'est produit. Il semble bien que le sort des divers protagonistes du système soit inextricablement lié.

Une expression extrêmement banale des experts, qui parlent de *prises de bénéfices* quand les marchés reculent, n'est pas moins intéressante à cet égard. Il n'y a certes pas grand-chose à en tirer, si l'on s'en tient à son contenu technique. Prendre ses bénéfices, cela signifie en l'occurrence vendre ses parts. Nul besoin d'être grand clerc pour comprendre que vendre ses parts ou concourir à la baisse, cela ne fait qu'un. C'est la manière dont les experts parlent de ces « prises de bénéfices » qui leur donne tout leur sel. Elles sont presque toujours évoquées sur le registre de la blessure ou de la perte : « *Les Bourses européennes et américaines ont subi d'importantes prises de bénéfice, hier.* » [253] « *Wall Street subit des prises de bénéfice.* »[254] « *Les prises de bénéfice pèsent sur l'Europe.* »[255] « *Les places boursières continuent d'être affectées par*

---

[251] « Crible », *Les Echos*, 19 février 2002, p. 11.

[252] *Cf.* ROCHE M., « Le “Financial Times” traverse une crise sans précédent », *Le Monde*, 7 janvier 2003.

[253] « La situation au Brésil pèse sur Wall Street », *Les Echos*, 13 janvier 1999, p. 27.

[254] « Wall Street subit des prises de bénéfice », *Les Echos*, 8 décembre 1999, p. 37. Voir aussi « Le Dow Jones subit des prises de bénéfice », *Les Echos*, 7 mars 2000, p. 35.

[255] « Les prises de bénéfices pèsent sur l'Europe », *les Echos*, 14 septembre 1999, p. 31.

d'importantes prises de bénéfice. »[256] « *Les prises de bénéfice font hésiter le Nasdaq.* »[257] « *Tokyo rechute sous le poids des prises de bénéfice.* »[258] S'exprimer de la sorte revient à s'offusquer, ou du moins à s'inquiéter du fait que l'on puisse s'enrichir en négligeant le marché. Ce n'est pas encore reconnaître que l'appât du gain est secondaire (il n'est pas nécessaire d'aller jusque-là), mais que, dans cette course au profit, il y a autre chose en jeu que l'amour du pouvoir et de l'argent, qui du reste se marie fort bien à ces passions tièdes – et comme le dit Cioran avec son inimitable douleur narquoise, ce quelque chose est de l'ordre de la foi : « *Pour qui liberté et vertige se valent, une foi, d'où qu'elle vienne, est une entrave salutaire, une chaîne souhaitée, rêvée, dont ce sera la fonction de freiner la curiosité et la fièvre, de suspendre l'angoisse de l'indéfini. Quand cette foi l'emporte et s'installe, ce qui en résulte immédiatement, c'est une réduction du* nombre *de problèmes que l'on doit se poser, ainsi qu'une diminution presque tragique des options. Le fardeau du choix vous est enlevé, on opte à votre place.* »[259] C'est cet état de fait que l'on rate en comparant le marché à un champ de bataille ou à un casino. Les deux images suggèrent que les experts croiraient qu'il y a une sorte de butin, de trésor, de *banque*, comme on dit dans les jeux de société. Rien n'est plus éloigné de leur pensée. Le marché est certainement un outil insurpassable, certains disent même qu'il est consubstantiel à l'espèce humaine : en tout cas, on n'a encore rien inventé de mieux (« *the one best way* »). Mais, comme le disait le premier professeur de finance que nous avons rencontré (et tous les autres à sa suite), « *sans information, il ne peut fonctionner.* »[260] Pour qu'il donne toute sa mesure, il faut d'une part que les êtres humains lui confient le maximum d'informations à traiter, et d'autre part que ces informations soient exactes : cela, c'est un travail de chaque

---

[256] HIAULT R., « Les places boursières continuent d'être affectées par d'importantes prises de bénéfice », *Les Echos*, 24 mars 1999, p. 35.

[257] « Les prises de bénéfice font hésiter le Nasdaq. », *Les Echos*, 3 août 2000, p. 9.

[258] « Tokyo rechute sous le poids des prises de bénéfice », *Les Echos*, 19 et 20 mars 1999, p. 41.

[259] CIORAN, *Le mauvais démiurge* (1969), *in Œuvres*, *op. cit.*, p. 1190.

[260] À Grenoble, le 27 novembre 2002.

instant. Alors, et seulement alors, les rationalités isolées se fondent dans la mégamachine, et le miracle a lieu.

On n'accorde jamais trop d'attention au marché. La puissance publique, tout d'abord, doit l'encadrer et ne rien faire qui puisse l'entraver, à part peut-être si certains de ses développements, comme l'épuisement des ressources, menacent son existence même (ce point est âprement débattu : d'aucuns suggèrent de le charger de sauver la planète, par le biais des droits à polluer). Elle doit aussi lui confier les retraites, pour que des fonds de pension « à la française » puissent faire pièce à leurs concurrents étrangers ; du moins le récent krach aura-t-il eu le mérite de doucher cet enthousiasme. Mais surtout, chacun de nos interlocuteurs y est revenu à sa manière, il est vital de *changer les mentalités* – c'est une autre expression qu'ils affectionnent. Il faut non seulement que les hommes ordinaires investissent en actions, mais qu'ils suivent le marché de près : qu'eux aussi, dans la modeste mesure de leurs moyens, apportent les informations dont ils disposent, et qu'ils infléchissent leurs comportements en conséquence. « *Le fait même de posséder des actions des compagnies multinationales* obligera *de plus en plus de gens à s'intéresser aux affaires du monde, et cela d'un point de vue plus pragmatique qu'idéologique*, s'exclame Pierre Lévy avec cette énergie hilare et rectiligne qui est le privilège d'une complète imbécillité.[261] *[...] L'utopie marxienne et l'utopie libérale se rejoignent ici, en ce point de fuite de la conversion des communautés virtuelles animant le capitalisme institutionnel. L'actionnariat de masse, comble du capitalisme, rejoint la propriété collective des moyens de production, finalité classique du communisme.* »[262] C'est une réponse originale à la question de Juvénal : qui gardera les gardiens ? Une réponse qui laisse loin derrière le modèle du panoptique : car ce ne sont plus les agents de l'Etat qui se retrouvent au centre du dispositif, mais une créature collective à laquelle chacun se voit sommé d'apporter son souffle, et dont la main est réputée invisible. « *La décision d'aller en Bourse, donc le règne de la transparence* »[263], résument *Les Echos*. Les experts ne se

---

[261] La formule est de Claudel (« Le téléphone », *in Œuvres en prose*, Gallimard, coll. Bibliothèque de la Pléiade, 1973, p. 1261).

[262] LÉVY P., *Cyberdémocratie*, *op. cit.*, p. 170 et 173. Nous soulignons l'extravagance.

[263] « Crible », *Les Echos*, 21 et 22 novembre 2003, p. 44.

positionnent pas exactement les uns contre les autres, stratégie contre stratégie. Ils sont les agents et les exégètes d'une tyrannie abstraite, d'une entité dont ils essaient d'interpréter les signes et de faire appliquer les décisions : entité sur laquelle ils essaient de se régler, et qui bruit de l'écho de leurs projections.

LES CHIFFRES ET LE BRUIT DE FOND

S'interroger sur les dysfonctionnements du système ou l'alimenter, cela revient donc au même : parce que ce questionnement participe d'une vision mécaniste des choses, et surtout parce qu'il contribue au battage, au bruit de fond de l'expertise. L'interpellation directe (« *Consommateurs, tenez bon* »[264]) reste en effet assez marginale. La plupart du temps, l'injonction se fait de façon légèrement détournée : il s'agit de comprendre, de déchiffrer, d'aller au-delà d'une « *irrationalité apparente* »[265]. Cette rationalité cachée – et, suppose-t-on, d'autant plus impérieuse qu'elle est cachée – est posée *a priori*. La remettre en cause, ou seulement interroger ses fondements, c'est déjà basculer dans l'obscurantisme. On lit dans *Les Echos* des déclarations qui s'apparentent de près à des sermons : « *Les sautes d'humeur du Nasdaq ne doivent pas nous faire oublier la rationalité des marchés.* »[266] « *Les investisseurs devraient garder à l'esprit que si ces valeurs ne sont pas chères c'est parce qu'elles ont sous-performé le marché par le marché et qu'il doit bien y avoir une raison à cela.* »[267] Par définition, l'action de la main invisible ne se révèle pas sur le moment, mais quelques jours ou plusieurs mois après. C'est alors que les experts s'en émerveillent, sans se demander qui rationalise, le marché ou eux-mêmes : « *Cette courbe baissière que la main invisible du marché s'amuse à dessiner depuis un an a donc un*

---

[264] FAVILA, « Consommateurs, tenez bon », *Les Echos*, 4 décembre 2002, p. 48.

[265] Entretien avec un professeur de finance, Grenoble, le 27 novembre 2002.

[266] SPIESER Ph., « Les marchés financiers : "Nihil mirari, nihil lacrimari, sed intellegere" (Spinoza) », *Les Echos*, 3 mai 2000, p. 68.

[267] AÏT-KACIMI N., « L'indice CAC 40 se stabilise », *Les Echos*, 3 mars 1999, p. 33.

sens. »[268] « *Chaque statistique "pro-inflationniste" semble suivie par une autre qui semble l'atténuer et lui enlever de sa portée initiale, comme si une forme d'autorégulation naturelle de l'économie se faisait jour.* »[269] On ne peut même pas parler de contorsions sémantiques. Les interprétations *ad hoc* se succèdent, sans grand souci de cohérence, et sans qu'on prenne soin de revenir sur les précédentes.

Un exemple, celui de l'impact des chiffres du chômage sur les marchés financiers. Le chômage étant signe que la croissance ralentit, on lit parfois que sa hausse inquiète vivement les marchés, et donc que sa baisse les rassure : « *Après la publication des chiffres du chômage aux Etats-Unis vendredi, au plus bas depuis 29 ans, la Bourse de New York a franchement repris le chemin de la hausse [...].* »[270] Admettons. Inversement, on sait que lorsque des entreprises annoncent des licenciements de masse, leurs actions ont tendance à grimper (nous le verrons quand nous nous arrêterons sur l'affaire Michelin) ; et plus généralement, à d'autres moments, il ne déplaît pas aux actionnaires de voir s'élever le nombre de chômeurs, qu'ils tiennent avec Marx pour garant du blocage des salaires – ils l'avouent à l'occasion, dans un langage plus contourné : « *La raison de cette subite exubérance [de Wall Street] trouve sa source dans la publication des chiffres du chômage américain au mois de février montrant une légère remontée du nombre de demandeurs d'emploi et, surtout, l'absence de toute pression salariale.* »[271]

Encore s'agit-il ici de deux raisonnements qui s'excluent, mais qui se suivent sans peine. Les experts pourront s'appuyer sur le premier cas de figure, les contre-experts sur le second, et tout ce petit monde pourra débattre. Le débat est d'autant plus assuré de durer que le lien entre la Bourse et les statistiques n'est pas moins problématique que ces statistiques elles-mêmes, qui font l'objet de nombreuses manipulations (chômeurs décomptés à partir d'un nombre d'heures de plus en plus réduit, ou rayés des listes au premier rendez-vous manqué, *etc.*). On

---

[268] « Crible », *Les Echos*, 29 et 30 juin 2001, p. 11.

[269] AÏT-KACIMI N., « Nouveau record pour le CAC 40 », 17 juin 1999, p. 37.

[270] « L'emploi américain dope Wall Street », *Les* Echos, 6 avril 1999, p. 32.

[271] SENGÈS G., « Actions : Wall Street établit un nouveau record au-dessus de 9700 points », 9 mars 1999, p. 37.

peut en fait quasiment raconter n'importe quoi, et presque toutes les combinaisons sont possibles. Nous songeons à ce journaliste qui affirmait catégoriquement que « *les marchés [demeuraient] à la merci des statistiques* », et qu'ils « *ne [devraient] leur salut qu'à la qualité des indicateurs économiques à venir.* »[272] Un mois plus tard, le même homme écrivait : « *Hier, la Bourse de Paris y a cru encore. Après une envolée matinale de 4 %, elle a terminé sur une hausse de 1,05 %, faisant fi des mauvais chiffres américains.* »[273] Les experts font défiler les indices à la vitesse des balles, au centième de point près. Nous feuilletons nos notes au hasard, et nous lisons que « *les chiffres du chômage ont indisposé les investisseurs, qui en ont profité pour accroître leurs prises de bénéfice.* »[274] « Indisposé » : on n'apprendra rien de plus. Nous savons bien que ce n'est pas la girouette qui tourne, mais le vent. Cependant, dans l'affaire qui nous occupe, il faut garder à l'esprit que les experts sont l'un et l'autre. Lorsqu'on les suit dans leurs ratiocinations, on hésite entre l'écœurement, l'ennui encore, et après un certain temps d'immersion parfois la panique :

> « Wall Street a été hésitante hier et bercée au rythme des nouvelles économiques. Après la baisse de lundi (- 1,59 %), le Dow Jones a d'abord ouvert en recul, aidé par la publication du chiffre des ventes des logements neufs pour juillet, dont l'augmentation, plus rapide que prévu, a fait craindre une surchauffe de l'économie. L'indice s'est ensuite repris après la publication de statistiques sur la confiance des consommateurs aux Etats-Unis qui, malgré son érosion pour le deuxième mois consécutif, reste supérieure aux prévisions des analystes, mais surtout, montre un maintien à un niveau élevé des achats des consommateurs. Le Dow Jones est ensuite reparti à la baisse après la publication de chiffres de l'Association nationale des directeurs d'achat (NAPM), et des prix payés par les entreprises. Le marché obligataire s'est alors à nouveau tendu, le rendement de l'obligation du Trésor à 30 ans se redressant à 6,08 % en milieu de

---

[272] LE PAGE ST., « Les marchés demeurent à la merci des statistiques », *Les Echos*, 29 juillet 2002.
[273] LE PAGE ST., « Le CAC 40 persiste à la hausse », *Les Echos*, 1er août 2002, p. 27.
[274] « Les marchés pâtissent du chômage américain », *Les Echos*, 8 septembre 2003, p. 39.

séance contre 6,052 % lundi soir. Du coup, le Dow Jones perdait 0,93 %, à 10.813,13 points à la mi-journée. »[275]

Nous multiplierions les exemples, s'ils n'étaient tous aussi fastidieux. Pour l'instant, retenons que les statistiques ont une importance capitale dans la finance, mais que leur influence est loin d'être univoque (Wall Street « *hésitante et bercée au rythme des nouvelles économiques* »). Les experts, qui cherchent à en faire une science, sont réduits en pratique à dénombrer les aberrations. Ce qu'il y a de plus frappant dans cette longue citation, c'est le besoin qu'ils éprouvent de fonder le moindre retournement des marchés en raison, et même ici, presque heure par heure. Il leur faut absolument que le mouvement trouve son ressort à l'extérieur de lui-même, qu'il repose sur un sol quelconque, que l'*économie financière*, comme ils l'appellent, dépende de quelque façon de l'*économie réelle*. Dans ce cadre, ils ne font pas de difficulté à admettre que la réaction boursière puisse être disproportionnée. Au contraire, il est bien vu de renchérir en indignations téléphonées, de faire des déclarations « fracassantes » et « sans concessions ». Un exemple, que nous prenons dans le livre d'entretiens d'un grand patron : « *Q : Ce qui n'est pas compréhensible, c'est que le marché, la concurrence, ait sous-estimé à ce point Equitable [une société d'assurance américaine] ! / R : Ça ne me surprend pas : je ne crois pas du tout au marché. / Q. : Vous ne croyez pas du tout au marché ? / R. : Non, car le marché est déconnecté de la réalité économique. Il extrapole à partir du court terme. Lorsqu'une opération a lieu, la réaction du marché est rarement la bonne. On dit : "Le marché a toujours raison". Faux ! Le marché a pratiquement toujours tort ! Bien sûr, à long terme, il finit toujours par rejoindre la vraie valeur des choses, mais après quelles erreurs ! […] Ces erreurs du marché créent des opportunités pour ceux qui n'hésitent pas à prendre des positions à contre-courant. Ainsi, dans le cas d'Equitable, le marché a fonctionné sur des rumeurs […].* »[276]
Dans ces déclarations, une fois de plus, le marché a deux faces : il est chaotique au quotidien, mais *il finit toujours par rejoindre la vraie valeur des choses*. Comment cela ? L'opération n'est

---

[275] « Recul généralisé des marchés actions », *Les Echos*, 1er septembre 1999, p. 27.
[276] BÉBÉAR C., propos recueillis par Philippe Manière, *Ils vont tuer le capitalisme*, Plon, 2003, p. 33-34.

jamais explicitée très clairement : elle va de soi. Les experts admettent l'existence d'une « réalité » détachée de l'expérience humaine, inscrite dans le cœur des choses, qui se révèle dans le jeu des rationalités particulières, à mesure qu'elles s'usent en combattant. À partir du moment où l'on croit à une telle entité, à une réalité cachée dans un arrière-monde, on ne peut douter de son triomphe.

On accède à cette réalité principalement par deux voies, l'analyse fondamentale et l'analyse technique. La première consiste à chercher la valeur dans le « ventre de la bête », comme dit Bébéar un peu plus loin : on accumule les données comptables, on prend des rendez-vous, on fait des hypothèses sur le temps que va mettre le marché à reconnaître la réalité ainsi cernée. Dans l'amusant roman de David Payne, où un jeune moine taoïste va aux Etats-Unis s'initier aux mystères de la finance, cette tendance est représentée par le personnage de Powers, gourou de la Valeur Intrinsèque.[277] Si l'on choisit de s'appuyer plutôt sur les chiffres du marché, les indices, on emprunte le chemin inverse. On suppose alors que la réalité est de toute façon trop complexe pour pouvoir être appréhendée directement : on se penche sur les statistiques, on cherche à décrypter la direction essentielle, sous-jacente à leur foisonnement. C'est la méthode de Newman, le rival de Powers dans *Confessions d'un taoïste à Wall Street* : « *Tu vois, fils, le Dow absorbe et reflète absolument tout, des bilans d'entreprise jusqu'aux bulletins de santé du président. C'est une mesure globale des innombrables facteurs qui définissent l'état financier du pays. Un baromètre – c'est le mot, et non seulement de l'Amérique financière, mais de la nation tout entière. Oui, fils, le Dow est le pouls de l'Amérique. Tu es encore sceptique, je le vois. [...] Rappelle-toi pourtant ceci : tout est décompté.* Tout. *Le Dow, comme Dieu, est omniscient. Telle est notre foi. Je ne prétends pas comprendre pourquoi il en est ainsi, mais me limite à cette simple constatation empirique...* »[278] Payne nous donne à entendre une nouvelle fois, en forçant un peu le trait, ce langage cordial, brutal, ivre de lui-même, qui ignore la proposition relative, et qui est en même

[277] *Cf.* PAYNE D., *Confessions d'un taoïste à Wall Street, op. cit.*, p. 299 *sq.*

[278] *Ibid.*, p. 313. Le héros rencontre plus tard un troisième économiste, ironique et désabusé, qui s'est retiré du monde après avoir renoncé à assigner un sens aux mouvements du marché.

temps d'une indicible confusion. L'exagération, qui fait partie du jeu romanesque, n'est pas si énorme qu'on pourrait croire : si l'on glissait ces lignes dans un texte de Soros, il n'est pas sûr qu'elles dépareraient. Il n'est que de comparer avec le long extrait de Mandelbrot que nous citions en introduction.[279] L'inventeur de l'analyse technique, M. Elliott, qui cherchait la clef rythmique de l'univers dans les oscillations boursières, a publié le résultat de ses cogitations en 1946, sous le titre de *Nature's law*, et est mort deux ans plus tard dans l'un des plus fameux hôpitaux psychiatriques de New York ; de même que John Nash, mathématicien de renom et « prix Nobel » d'économie, traquait dans la presse les messages codés des extraterrestres.[280]

L'analyse dite « technique » ou « chartiste » (de l'anglais *chart*, « graphique ») est l'une des méthodes les plus caractéristiques et les plus incroyables des experts. Le dispositif est présenté plus en détail dans un article dont le titre lui-même est presque un aveu (« *L'art de faire parler les graphiques* ») : « *Discipline quelque peu ésotérique, l'analyse technique commence à être en vogue dans l'Hexagone. Les turbulences boursières à répétition, incompréhensibles au travers des données fondamentales, ont suscité un regain d'intérêt pour l'analyse des graphiques. [...] L'observation des courbes y tient une place essentielle, par exemple pour trouver dans le passé le cours plancher sur lequel une action rebondit. L'analyse des volumes aussi, pour savoir ce qui se cache derrière une hausse : de gros investisseurs ou de petits spéculateurs, privés ou professionnels. Les conséquences sur la tendance du marché ne seront pas les mêmes. L'analyse technique se différencie un peu de sa sœur chartiste en englobant une centaine d'indicateurs, souvent complexes, et qui servent à affiner le diagnostic visuel.* »[281] Cet art qualifié d'ésotérique consiste à prendre un titre ou un indice, et à interpréter ses fluctuations à l'aide de figures ou d'outils dont la seule énumération a quelque chose d'accablant. Jamais l'analyse financière n'aura paru si

---

[279] Voir *supra*, p. 45-46.

[280] *Cf.* respectivement TÉTREAU E., *Analyste...*, *op. cit.*, p. 191 ; et NASAR N., *Un cerveau d'exception – De la schizophrénie au Nobel, la vie singulière de John Forbes Nash*, Calmann-Lévy, 2002 (1994).

[281] AÏT-KACIMI N., « L'art de faire parler les graphiques », *Les Echos*, 15 octobre 2001, p. 74-75.

proche cousine du Rorschach et de la chiromancie. Il y a la « tête » de la courbe, la « ligne de cou », l'« objectif de retracement », les « zones de support », l'« objectif théorique de tête et épaules » et la « ligne de cou de la "tête et épaules inversées" », les « canaux haussiers », les « résistances », les « gaps », les « triangles », les « objectifs en sortie de rectangle », les « corridors », les « balançoires », *etc.* Plus l'on cherche à donner une image fidèle de ce bric-à-brac, plus l'on s'y perd, sans rien apprendre de notable. Venons-en directement à l'usage qu'en font *Les Echos* :

> « Comment va évoluer le marché dans les prochains jours et semaines ? Dans le brouillard et l'indécision généralisés, il convient de se tourner vers l'analyse technique. "*Le marché fait preuve de beaucoup de fragilité. On a retracé presque intégralement la hausse du mois de mai. Le support des 4.240 points du CAC 40 est au banc d'essai. Si ce support majeur allait être brisé, on pourrait s'attendre au prolongement et à l'accélération de la correction pendant un mois. La nouvelle baisse qui surviendrait nous rapprocherait du support de long terme situé autour des 4.000 points. Dès lors, un rebond serait de nouveau à l'ordre du jour. Deuxième hypothèse, le marché tient sur la ligne de frontière des 4.240 points. Il pourrait ainsi rebondir rapidement à échéance de quelques semaines avec un premier objectif à 4.415 points, suivi de près par les 4.500 points. Mais avant la fin du test en cours, aucune de ces deux hypothèses ne peut prévaloir l'une sur l'autre*", argumente Jean-Claude Dourret, analyste graphique chez ETC. »[282]

> « "*Tout revers de fortune n'étant point à écarter, nous garderons à l'esprit que la rupture de l'hypoténuse du triangle cité plus haut (3108 points au 11/08, pente positive de 3,15 pts/j) signerait le retour de notre indice sur son support horizontal et base de corridor 3.009 points. Ce qui induirait aussi la forte probabilité d'un nouveau rebond et non pas la calamiteuse application de la règle de la balançoire dont la conséquence chartiste se traduirait par un reflux en direction de la droite de maintien 2.803 points*", explique le spécialiste de HSBC Financial Products, qui espère que la raison l'emporte sur des marchés fortement perturbés. »[283]

L'analyse technique, qui rejoint en cela d'autres formes de divination, remporte un succès plus vif dans les périodes

---

[282] PRANDI M., « Le CAC se love sous les 4.300 points », *Les Echos*, 3 juin 2002, p. 33.
[283] « Le CAC 40 prépare la rentrée », *Les Echos*, 12 août 2003, p. 17.

d'incertitude. « *Les turbulences boursières à répétition, incompréhensibles au travers des données fondamentales, ont suscité un regain d'intérêt pour l'analyse des graphiques.* » « *Dans le brouillard et l'indécision généralisées, il convient de se tourner vers l'analyse technique.* » Tétreau note également dans son journal que ces méthodes se sont beaucoup répandues depuis le krach de la « nouvelle économie ».[284] Ces deux extraits, assez longs, nous disent en substance que lorsqu'une action trouve un « plancher », elle remonte. Mais est-ce vraiment un plancher, un nouveau « support » qu'elle a trouvé ? Rien n'est moins sûr. Il ne reste qu'à croiser les doigts, comme le dernier analyste, qui espère que la raison va l'emporter, et l'hypoténuse se briser, ce qui conjurerait la menace de la balançoire. On demande à l'analyse technique de *confirmer* les rebonds du CAC 40.[285] À un autre moment, elle laisse *augurer* qu'il continuera de monter,[286] ou elle « *milite pour une phase de consolidation.* »[287] Lorsqu'elle se montre affirmative, c'est pour nous apprendre que « *l'inquiétude persiste sur le CAC 40* ».[288]

Alors que l'analyse dite « fondamentale », celle qui se concentre sur les résultats des sociétés, fait l'objet d'un certain consensus, les méthodes « chartistes » sont plus controversées, et animent les marchés de deux manières : elles donnent du grain à moudre à leurs partisans, mais aussi à leurs détracteurs, à qui elles offrent un repoussoir commode, par exemple : « *Le chartisme est une religion révélée, avec ses prophètes, ses livres, ses disciples, ses vérités cachées, ses légendes.* »[289] Sans doute – encore que cette critique unilatérale de « la religion », qui met toutes les révélations sur le même plan, les poèmes de Jean de la Croix et les divagations des experts, soit un peu courte. La question de la *qualité* de cette foi mérite également

---

[284] *Cf.* TÉTREAU E., *Analyste…*, *op. cit.*, p. 191.

[285] PRANDI M., « Le rebond du CAC 40 demande encore confirmation selon l'analyse technique », *Les Echos*, 17 avril 2001, p. 29.

[286] GUILLAUME Ph., « L'analyse technique laisse augurer la poursuite de la reprise du CAC 40 », *Les Echos*, 21 avril 2001, p. 35.

[287] GUILLAUME Ph., « Une consolidation du CAC paraît salutaire », *Les Echos*, 15 septembre 2003, p. 41.

[288] GUILLAUME Ph., « L'analyse technique confirme que l'inquiétude persiste sur le CAC 40 », *Les Echos*, 19 février 2001, p. 35.

[289] TÉTREAU E., *Analyste…*, *op. cit.*, p. 186.

d'être posée : il semble peu probable en effet que la finance ait un jour son Pascal ou son Chateaubriand (nous dirons pourquoi au chapitre suivant). Cependant, sans déjà aller jusque-là, nous devons noter, de nouveau, que les experts s'arrêtent de réfléchir là où les choses deviennent intéressantes. Nous accordons volontiers à Tétreau, à Bébéar et aux autres que tous ceux qui travaillent dans la finance ne recourent pas à des procédés aussi ostensiblement extravagants que les chartistes. Mais ce n'est pas parce qu'une pratique est minoritaire qu'elle est dénuée de signification. Il n'est que de songer à la rapidité avec laquelle elle s'est répandue, ou au respect dont l'honorent *Les Echos*. Il est presque impossible de ne pas avoir la puce à l'oreille en lisant les articles qui la dénoncent, qui se contentent en général de filer la métaphore religieuse, pour en appeler finalement au respect des « fondamentaux » – qui, eux, n'ont certes rien de religieux. Ce n'est pas la première fois que nous rencontrons semblable partage des tâches : théologiens sévères et lecteurs d'entrailles, messes basses et danses de Saint-Guy. La ficelle est un peu grosse, d'autant qu'il arrive qu'ils échangent les rôles : les faiseurs d'équations se mettent à faire des prédictions, les gourous s'offrent des scrupules méthodologiques. Ces distinctions ne sont pas en pratique de grande portée. Certains experts n'ont d'yeux que pour le terrain, d'autres que pour les courbes et les indices, d'autres encore ne se veulent pas dogmatiques, et piochent un peu partout ; mais à l'arrivée, tous se fondent dans la même rumeur.

Nous disposons de deux témoignages, celui de Tétreau dans son journal, et de Wolfe dans *Le Bûcher des vanités*, qui ont en commun d'être issus d'une longue immersion dans les salles de marchés. Nous les choisissons exprès parce que leurs auteurs ne sont pas des « opposants » au système. Ils se recoupent complètement. Ce sont deux éléments identiques qu'ils mettent en avant : le bruit et les chiffres. Tétreau : « *Le premier choc, c'est le bruit. Le bruit que ferait une ruche électronique. Des* beeps *d'écran, des appels de micros, des téléphones qui sonnent de partout. Des sonneries métalliques, prégnantes, comme celles d'une alarme électronique. […] Chacun est à son affaire, comme l'équipage d'un bateau en pleine manœuvre. Sauf qu'ici, il n'y a pas d'équipage. Juste une somme de petits comptes et de résultats. Un royaume d'individualités. L'esprit d'équipe, on en reparle après la clôture des marchés.* »[290]

[290] TÉTREAU E., *Analyste…*, *op. cit.*, p. 21-23.

Wolfe : « *Il tourna le coin et ça y était : la salle des obligations de Pierce & Pierce. C'était un vaste espace d'environ vingt mètres sur trente, mais avec le même plafond bas qui vous écrasait. C'était un espace oppressant sous une lumière féroce, avec des silhouettes contorsionnées et ce fameux rugissement. La luminosité provenait d'un mur de verre ouvrant plein sud, dominant le port de New York, la Statue de la Liberté, Staten Island et les rives de Brooklyn et du New Jersey. Les silhouettes contorsionnées étaient les bras et les torses de jeunes hommes, dont très peu avaient plus de quarante ans. Ils avaient tous tombé la veste. Ils remuaient d'une manière agitée, et transpiraient déjà, si tôt le matin en criant sans arrêt : d'où le rugissement. C'était le son produit par des jeunes hommes blancs bien éduqués aboyant après l'argent sur le marché des obligations. [...] La pièce était comme la salle de rédaction d'un journal en ce sens qu'il n'y avait pas de cloisons ni de hiérarchie apparente. Tout le monde était assis devant des bureaux de métal gris clair garnis d'ordinateurs beiges qui étaient autant d'écrans noirs. Des franges de lettres vert d'iode et de numéros assortis couraient sur les écrans.* »[291] Deux éléments, donc, le bruit et les chiffres, qui sont indissociables. *Les Echos* ont publié un jour une caricature laide mais intrigante, où l'on voyait des hommes en bras de chemise, cravatés, danser sur des disques qui portaient en couverture le nom de divers indices boursiers, et s'écrier : « *Ça, c'est du move !* »[292]

LA PEUR DE LA CONTAGION

Les experts ne sont donc pas semblables aux rats du conte, qui se laissent entraîner par le joueur de flûte. Si l'on veut conserver l'analogie, il est plus juste de dire qu'ils s'hypnotisent du bruit de leurs pas. Pour se cacher cet état de fait, ils ont sans cesse besoin de se trouver des joueurs de flûte à dénoncer. *Il faut* qu'il y ait des magiciens, des tricheurs, des sorciers à brûler. Ils les dépeignent de manière effrayante : « *La Bourse a ainsi vécu deux années sous l'emprise de la séduction, loin des analyses rigoureuses, du doute créatif, du*

---

[291] WOLFE T., *Le Bûcher des vanités*, *op. cit.*, p. 81.
[292] Caricature de Pinelo, parue le 6 janvier 2003, p. 43.

questionnement légitime »[293], lit-on alors (*l'emprise de la séduction* : la vérité est virile, et l'erreur femelle). « *Ils ne sont pas tous les mêmes, il y en a de plusieurs espèces, mais ils ont tous un trait en commun : ils ne disent pas la vérité, ils ne disent pas toute la vérité, ils bluffent, ils dissimulent ; pour simplifier, appelons-les "les tricheurs"* »[294], s'emporte un autre expert, qu'on sent au bord de la congestion. Un troisième théorise en frémissant : « *Les krachs font partie de l'inconscient collectif des acteurs financiers. Les fortes chutes des cours restent longtemps dans la mémoire, bien après que les niveaux des prix les ont effacées. En fait, les krachs sont comme des parenthèses de l'équilibre des marchés, pendant lesquelles, comme des fantômes, ils hantent les esprits.* »[295] Le ressort est digne du cinéma d'épouvante : le jeune cadre, d'apparence insoupçonnable, se transforme en prestidigitateur ou en mouton de Panurge, en criminel ou en victime, les deux peut-être, sitôt qu'il est livré aux fantômes qui le hantent – mais d'où viennent tous ces spectres ? L'effort de numérisation ne visait-il pas à les éliminer ? Et surtout, pourquoi les experts y succombent-ils aussi facilement ? *Les Echos* se retrouvent fort logiquement à multiplier les métaphores médicales : « *Tout homme bien portant est un malade qui s'ignore. Les groupes pharmaceutiques, dont l'éclatante santé commençait à faire tache dans une conjoncture de plus en plus morose, ne sont plus à l'abri d'une révision de diagnostic boursier.* »[296] « *Les boursiers partagent le scepticisme du docteur Knock, selon lequel tout homme en bonne santé est un malade qui s'ignore.* »[297] « *Le Nasdaq éradique ses canards boiteux.* »[298]

---

[293] *Cf.* D'HERBÈS L.-V., « En Bourse aussi : conduire ou séduire, il faut choisir », *Les Echos*, 4 mars 2003, p. 49. Ces proclamations sont omniprésentes dans la presse financière. Pour deux exemples remarquablement agressifs, sous la plume de vedettes de la profession, *cf.* aussi BAVEREZ N., « Economie, totems et tabous », *art. cit.* ; et GUAINO H., « Finance : la fin des magiciens », *Les Echos*, 1er octobre 2002, p. 45.

[294] *Cf.* AUGUSTIN-NORMAND G., « Les tricheurs. Dans leur diversité », *Les Echos*, 17 avril 2001, p. 59.

[295] Rapport du département de la recherche et de l'innovation au Crédit Commercial de France, cité par AÏT-KACIMI N., « Le CAC 40 baisse dans la nervosité », *Les Echos*, 2 juin 1999, p. 35.

[296] « Crible », *Les Echos*, 25 juin 2001, p. 11.

[297] « Crible », *Les Echos*, 6 février 2003, p. 9.

« La nouvelle économie a aussi son côté darwinien. »[299] *« On n'a pas fini de tirer les conséquences de la première purge des start-up à laquelle nous avons assisté ces derniers mois. »*[300] *« Plus sélectifs dans leur choix de valeur, les intervenants auraient ainsi, tout d'un coup, retrouvé leurs esprits à la faveur de cette purge, et seraient ainsi prêts à ne pas recommencer leurs erreurs passées. »*[301] *« Il vaut mieux parfois se couper un bras que de tout perdre en laissant se propager un mal insidieux. »*[302] *« La saignée est-elle terminée ? »*[303] La dernière image est peut-être la plus révélatrice de la série. Les experts font plus d'une fois penser aux médecins de Molière, qui nourrissaient la même passion pour les purges (on parlerait plus volontiers aujourd'hui de « cures d'austérité »), et qui n'admettaient pas non plus que les patients renâclassent. Les deux professions manient des jargons effarants, à base de latin de cuisine ou de mathématiques de la même eau. Le parallélisme des modes de raisonnement est saisissant. Quand les Diafoirius perdaient un patient, c'est que le sang était trop corrompu, et que leurs conseils n'avaient pas été suivis avec la rigueur nécessaire. Quand par chance il survivait, c'était la preuve de l'efficacité des soins, et dans ces conditions, une petite saignée supplémentaire n'était pas malvenue. À chaque avanie, la conclusion des experts est imparable, infailliblement délirante : si le marché défaille, c'est qu'il n'y a pas assez de marché. Quand nous les interrogions sur ce qui pouvait être fait pour relancer « la croissance », ils répondaient comme un seul homme, la métaphore hygiéniste toujours sur le bout de la langue : « *Ce qui pourrait être fait, c'est que chacun redevienne rationnel.* »[304] « *Il faut nettoyer ce qui se passe. Il faut revenir à des choses logiques. Il faut expliquer aux gens ce qu'est une*

---

[298] THIÉRY N., « Le Nasdaq éradique ses canards boiteux », *Les Echos*, 8 janvier 2001, p. 18.
[299] *Ibid.*
[300] COLOMB P., « Les marchés en ligne : des souris et des hommes », *Les Echos*, 31 mai 2001, p. 52. Nous soulignons. Cette métaphore de la purge est fréquente dans les colonnes du journal.
[301] AÏT-KACIMI N., « Liquidation perdante de 3,11 % à Paris », *Les Echos*, 2000, p. 35.
[302] « Crible », *Les Echos*, 8 août 2001, p. 7.
[303] PRANDI M., « Le CAC clôture sur un gain de 1,22 % », *Les Echos*, 16 et 17 mars 2001, p. 37.
[304] Entretien avec un gestionnaire de fonds, Rennes, 9 janvier 2004.

cotation. […] Pour l'instant, on est sur quelque chose qu'il faut absolument nettoyer. […] Il faut retirer de la masse monétaire, interdire les hedge funds et les produits dérivés. »[305] « *C'est ce côté du capitalisme où on nettoie.* »[306] « *L'Etat doit assurer la fluidité du marché et ses fonctions régaliennes.* »[307] Bref, on en revient toujours à l'image de l'épuration et de la saignée.

On ne perd pas tout à fait son temps en lisant les études « objectives » sur la globalisation, en dépit de leur style aberrant. Il est instructif de suivre l'auteur de *L'économie de la panique*, une monographie minutieuse sur la périphérie du système (Asie du Sud-Est, Amérique latine, Russie) dans la seconde moitié des années quatre-vingt-dix, lorsqu'il essaie de rafistoler un modèle qui prend l'eau de toute part, ou, suivant sa métaphore typiquement experte, de « *reprendre pièce par pièce la mécanique du désastre* », pour intégrer « *l'élément manquant dans l'explication standard* »[308]. Il s'obstine, tout au long de son étude, à parler de « crises » et de « pathologies »[309], et il renvoie l'état « normal », qui est censé en être le contre-point, tout simplement dans une dimension parallèle. Par exemple, après quelques pages consacrées au début de l'affolement en Thaïlande, il enchaîne immédiatement, toutes voiles dehors vers son utopie : « *Dans un monde idéal, où les marchés fonctionneraient parfaitement, l'illiquidité devrait signaler l'insolvabilité au moment précis où la valeur nette de l'entreprise devient négative (au coûts de liquidation près). Avec une grande sûreté, on pourrait alors sanctionner l'échec capitaliste et il n'y aurait pas d'écart non plus entre l'ordre de la propriété et de la solvabilité d'une part et celui de la liquidité, des contrats et de la politique monétaire de l'autre. Ainsi s'établirait le lien entre une finance pure et parfaite, sans*

---

[305] Entretien avec un gestionnaire de fonds de placement, Paris, 23 janvier 2006.

[306] Entretien avec un gestionnaire de fonds, Paris, 7 avril 2004.

[307] Entretien avec un cadre du secteur bancaire, Grenoble, 22 février 2003.

[308] SGARD J., *L'économie de la panique – faire face aux crises financières*, La Découverte, coll. Textes à l'appui, 2002, p. 105.

[309] Le terme de « crise » apparaît dès le sous-titre, et dans le corps du texte, pour la première fois à la quatrième ligne. Celui de « pathologie » qui est plus marqué, est employé plus rarement, bien que l'idée en soit souvent sous-jacente : on le trouve notamment aux pages 89 et 90.

asymétrie d'information, et une économie réelle qui optimiserait considérablement l'usage des facteurs de production et, mieux, se présenterait de fait comme une économie sans effet de liquidité monétaire. »[310] Il est tout de même curieux que la situation de référence ne soit évoquée qu'au conditionnel. On retrouve le désir de libérer le capitalisme des *effets de liquidité*, c'est-à-dire de l'influence de l'argent, pour le transformer en machinerie *pure et parfaite, sans asymétrie d'information.*[311] Nous sommes sur la bonne voie, les nouveaux moyens de communication y participent, mais… « *Tel est le paradoxe de la* globalisation partielle [« partielle » dans la mesure où selon lui, le marché s'est répandu avant que sa discipline ne soit respectée] *dans laquelle le monde est entré à grande vitesse, depuis 1990*, écrit-il gravement : *alors que l'on décrit généralement un vaste mouvement de convergence et d'homogénéisation conduisant vers un marché global unifié, elle rend en fait les marchés internationaux* beaucoup plus vulnérables *aux défaillances et à la diversité des institutions économiques locales.* »[312] Quel paradoxe ? Il n'y a rien de surprenant à ce que la synchronisation des marchés mondiaux, tous branchés en temps réel sur le fantasme de transparence, les rende plus sujets à la panique. De toutes les preuves qu'on trouve dans son livre, c'est d'ailleurs peut-être celle qu'il apporte à son insu qui s'avère la plus concluante. Ce qu'il y a en effet de plus saisissant dans son ouvrage, ce n'est pas ce qu'on y trouve, mais plutôt qui y manque, non pas en raison d'un défaut d'attention de sa part, mais précisément parce que c'est ce qui disparaît dans la globalisation. L'histoire qu'il raconte n'a pas vraiment de *personnages* : les noms sont interchangeables, aucune individualité n'émerge, et les grands ensembles qu'il mobilise sont eux-mêmes très peu caractérisés. Les « Thaïlandais », les « Coréens », les « Russes », les

---

[310] *Ibid.*, p. 32-33.

[311] Semblablement, on lit dans *Les Echos* (« Comment surmonter la crise de confiance ? », 2 et 3 avril 2003, p. 48) : « *Ce qui est en cause, c'est de recréer un capitalisme où la comptabilité sert à éclairer les actionnaires et non plus à soigner l'image des sociétés, où les dirigeants ne s'adjugent plus des rémunérations démesurées au profit des actionnaires, où le premier objectif des entreprises est de satisfaire durablement la clientèle, le profit venant de surcroît.* »

[312] *Cf.* SGARD J., *L'économie de la panique…*, *op. cit.*, p. 272.

« Brésiliens », les « Argentins » : autant d'agrégats, soumis à des paramètres identiques. Ils parlent tous le même langage. Son enquête n'est qu'un long travelling sur un espace homogène. Les nuances ne s'expliquent guère que par les réactions plus ou moins appropriées des autorités locales : il n'y a pas de frein culturel à la catastrophe. On comprend dès lors que la « contagion » (une métaphore également présente dans le même livre,[313] et récurrente dans *Les Echos*) soit aussi rapide. On voit également que l'explication est pour le moins tirée par les cheveux, qui consiste à rejeter l'essentiel de la responsabilité de la « crise » sur les « défaillances et la diversité des institutions locales » – défaillantes, elles le seront toujours, justement parce que trop diverses, par rapport à la radieuse unité du marché global, quoi qu'il arrive hors de cause.

Venons-en à un exemple plus concret. Rien n'indique que la faillite la plus retentissante de ces dernières années, celle d'Enron, trouve son origine dans des malversations. Les experts le reconnaissent eux-mêmes, entre les lignes. Enron était l'entreprise la moins déviante, la mieux intégrée qui fût. Le magazine *Fortune* l'avait élue, cinq années d'affilée, comme la firme la plus « innovante ». Quelque deux ans avant son effondrement, *Les Echos* la louaient encore sans réserves : « *[Enron] a réussi avec succès* (*sic*) *à s'inscrire dans le mouvement mondial de déréglementation et de privatisation qui a touché le secteur de l'énergie. Conscient des limites de son métier d'origine en matière de potentiel de croissance, le groupe texan, champion de l'innovation, n'a eu de cesse de diversifier ses activités.* »[314] Si la stratégie des dirigeants d'Enron était hétérodoxe, c'était donc plutôt par excès de conformisme. À l'origine spécialisés dans le négoce du gaz et de l'électricité, ils en sont rapidement venus à spéculer à partir de ce négoce, pour profiter de toutes les opportunités de la main invisible, allant même jusqu'à embaucher une centaine de docteurs en mathématiques pour les guider sur les marchés financiers, avec le résultat que l'on sait[315] (notons en passant que, comme mise à l'épreuve de ces méthodes, on ne saurait

---

[313] *Ibid.*, p. 121.

[314] SENGÈS G., « Enron, le "cow-boy" du monde de l'énergie », *Les Echos*, 23 septembre 1999, p. 67.

[315] *Cf.* FRISON-ROCHE M.-A. (dir.), *Les leçons d'Enron – Capitalisme, la déchirure*, Autrement, coll. Frontières, 2003, p. 24 et 156.

certainement rêver mieux). Il faut aussi remarquer que, s'ils se sont empressés de vendre leurs actions avant la publication des résultats et l'effondrement qui a suivi,[316] ils n'ont rien fait d'indiscutablement illégal.[317] On peut dénoncer leurs liens avec le parti républicain : cela explique certaines complaisances, mais cela ne dit rien sur la puissance de séduction d'Enron, qui grandissait à mesure que l'entreprise s'éloignait de son premier métier, ou plus exactement le subordonnait à ses nouveaux objectifs. On comprend que tout cela déboussole les experts, qui donnent dans la métaphore du roman policier – elle est laborieusement filée sur quatre pages, dans le livre que nous avons sous les yeux[318] –, et s'en prennent à la « nature humaine » pour exonérer leur idole, en accumulant les distinctions alambiquées : « *L'affaire Enron offre une panoplie de péchés variés. En premier lieu, la cupidité. C'est la faille humaine qui apparaît le plus nettement, dans les dimensions les plus énormes.* »[319] Comme ils ne parviennent pas à suivre ce qui s'est passé à Enron, ils s'indignent de l'« opacité »[320] qui y régnait, et en appellent à un effort de transparence supplémentaire.[321] Ils en parlent comme d'un virus (l'« *Enronite* »[322]) qu'il faut éradiquer.

---

[316] Ce sont les employés qui ont perdu le plus d'argent, par le biais des fonds de retraite (voir sur ce point *Dérives du capitalisme financier* d'Aglietta et Rebérioux, Albin Michel, coll. Economie, 2005, p. 295), et surtout lorsqu'ils avaient fait l'erreur de convertir une part importante de leur salaire en actions. Les experts s'émeuvent de cette situation, qui n'est guère originale. *Cf.* BARRÉ N., « Enron : la commission d'enquête dénonce une machine à enrichir les dirigeants », *Les Echos*, 8 et 9 février 2002, p. 16. Une « machine à enrichir les dirigeants ». Au cœur du capitalisme ! La chose est inouïe.

[317] *Cf.* BÉBÉAR C., « Avant-propos », *in* FRISON-ROCHE M.-A. (dir.), *Les leçons d'Enron…*, *op. cit.*, p. 7.

[318] *Ibid.*, p. 12-15.

[319] *Ibid.*, p. 42. Bien qu'il incline à la contre-expertise, nous signalons le pamphlet de Frédéric Lordon (*Et la vertu sauvera le monde… – Après la débâcle financière, le salut par l « éthique » ?*, Liber-raisons d'agir, 2003), où l'on trouve de nombreuses illustrations de cette phraséologie doloriste.

[320] *Cf.* SILBERT N., « Une expansion financée dans la plus grande opacité », *Les Echos*, 4 avril 2002, p. 18.

[321] *Cf.* GUAINO H., « Enron : la vraie leçon du désastre », *Les Echos*, 11 décembre 2001, p. 57 ; ou encore RICHARD J.-G., « La chute de

Les experts se contentent d'habitude de dire que tout ce que fait le marché est bon, ou le sera bientôt, une fois revenu à la réalité. Dans un cas comme Enron (WorldCom, KirchMedia, Vivendi, France Télécom – les exemples ne manquent pas dans les années 2001-2002), ils doivent dire que tout ce qu'il condamne est mauvais ; il leur faut également établir son innocence dans l'apparition de ce mal, quittes à brûler ce qu'ils ont adoré la veille. Cette opération dérive de la première, de la simple affirmation, mais elle est plus subtile et plus radicale. Dans la terminologie de Berger et Luckmann, on parlerait de *légitimation* et d'*annihilation* : « *La légitimation*, écrivent-ils, *maintient la réalité de l'univers construit socialement ; l'annihilation* nie *la réalité de tout phénomène ou de toute interprétation qui ne s'insère pas dans cet univers. [...] L'annihilation implique la tentative plus ambitieuse d'explication des conceptions déviantes de la réalité* en termes *de concepts appartenant à l'univers propre de l'individu. [...] Le but final de cette procédure est d'*incorporer *les conceptions déviantes à l'intérieur de l'univers propre de l'individu, et dès lors de les liquider au bout du compte. De cette manière, la négation d'un univers individuel est subitement transformée en son affirmation. On présuppose toujours que le négateur ne sait pas ce qu'il dit. [...] À l'intérieur d'un cadre théologique de référence la même procédure démontre que le diable glorifie inconsciemment Dieu, que toute incroyance est de la malhonnêteté inconsciente, et que même l'athée est* réellement *un croyant.* »[323] Les choses se passent très semblablement dans un cadre économique. Le rédacteur en chef du service « Bourse, finance », Henri Gibier, se fait l'exégète du directeur de la banque centrale américaine : « *Greenspan est désormais convaincu d'un "nouveau paradigme" selon lequel les*

la maison Enron : la fin des années gogos », *Les Echos*, 14 et 15 décembre 2001, p. 60. On peut aussi lire l'interview du président de la compagnie nationale des commissaires aux comptes : « Michel Tudel : Avant tout, un problème de réglementation financière », *Les Echos*, 12 janvier 2002, p. 16.

[322] « Le syndrome de l'"Enronite" proche de sa fin aux Etats-Unis », *Les Echos*, 14 mars 2002, p. 33.

[323] BERGER Th. et LUCKMANN P., *La construction sociale de la réalité*, Armand Colin, 1996 (1967), p. 158-159.

récessions sont... des non-récessions. » [324] Passons sur les détails de l'argumentation, obscurcie par des raccourcis hasardeux et des chiffres qui ne le sont pas moins. Le nouveau paradigme tient en peu de mots : les récessions sont des phases de ralentissement nécessaires (dans un univers uniformément rationnel, tout ce qui arrive est plus ou moins « nécessaire »), en attendant de monter encore plus haut. Il suffisait d'y penser. Les attaques contre les tours jumelles de New York font elles-mêmes l'objet de tentatives d'assimilation à l'ordre existant : « *Une fois exprimé le sentiment d'horreur que font naître les attentats commis sur le sol américain, il n'est pas trop tôt pour se demander si cet événement ne va pas constituer, pour l'économie mondiale, un événement salvateur. [...] Le ralentissement économique en cours menaçait de se transformer en véritable récession. Le risque n'est certes pas écarté, mais les retombées psychologiques des attentats conduisent de nombreux gouvernements à prendre des mesures de relance, chacun selon son inclination, en agissant plutôt sur l'offre (les entreprises aux Etats-Unis) ou plutôt sur la demande (les consommateurs en France). Grâce à ces décisions, l'économie a toutes les chances de repartir plus rapidement et plus fort que ce que l'on envisageait avant les attentats.* »[325] Et le lendemain : « *À quelque chose, malheur est parfois bon. En entraînant une forte chute des marchés boursiers en général et de l'action AXA en particulier, le cataclysme du 11 septembre conduit le géant mondial de l'assurance à prendre des mesures drastiques. Et les circonstances sont telles que leur mise en place sera sans doute beaucoup plus aisée que dans une année ordinaire.* »[326] Dans ce sous-hégélianisme d'inspiration nippo-américaine, l'arbre mort n'est que le prétexte (pas la condition : le prétexte) du bourgeon vivant.

On peut sourire du procédé, qui est assez grossier, mais il faut de nouveau se demander ce qui le rend si indispensable. La métaphore de la contagion le suggère : le moindre résidu de négativité est susceptible de conséquences en cascade, dans le labyrinthe des miroirs. À chaque apparition des *fantômes du krach*, selon la magnifique expression du groupe d'experts que

---

[324] GIBIER H., « La “première récession de la nouvelle économie” », *Les Echos*, 15 février 2001, p. 60.

[325] LEHMANN P.-J., « Un mal (horrible) pour un bien (économique) », *Les Echos*, 11 octobre 2001, p. 69.

[326] « Crible », *Les Echos*, 12 et 13 octobre 2001, p. 11.

nous citions tout à l'heure, la *machinerie conceptuelle de maintenance de l'univers*[327] de la finance passe à la vitesse supérieure. Fini le temps des ratiocinations statistiques. Lorsque les cours s'effondrent, il ne reste que la méthode Coué. Ainsi, sous un tableau retraçant l'évolution de l'action Cisco Systems, passée de soixante à quatorze dollars entre les mois d'octobre 2000 et 2001, le journal concluait triomphalement : « *Quand Cisco Systems va, le marché va* », non pas dans une intention ironique, mais bien pour louer la stratégie offensive de l'entreprise.[328] Encore plus fort : sur la page de droite, un graphique nous apprenait que l'action de Nextel (un opérateur américain de téléphonie mobile) avait perdu plus des trois quarts de sa valeur dans le même laps de temps. Ce qui inspirait au journal ce titre définitif : « *Nextel : la technologie applaudie* ». La valse-hésitation du CAC 40 autour des 4500, 4600 points, fin 2001, début 2002, donnait lieu à une véritable épopée. L'expert de permanence redoublait de lyrisme, façon journaliste sportif. Il faisait penser aux supporters qui se massent aux abords du Tour de France. Le CAC « *approche des 4500 points* »[329] et « *ne veut pas en démordre* »[330], il « *s'accroche aux 4600 points* »[331], il y est « *cramponné* »[332], il « *campe* » à la fois sur ce chiffre et sur ses positions,[333] il « *plie sans casser* »[334], sous les hourrahs de la foule experte…[335] Mais

[327] C'est une autre expression de Berger et Luckmann, dans *La construction sociale de la réalité* (p. 143 de notre édition).

[328] MAILHES L., « Les champions de la croissance de la Valley », *Les Echos*, supplément*.net*, 8 octobre 2001, p. 14-15.

[329] PRANDI M., « Le CAC approche des 4500 points », *Les Echos*, 29 octobre 2001, p. 25.

[330] *Ibid.*

[331] PRANDI M., « Le CAC s'accroche aux 4600 points », *Les Echos*, 26 novembre 2001, p. 35.

[332] PRANDI M., « Le CAC cramponné aux 4600 points », *Les Echos*, 19 mars 2002, p. 29.

[333] PRANDI M., « Le CAC campe sur les 4600 points », *Les Echos*, 25 mars 2002, p. 29.

[334] PRANDI M., « Le CAC 40 plie sans casser », *Les Echos*, 22 et 23 mars 2002, p. 33.

[335] Très caractéristiques également, les premières lignes d'un article paru le 13 mai 2000, p. 21 : « *Les applaudissements nourris et répétés des employés de Lycos, plus nombreux que les journalistes lors de la conférence de presse annonçant le mariage avec Terra Networks*

les encouragements, pour cette fois, ont été vains. Telle une vieille maîtresse déçue, le journal sermonnait ses lecteurs en panne d'enthousiasme : « *Il y a un an les marchés ne voyaient que les aspects positifs ; aujourd'hui, ils ne voient que les aspects négatifs. Le pessimisme qui accueille les brillants résultats présentés par certains groupes financiers est sans doute aussi exagéré que l'optimisme béat qui portait aux nues la nouvelle économie au printemps 2000.* »[336]

Il nous est parfois arrivé de nous entendre dire, en présentant nos travaux : « Mais ce ne sont que des images ». Sous-entendu, naturellement : donnez-nous des chiffres, ou du concept ; cela, c'est du solide. Nous ne rejetons bien sûr ni les chiffres ni les concepts, mais nous sommes d'avis d'accorder aux images toute l'importance qu'elles méritent. « Ce ne sont que des images qu'emploient les journalistes, pressés de rendre leur copie. » Nous voulons bien, mais il reste que ce sont presque toujours les mêmes images qui leur viennent, que leur style est extrêmement homogène, et que, s'ils emploient ces images et ce style, c'est sans doute qu'ils s'attendent à être compris. Nous n'inventons pas cette image de la contagion. Elle a d'ailleurs sa part de vérité : il y a bel et bien « contagion » dans la globalisation. Rien n'indique en revanche qu'il s'agisse d'une situation de « crise », à moins d'ajouter aussitôt que celle-ci est permanente – c'est par conséquent tout l'inverse d'une crise, l'état normal de la finance, qui engendre les « crises » presque de la même façon que le foie sécrète de la bile (c'est peut-être le sens d'une remarque sibylline de Bataille : « *Le capitalisme lui-même est une crise* »[337]). Il n'y a au fond de choix qu'entre cette hypothèse et celle des experts, qui se voient contraints d'exiler leur modèle (et la « réalité » avec lui) dans un arrière-monde. Nous ne voyons rien qui autorise à parler de dérives, d'abus ou de quoi que ce soit de ce genre. Rien ne justifie de séparer l'essence des choses et la façon dont elles se manifestent. Tout cela découle de la démultiplication du capitalisme dans le labyrinthe des miroirs, qui n'est elle-même qu'une radicalisation de l'hypothèse de la main invisible, c'est-à-dire tout l'inverse d'un déraillement ou d'une trahison. Les soi-

---

mardi soir à New York, n'ont pas empêché une réaction fortement négative des marchés. »

[336] « Crible », *Les Echos*, 2 et 3 mars 2001, p. 11.

[337] BATAILLE G., « La limite de l'utile », *in Œuvres complètes*, Gallimard, 1970, t. VII, p. 573 (n.).

disant « crises » du marché global ne sont pas des dysfonctionnements, elles tiennent à la nature même de cette puissance médusée par sa propre image – ou pour mieux dire, par le rêve d'être transparente à elle-même, sans la médiation d'aucune image.

L'INSCRIPTION DANS L'ESPACE

... Sans la médiation d'aucune image. Les bureaux des experts participent de la même logique. Ils sont tout de verre et de contreplaqué, les couleurs dominantes y sont le blanc, le beige, le gris, parfois le marron et le bleu. On ne voit presque jamais de vrais livres, de natures mortes ou de portraits. Les rares tableaux empruntent à l'art abstrait. On croise plus fréquemment (comme chez le dentiste) des photos de déserts, de glaciers, de montagnes, de mers... Rien qui rappelle la chair, la pourriture, la sueur. Si un marxiste ajoutait : rien qui rappelle le travail avant sa cristallisation en capital (« *Le capital est du travail mort, qui ne s'anime qu'en suçant tel un vampire du travail vivant, et qui est d'autant plus vivant qu'il en suce davantage* »[338]), il serait difficile de lui donner tort. On conçoit que les actionnaires de Nike, par exemple, ne tiennent pas à conserver dans leurs bureaux des souvenirs de leurs bagnes du Sud-Est asiatique. Plus largement, cet escamotage des mécaniques massives du fordisme et du soviétisme trouve sa place dans le cadre de nos analyses : elles ont quelque chose d'inconvenant, de phallique, d'un peu vulgaire, qui ferait désordre dans l'immaculé de la globalisation.

Cette débauche de dérivatifs prophylactiques ne laisse pourtant pas d'étonner : ce verre, ces tables vernies, ces sièges bleus, ces micros gris, ces courbes et ces graphiques, les tableaux plus anecdotiques qui leur ressemblent. Il n'est pas sûr qu'une analyse marxiste puisse rendre suffisamment compte de tout cela, de cet oubli du visage humain et de cette volonté de s'abstraire du monde environnant – ce qui est tout autre chose que l'interpréter ou le transformer. Le temps n'est plus guère, où les capitalistes se nommaient fièrement : capitaines d'industrie. Il apparaît plutôt qu'ils veuillent aujourd'hui se retrancher toujours davantage derrière leurs murs, dans la

---

[338] MARX K., *Le Capital...*, Livre premier, *op. cit.*, p. 261.

combinatoire de leurs signes. La mécanique bien huilée où ils augmentaient leurs profits, investissaient, produisaient, et gagnaient encore plus d'argent, est devenue plus incertaine. Non que les profits aient diminué, au contraire, mais il est de plus en plus difficile de leur discerner une autre finalité que leur propre rotation – plutôt que l'accumulation, caractéristique de la phase précédente. De sorte que le processus de dévastation, qui était autrefois hautement proclamé (on ne l'aurait du reste jamais désigné comme tel, il était *le progrès* – quand Marx s'en prenait aux spéculateurs qui retiraient leur capitaux des usines pour aller jouer sur le marché du coton, il leur reprochait justement de ne pas y participer[339]), est passé au rang de dommage collatéral, qui fait un peu honte même aux défenseurs de la globalisation.

Là encore, conformément à l'idée de forme que nous exposions à la fin du chapitre précédent, l'histoire change avec le décor, le décor avec l'histoire. Plusieurs types de lieux, où s'exerce ou s'est exercée la finance, se sont dégagés tout au long de notre enquête. Le premier genre d'endroits, qui tranche le plus nettement avec les autres, est le plus ancien : c'est la City de Londres, ou de manière moins impressionnante les alentours du Palais Brongniart ou du Faubourg Saint-Honoré à Paris. Ces bâtiments en pierre de taille matérialisent un pouvoir sûr de son assise. C'est dans ces lieux que l'on rencontre les rares reproductions de toiles de maître. Et encore ne les avons-nous jamais vues en vrai, mais en arrière-fond des messages télévisés des dirigeants de quelques vieilles banques, qui veulent jouer aux éminences grises : le fait même que ces tableaux apparaissent à distance est essentiel au dispositif, suggère un arrière-monde, un mystère, une profondeur. Nous ne sommes pas enclins à exagérer l'importance de cette mise en scène. Outre que ces édifices sont presque tous situés en Europe, c'est-à-dire dans le conservatoire du capitalisme, non plus depuis longtemps son laboratoire, il faut rappeler que plusieurs d'entre eux, à commencer par le Palais Brongniart, ont été transformés en musées ; tandis que d'autres plus nombreux ont été laissés intacts en façade pour conserver leur charme désuet (et perçu comme tel), mais réaménagés de fond en comble, en fonction du transparent goût du jour. C'est le cas du siège d'Euronext rue de Cambon, ou, en modèle réduit, des

[339] *Ibid.*, Livre premier, *op. cit.*, p. 215.

bureaux des experts que nous avons rencontrés dans le voisinage.

Le deuxième modèle est celui des tours de verre, qui se sont multipliées ces dernières décennies, mais qui sont également devenues plus parfaites, plus similaires. C'est la métaphore du labyrinthe des miroirs, dans sa démesure. Elles forment un monde à part, toutes vouées à se réfléchir les unes dans les autres. « *Pourquoi y a-t-il* deux *tours au World Trade Center de New York ?* s'interrogeait Baudrillard dans un grand texte de 1976. *Tous les grands buildings de Manhattan se sont toujours contentés de s'affronter dans une verticalité* concurrentielle, *d'où résultait un panorama architectural à l'image du système capitaliste : une jungle pyramidale, tous les buildings les uns à l'assaut des autres. Le système lui-même se profilait dans l'image célèbre qu'on avait de New York en arrivant de la mer. Cette image a complètement changé en quelques années. L'effigie du capitalisme est passée de la pyramide à la carte perforée. Les buildings ne sont plus des obélisques, mais s'accolent les uns aux autres, sans plus se défier, telles les colonnes d'un graphe statistique. Cette nouvelle architecture incarne un système non plus concurrentiel, mais comptable, et où la concurrence a disparu au profit des corrélations. (New York est la seule ville au monde à retracer ainsi tout au long de son histoire avec une fidélité prodigieuse et dans toute son envergure, la forme actuelle du système du capital – elle change instantanément en fonction de celui-ci – aucune ville européenne ne l'a fait.) Ce graphisme architectural est celui du monopole : les deux tours du W.T.C., parallélépipèdes parfaits de 400 mètres de haut sur base carrée, vases communicants parfaitement équilibrés et aveugles – le fait qu'il y en ait deux identiques* signifie *la fin de toute concurrence, la fin de toute référence originale. [...] Il y a une fascination particulière dans cette réduplication. Si hautes qu'elles soient, et plus hautes que toutes les autres, les deux tours signifient pourtant un arrêt de la verticalité. Elles ignorent les autres buildings, elles ne sont pas de la même race, elles ne les défient plus et ne s'y comparent plus, elles se mirent l'une dans l'autre et culminent dans ce prestige de la similitude. Ce qu'elles se renvoient, c'est l'idée de modèle, qu'elles sont l'une pour l'autre, et leur attitude jumelle n'est plus une valeur de dépassement – elle signifie seulement que la stratégie des modèles et des commutations l'emporte désormais historiquement au cœur du système lui-même – et New York en est vraiment le cœur – sur la stratégie traditionnelle de la concurrence.* »[340] Si l'on sait par ailleurs qu'elles avaient été conçues, de l'aveu même de leur architecte japonais, comme un « *symbole de paix* »[341], l'on voit que nous n'avons rien de décisif à ajouter à ce long passage, que nous citons en entier parce qu'il est admirable, et aussi parce que le cours des événements nous a malheureusement empêché de nous rendre sur place. Le goût des financiers et des communicants pour les tours de verre n'est pas anodin – soit qu'ils occupent un ou plusieurs étages de l'une d'elles, soit, comme le groupe Bloomberg, qu'ils aient assez de moyens pour s'en faire construire une pour leur propre usage.

Cette tentative d'isolement, d'asepsie saute aux yeux dans l'ensemble des lieux consacrés à la finance. Comme le note Baudrillard, Manhattan est un cas-limite, le plus connu, le plus évident, qui n'a presque pas d'équivalent, à cause du poids de l'histoire (des poches résiduelles de passé, dans divers endroits du monde, que la globalisation n'a pas achevé de résorber), ou tout simplement par défaut de puissance économique. Lorsque l'environnement s'y prête moins, des solutions de rechange s'offrent aux experts pour larguer les amarres, qui ne sont pas moins efficaces – le réaménagement des immeubles haussmanniens n'étant encore qu'un pis-aller. Une dernière option consiste tout simplement à s'exiler, à la fois pour se mettre à distance du commun des mortels et pour avoir la place de construire des tours, apparemment si nécessaires à l'activité financière. Le visiteur qui arrive dans le *no man's land* de la Défense, en banlieue de Paris, est aussitôt frappé de la pauvreté du décor, parfait exemple de hors-sol avec sa grande esplanade vide, son arche de science-fiction, les barres d'immeubles qui l'entourent et l'armée de cadres en cravate qui le traversent. Est-ce l'amour du jeu qui les guide ? Ils parlent volontiers des stratégies qu'ils mettent en œuvre, et *Les Echos* brodent quotidiennement sur ce thème ; mais là encore, lorsqu'on les regarde de près, on ne peut qu'être frappé de leur indigence. C'est le piège dans lequel tombe une approche sociologique « classique », toujours préoccupée de repérer des rapports de pouvoir, des mobiles, des influences et des mécanismes, sans jamais se demander si le milieu qu'elle étudie est un milieu vivant (c'est manifeste dans le livre d'inspiration

---

[340] BAUDRILLARD J., *L'échange symbolique et la mort, op. cit.*, p. 108-109.

[341] Cité par MURAY Ph., *Chers djihadistes..., op. cit.*, p. 82.

bourdieusienne d'Olivier Godechot sur les *traders*, où il essaie de montrer les subtilités du métier, de faire des catégories et des sous-catégories en protestant de son désir de comprendre – ce n'est qu'*in extremis* qu'il se laisse aller à dire combien il est heureux de partir[342]). De toute façon, si l'esthétique ou l'amour du jeu comptaient pour une part décisive dans le culte que les experts vouent au marché, ils n'iraient pas s'enterrer dans des endroits pareils, qui font penser à des immeubles soviétiques recréés en images de synthèse. La verroterie des néo-restaurants enfouis au pied des tours vaut toutes les démonstrations. En fait, cela n'a pas beaucoup de sens de s'interroger sur le véritable objet de leur passion – le pouvoir, le jeu, ou n'importe quoi d'autre –, si l'on ne prend d'abord la peine de préciser la nature de ce pouvoir et de ce jeu. Ils ne dirigent pas d'armée, ils ne produisent rien de particulier. L'essentiel de leur activité consiste à alimenter la *masse pure*. Quant aux entreprises, aux *firmes innovantes* qu'il leur arrive de financer, qu'en sort-il la plupart du temps ? Des *idées design*, des services aux personnes, de terrifiques véhicules ovoïdes, des meubles sur lesquels on ne peut s'asseoir, *etc.* Toutes ces choses désespérément dénuées de consistance, soustraites au travail du temps, qui se retrouvent dans leurs bureaux et feront peut-être un jour de bien vilaines ruines…

L'exemple du groupe Bouygues résume cette évolution. Il se développe tout d'abord dans le secteur du bâtiment, assez classiquement, en cassant les prix et en jouant des rouages du gaullisme immobilier.[343] Au début des années quatre-vingt, lorsque les médias prennent place au cœur, sinon déjà des profits de l'entreprise, du moins des préoccupations de Francis Bouygues, celui-ci se fait construire un nouveau quartier général en banlieue parisienne, qui fait penser à une version *high-tech* du *Château* de Kafka, quelque part entre le jardin utopique, l'hôpital psychiatrique et la station spatiale. C'est le

---

[342] *Cf.* GODECHOT O., *Les traders...*, *op. cit.*, p. 285. Les événements lui ont apporté un démenti d'autant plus cruel qu'il a mené son enquête de terrain à la Société Générale (qui apparaît dans son livre sous le pseudonyme de Compagnie Universelle), c'est-à-dire dans cette même banque qui s'est rendue célèbre pour sa capacité à évaporer les milliards.

[343] *Cf.* un travail d'enquête qui vaut beaucoup mieux que son titre, CAMPAGNAC E. et NOUZILLE V., *Citizen Bouygues ou l'histoire secrète d'un grand patron*, Belfond, 1988.

même sentiment de malaise qu'on éprouve en pénétrant dans Challenger, le siège de Bouygues, dans celui de la COGEMA, ou sur le campus de HEC, éloignés de Paris et même des villes moyennes de banlieue, difficiles d'accès si l'on n'a pas de voiture. Cela aussi est significatif : on pénètre dans l'habitacle de son véhicule comme dans un caisson dépressurisé, on met de la musique classique, ou la radio (le vacarme du monde ne filtre éventuellement que par la rumeur experte et désincarnée des informations), et l'on est transporté directement sur son lieu de travail. L'accès est contrôlé par un badge, ou mieux encore, par un dispositif biométrique, et l'on est accueilli à l'intérieur de la *ruche électronique*, suivant une autre métaphore que nous citions. On peut traverser les pires friches industrielles sans perdre contact avec la main invisible. Des dispositifs du même ordre existent en province, à Sophia-Antipolis par exemple. Des écoles de commerce installées sur des campus ordinaires, comme celle de Reims, sont aussi protégées par une sorte de portique, qui n'a aucune efficacité réelle – il suffit de suivre quelqu'un qui a le badge –, mais qui marque symboliquement l'entrée dans un autre monde, où tout est pastel, ou au contraire de couleurs vives (un bleu de bain moussant, typique des salles de réunion et des plateaux de télévision), insonorisé et recouvert de lino.

IMAGES DE LA TRANSPARENCE : LA GLOBALISATION DANS LA LITTERATURE ET LE CINEMA

Si nous faisons encore un pas de côté, et que nous laissons provisoirement les écrits des experts, leurs statistiques et leurs antres pour nous tourner vers la littérature, nous pouvons saisir ce qu'un personnage comme Thomas Buddenbrook aurait d'incongru dans ce décor – un personnage tout à la fois convaincu de la nécessité de poursuivre l'œuvre de sa famille et obligé de se défendre en permanence contre le sentiment du vide, capable de s'exclamer, devant le lit de mort de son oncle : « *Oh ! nous aussi nous avons pas mal voyagé et nous sommes assez cultivés pour savoir que les limites posées à notre ambition, vues du dehors et prises de haut, sont étroites et pitoyables. Mais tout sur terre n'est qu'un symbole, oncle Gotthold. Ne savais-tu pas que, même dans une petite ville, on peut être un grand homme, qu'on peut être un César dans un port de commerce de moyenne importance sur la mer Baltique ? Il est vrai que pour cela il faut un peu d'imagination, un peu d'idéalisme...* »[344] Rien ne se construit dans la finance, aucune œuvre ne se poursuit, et il serait par conséquent très artificiel d'y projeter semblable idéalisme. Quel idéalisme ? Quel manque chez les experts ? Ils n'ont pas besoin de puiser dans leur imagination. C'est tout le contraire : ils n'aiment rien tant que faire parler la « réalité », et quand les événements les prennent en défaut, c'est à un surcroît de « réalité » qu'ils en appellent. Il leur appartient de tout réduire en statistiques, à commencer par le temps qui n'est pour eux qu'une succession d'intervalles sans qualités. Il ne peut y avoir de transmission, ou de mûrissement dans ces conditions : la « croissance » est ce qui reste lorsque tout cela a été oublié.

Thomas Buddenbrook n'est pas seul à s'effacer. D'autres figures littéraires d'entrepreneurs et de spéculateurs du dix-neuvième siècle ou du début du vingtième semblent aussi s'être évanouies sans laisser de traces. C'est le cas du Saccard de *L'argent*, et plus encore du héros du premier roman de Paul Morand, *Lewis et Irène*, un succès de librairie des années vingt,[345] qui sont à l'opposé du protestantisme, donnent dans le panthéisme et cherchent d'abord à s'amuser : « *N'était-ce pas ainsi, par des associations d'idées, qu'avaient été menées ses plus heureuses spéculations ? Il disait souvent : "Dans le doute, abstiens-toi de te servir de ta raison." / Ce qu'il ne disait pas, c'est que la disposition des lettres d'un acte, l'heure à laquelle arrivait un télégramme, la mystique des couleurs, la symbolique des nombres intervenaient constamment dans ses décisions, pesaient sur lui dans les instants qui précédaient la signature d'un contrat. "Rien n'avait changé, disait-il, depuis le temps où l'odeur des boyaux d'un poulet décidait du sort d'un empire."* »[346] Nous ne sommes pas en train de dire que ce genre de dilettante, qui lit Freud dans l'avion, consigne ses liaisons dans un petit carnet et met des gants en cuir pour conduire sa décapotable, ait jamais été la norme du monde des affaires, ni

---

[344] MANN Th., *Les Buddenbrook – Déclin d'une famille*, *in Romans et nouvelles*, Le Livre de poche, coll. La Pochothèque, 1994 (1901), t. I, p. 528.

[345] Sur l'incroyable influence de ce livre, qui paraît très daté, *cf.* GRACQ J., *En lisant en écrivant*, Corti, 1981, p. 196.

[346] MORAND P., *Lewis et Irène*, *in Romans*, Gallimard, coll. Bibliothèque de la Pléiade, 2005 (1924), p. 10.

même qu'il y ait forcément été très répandu. L'imagerie n'a pas grand relief, et la réalité était sans doute encore plus plate ? Cela se peut. Nous ne prétendons pas non plus que tous les bourgeois souffrent du mal étrange des Buddenbrook. Nous insistons pour l'instant sur la qualité romanesque du dispositif de l'époque, les combinaisons qu'il offrait : « *À la Bourse, chacun se promène en causant, et tous ceux qui composent la foule se sont bientôt reconnus et observés, car la Bourse est comme une grande table de bouillotte où les habiles savent deviner le jeu d'un homme d'après sa physionomie.* »[347] Ce décor, qui ne faisait que gagner en intérêt lorsque la lutte était menée à distance (il n'y a plus aujourd'hui, à proprement parler, de distance), et qui a inspiré à Keynes la métaphore du casino, se prête à toutes sortes d'intrigues : des romans d'apprentissage, d'espionnage ou d'aventure, des contes moraux. Tout cela a été fait, avec des fortunes diverses, et l'on voit encore parfois sortir des livres comme les *Confessions d'un taoïste à Wall Street*, ou des films comme *Le grand saut*,[348] qui empruntent à ces genres avec un certain brio. C'est cependant un fait remarquable, qui s'offre à l'interprétation sociologique, que pour conserver des personnages hauts en couleur, du suspense, des rebondissements, des mécanismes (le jeu visuel sur la grande horloge et ses rouages, dans ce dernier film), les auteurs doivent rayer d'un trait de plume tout ce qui fait la spécificité de la globalisation, et n'ont d'autre choix que de situer leurs histoires dans un passé de convention (ici, les années cinquante et soixante). C'est un autre fait, qui n'est pas moins instructif sur la nature de l'expertise, qu'il émane de la plupart des films récents qui abordent directement le milieu de la finance un ennui proprement insoutenable (il est également significatif qu'ils soient si peu nombreux, si l'on songe à l'importance qu'elle a prise).[349] L'ambition de cerner le théâtre des opérations, de dépeindre les nouveaux maîtres du monde y est mise en échec, faute de théâtre et de maîtres présentables.

Il n'y a qu'un seul personnage de *trader* à avoir accédé à la notoriété ces dernières années, et c'est le Patrick Bateman d'*American Psycho*, un *golden-boy* de vingt-six ans, dont on

---

[347] BALZAC H. DE, *Melmoth réconcilié*, Gallimard, coll. Folio-classique, 1989 (1835), p. 119.
[348] COEN J. et E., *Le grand saut*, Etats-Unis, 1994 (film).
[349] *Cf.* GOBBI S., *L'affaire*, France, 1994 ; DEARDEN J., *Trader*, Etats-Unis, 1999 ; HOWITT P., *Antitrust*, Etats-Unis, 2001 (films).

suppose qu'il travaille beaucoup, mais dont on ignore les fonctions précises, et qu'on ne voit d'ailleurs jamais travailler. Le livre est écrit à la première personne, sur un ton neutre, glacé : les propos insignifiants, les marques, les noms se mélangent dans des lieux sans âme. Les personnages apparaissent et disparaissent, ne savent plus à qui ils s'adressent, un peu comme dans un roman de Kafka dont K. aurait disparu, et où il n'y aurait donc plus personne pour s'étonner de quoi que ce soit (il est logique que le style, parallèlement, perde toute épaisseur ; il y faut du talent, pour tenir cinq cents pages à cette enseigne sans ennuyer le lecteur). Le jeune Bateman, si lisse, si intégré, nous montre sa collection de disques, et se livre à des actes de violence gratuite, relatés avec une telle précision qu'ils paraissent irréels, sans véritable rupture de ton. Il n'y a à proprement parler ni début ni fin, ni montée ni descente, mais plutôt une sorte de basse continue, une même terreur que l'auteur parvient à faire passer, non seulement dans les scènes de torture, mais dans ses critiques de disques, les émissions qu'il regarde, ses discussions avec ses collègues, les soirées où il va. Une lecture « sociologique » au sens appauvri du terme, c'est-à-dire uniquement préoccupée de « rendre raison *d'actes qui paraissent ne pas en avoir, ou de* nécessiter *ce qui paraît n'être que surgissement aléatoire* »[350] (c'est l'idéal d'un Bernard Lahire, par exemple), s'avère démunie devant cet ouvrage, qui ne lui offre aucune prise. On ne voit ni explication d'ensemble (Ellis s'en amuse au contraire, à travers le battage télévisuel autour des tueurs en série, ou en suggérant une homosexualité refoulée), ni même des moments qui mériteraient plus que d'autres d'être expliqués. C'est une erreur de se focaliser sur les meurtres que commet Bateman, qui n'interviennent qu'assez tard (il faut attendre presque deux cents pages avant de voir quoi que ce soit), et dont la puissance d'effroi vient justement de ce qu'ils sont noyés dans la masse. C'est le fait qu'ils soient racontés sur le même ton que le reste, avec le même luxe de détails (le reflet de Bateman, la manière dont il joue de ses muscles, les marques des instruments qu'il utilise : « *Des Kleenex froissés, maculés de sang, joncheront le sol à côté du lit, ainsi qu'une boîte vide d'épices italiennes, que*

[350] LAHIRE B., *L'esprit sociologique*, La Découverte, coll. Textes à l'appui, 2005, p. 184.

j'ai prise chez Dean & Deluca »[351]), qui les rend spécialement atroces. L'auteur reprend le procédé dans un autre de ses romans, centré sur le terrorisme, où la violence est aussi longue à éclater, dont les cent cinquante premières pages sont recouvertes du même bavardage inepte, qui en devient hypnotique – c'est ce qui fait qu'il est difficile d'extraire des citations (dans la presse financière aussi bien, pour les mêmes raisons). Dans ce livre, *Glamorama*, Ellis parvient au même effet de brouillage que dans le précédent, mais en empruntant le chemin inverse, c'est-à-dire qu'il multiplie les éclaircissements finaux, dans une surenchère dénuée de sens, que rien par conséquent ne peut venir arrêter.[352] Ce dispositif, qui nous est familier, nous paraît d'autant plus digne d'intérêt que nous ne le prenons pas dans une publication confidentielle. C'est le point commun de presque tous les romans et films sur lesquels nous nous appuyons, que d'avoir remporté un grand succès (inversement, ceux qui renvoient à la forme précédente ont eu l'air démodé dès l'instant de leur sortie). Quoi qu'on puisse en penser par ailleurs, il faut bien en déduire qu'ils trouvent un écho auprès des hommes de notre temps, qu'il y a un effet de reconnaissance. Mais cette reconnaissance n'est pas nécessairement une « identification » banale, comme sur une photographie qu'on trouverait ressemblante, ainsi que le voudrait certain sociologisme étroit, qui ne voit que de la description et encore de la description. Il n'y a guère de « description » dans ces ouvrages (même Tom Wolfe, qui dit vouloir mettre ses pas dans ceux de Zola, ne retranscrit que des sensations de vertige, de malaise, d'instabilité : « *En un rien de temps il y eut trois groupes de visages apparaissant et s'évanouissant, répandant leurs vagues lumineuses toxiques sur les lambris sculptés* »[353]). Les principaux romanciers auxquels nous songeons (Ellis, DeLillo, Handke, Murakami) ont chacun leur manière de se démarquer du naturalisme. Ils donnent tous cependant une certaine impression de vitesse et de sur-place, de trop-plein et d'absence, d'irréalité et de violence dont on ne trouve guère trace dans les analyses savantes.

---

[351] ELLIS B.E., *American Psycho*, Seuil, coll. Points, 1998 (1991), p. 229.
[352] *Cf.* ELLIS B.E., *Glamorama*, Robert Laffont, coll. Pavillons, 2000 (1998), p. 492 *sq.*
[353] WOLFE T., *Le Bûcher des vanités*, *op. cit.*, p. 528.

Au tout début de notre travail, nous faisions allusion à la séparation radicale de l'analyse et de la fiction contemporaines, en insistant sur la nouveauté du phénomène. Il est évident par exemple que Weber et Mann écrivaient dans des registres différents, mais qu'ils avaient certaines préoccupations communes. Les analyses sur le désenchantement du monde trouvent un écho dans *Les Buddenbrook* ou *La montagne magique*, et inversement, Weber pourrait très bien être un personnage de Mann (on l'imagine sans mal dans un sanatorium en Suisse, atteint d'une invincible mélancolie, tourmenté par de lointains souvenirs érotiques). C'est le genre d'analyse circulaire que pratiquait Kracauer, quand il lisait le roman policier à la lumière de la *Critique de la raison pure*, mais aussi la *Critique...* comme un roman policier, pour dégager les grands traits de la société bourgeoise.[354] Cette même analyse se voit sérieusement compromise, maintenant que les deux blocs, théorique et romanesque, se sont disloqués. Il y a là un fait de première importance, qui passe généralement inaperçu. Non seulement les experts persistent à regarder la globalisation avec des lunettes du XIXe siècle, mais il semble que l'extrême degré de confusion où nous sommes parvenus leur ait ôté leurs derniers scrupules à ratiociner. On assiste à une avalanche de nouveaux paradigmes, tous plus mécanistes les uns que les autres.

Plutôt que d'épiloguer une nouvelle fois sur les déconvenues des experts, il est peut-être plus parlant d'évoquer ce qu'il est advenu de la vulgarisation de la vision « stratégique » du monde, c'est-à-dire des films d'espionnage. L'on a vu poindre depuis la désintégration soviétique les syncrétismes les plus improbables (entre le péril rouge et l'islamisme, les Serbes et les Tchétchènes,[355] *etc.*), une multiplication panique des combinaisons. C'est encore dans les James Bond, le maître des mécanismes, le héros géopolitique par excellence, que le désarroi est le plus sensible. Autrefois, tout était simple. Il y avait les communistes, qui étaient nos ennemis, mais avec qui il fallait quelquefois s'entendre pour contrarier les plans d'une méga-organisation criminelle, le Spectre (un seul spectre, par

---

[354] *Cf.* KRACAUER S., *Le roman policier*, Payot, coll. Petite bibliothèque, 2001, et en particulier le chapitre intitulé « Processus », p. 157-200.

[355] *Cf.* respectivement CAMERON J., *True Lies*, Etats-Unis, 1994 et LEDER M., *Le pacificateur*, Etats-Unis, 1999 (films).

conséquent, à comparer avec la multitude qui sévit dans la finance), dont les agents avaient d'ailleurs souvent un accent étranger. On s'y retrouvait, dans ce jeu à deux ou trois partenaires, et ce n'est pas un hasard si le deuxième épisode de la série s'ouvrait sur une partie d'échecs sans nécessité narrative,[356] sans parler des nombreuses scènes de casino qui émaillent la série. Les producteurs ont essayé de conserver le schéma de la guerre froide le plus longtemps possible (« *Christ, I miss the cold war* », s'exclame la supérieure hiérarchique de Bond dans un récent épisode[357]), avec des méchants sur le modèle du docteur Mabuse, qui dirigeaient les opérations du fond de leur tanière. C'est ce qu'il y a de plus caractéristique dans ces intrigues : même lorsque la menace s'était étendue sur toute la surface de la planète (les jeunes pensionnaires porteuses d'un virus mortel, renvoyées dans leurs familles dans *Au service secret de sa majesté*[358]), il suffisait de décapiter le réseau pour du même coup neutraliser le danger. Grille de lecture complètement rationnelle, là encore : on n'imagine pas que les agents d'une puissance, fût-elle occulte, continuent à nuire après en avoir été séparés.

À bien y regarder, cette vision du monde a commencé à se fissurer dès avant la chute du mur. Ce n'est pas que les scénarii aient faibli, ou que les cascades aient été moins réussies (au contraire, la tentation était plutôt d'en rajouter pour faire illusion). L'ennemi soviétique ne faisait plus peur, mais surtout, le Spectre lui-même, cette structure qui rassemblait sous son commandement les forces démoniaques, semblait de moins en moins crédible. James Bond, l'équivalent rêvé de tous les experts qui s'établissent stratèges sur Sirius,[359] est alors entré

---

[356] YOUNG T., *Bons baisers de Russie*, Royaume-Uni, 1964 (film).

[357] CAMPBELL M., *Casino Royale*, Etats-Unis, 2006 (film).

[358] HUNT P., *Au service secret de sa majesté*, Etats-Unis, 1969 (film).

[359] Il faut avoir fait l'expérience directe de ce salmigondis, avoir entendu un publicitaire, un sondeur ou un général en retraite pérorer sur la stratégie, pour voir que nous n'exagérons pas. Un exemple, que nous tirons de *Politique générale de l'entreprise*, le manuel du groupe HEC écrit sous le pseudonyme collectif, qui ne s'invente pas, de *Strategor*. On peut lire, p. 744 de la 4ème édition (Dunod, 2005) : « Lorsque le développement psycho-sexuel arrive à maturité et que l'ensemble des pulsions est réuni sous le primat de la génitalité, on a affaire à un adulte accompli, dont le *moi* coordonne de façon satisfaisante l'ensemble pulsionnel sans être dominé par lui, ce qui lui permet d'utiliser à plein son énergie psychique au service de tous ses

dans une surenchère parallèle à la leur : une multiplication des chausse-trappes, des trahisons, des explosions où le spectateur est complètement perdu, mais où rien en revanche n'entame l'assurance du héros.

Cela permet également de préciser les rapports entre cinéma et littérature d'un côté, sociologie de l'autre, et nous indique une autre grille de lecture que celle de la « description », du témoignage, du compte-rendu. Le problème est moins de connaître la part de vraisemblance qu'il y a dans les James Bond ou d'autres films du même genre, que de savoir à quoi rêvent les gens d'une époque. C'est dans cette perspective qu'il est frappant de voir le récit d'espionnage se vider de sa sève et quitter le devant de la scène, où le remplacent des films dont l'intrigue est confuse ou inexistante, et qui n'ont pas de sésame. L'exemple le plus notoire, dans son extrême irréalité, son insondable stupidité et sa stupéfiante absence de second degré, c'est bien entendu la trilogie des *Matrix*.[360] L'on y voit un monde numérisé et asexué, programmé par une « matrice », qui engendre une infinité d'agents identiques, les « Mr. Smith », habillés comme des cadres du secteur bancaire. La matrice et ses agents sont combattus par un groupe de rebelles tout aussi dénués d'aspérités, pendant des heures et des heures sidérantes d'ennui, saturées de non-événements, où les personnages font de la lévitation, se battent au ralenti, doutent de leur réalité, et glissent dans des failles de l'espace-temps où il n'y a jamais rien à voir : décalque de la globalisation dans un univers parallèle. Baudrillard, à qui les réalisateurs avaient bizarrement proposé de s'associer à ce fatras, résumait l'essentiel : « *"Matrix", c'est un peu le film sur la Matrice qu'aurait pu fabriquer la Matrice.* »[361] On peut également citer la série des

projets. On peut appeler *leader sage* cette structure, qui est la forme la plus évoluée du psychisme humain. La bienveillance et le respect d'autrui vont de pair avec une mise en œuvre satisfaisante des pulsions agressives, qui sont mises au service de l'organisation dans son ensemble. » Rien n'arrête le galimatias, qui s'habille de graphiques, d'études de cas, de termes juridiques, d'un jargon vaguement psychanalytique. L'enjeu est d'importance, la lutte est très concrète, et surtout très formatrice. *La forme la plus évoluée du psychisme humain* est au bout.

[360] WACHOWSKI L. et A., *Matrix*, Etats-Unis, 1999 ; *Matrix reloaded* et *Matrix revolutions*, Etats-Unis, 2003 (films).

[361] « Baudrillard décode "Matrix" », entretien accordé au *Nouvel Observateur*, paru le 19 juin 2003, disponible sur Internet :

Mission : impossible, en particulier la scène la plus connue du premier épisode, où le héros reste suspendu dans une salle sous vide, où la moindre goutte de sueur le mettrait en danger (le tout pour des objectifs rien moins qu'évidents), ou le troisième, où on le voit courir, courir, sans souci de crédibilité, dans des villes ultra-modernes d'Asie, d'Europe, d'Amérique, qui se ressemblent toutes, sans espoir de couper la tête du réseau terroriste – qui n'en a pas, bien sûr.[362] La séduction disparaît presque totalement de ces films. Les rôles principaux reviennent à des acteurs si lisses qu'ils semblent numérisés d'avance. Si l'on compare aux interprètes successifs de Bond, le contraste est saisissant. Les producteurs ont d'ailleurs tiré leurs conclusions dans les derniers épisodes en date : ils ont choisi un acteur au physique très différent de ses prédécesseurs, blond et imberbe. Dans *Casino Royale*, le personnage est manipulé tout au long de l'histoire, tellement manipulé en fait, qu'on ne sait plus vraiment par qui – le maillon ultime de la chaîne, qui apparaît dans les dernières minutes du film, est ironiquement le plus insignifiant de tous. Le succès a été spectaculaire et immédiat. Un procédé similaire est à l'œuvre dans les derniers romans de John le Carré, qui sabote le genre en multipliant les inconnues et déplace le curseur vers les relations qui se nouent entre les personnages, à mesure que les événements leur échappent.[363]

Résumons-nous. Lorsque les écrivains et les cinéastes essaient d'éclairer les coulisses, ils ne parviennent à montrer que leur ahurissante absence d'intérêt, comme l'illustre le curieux destin des films d'espionnage ; ces deux exemples (la dernière série de James Bond et les romans récents de le Carré), apportent en quelque sorte la contre-preuve. La structure même

---

http://tecfa.unige.ch/perso/staf/nova/blog/200307/03/jean-baudrillard-the-matrix/

[362] DE PALMA B., *Mission : impossible*, Etats-Unis, 1996 ; ABRAMS J.J., *m : i : III*, Etats-Unis, 2006 (films). Il faut signaler ici notre dette envers la réflexion que mène Emmanuel Burdeau sur ses questions dans les *Cahiers du cinéma*. On peut se reporter, entre autres, à l'article qu'il a co-écrit avec Eugenio Renzi, « Terreur pour tous », dans le numéro d'avril 2006, p. 42-44.

[363] *Cf.* par exemple LE CARRÉ J., *Single & Single*, Seuil, 1999, et en particulier le premier chapitre, où un avocat d'affaires est braqué et exécuté, sans jamais parvenir à se convaincre de la réalité de ce qui lui arrive.

de la finance en écarte les individualités fortes, et la porte vers des décors désincarnés. C'est une tâche délicate de trouver la forme adéquate pour la Défense, pour les sièges sociaux en banlieue – et même pour Manhattan, quelle que soit la puissance de fascination du lieu, car c'est la fascination de la *surface pure*, c'est-à-dire encore quelque chose qui échappe au dévoilement. Cela n'aurait guère de sens de chercher les modèles des personnages contemporains, comme cela pouvait se faire pour Thomas Buddenbrook, Saccard et même Lewis (on en trouve encore des échos dans les préfaces de nos éditions). Alors que ceux-ci n'étaient que minoritaires, mais encore plausibles, on ne trouve aujourd'hui que des incarnations très improbables, comme si les écrivains cherchaient à répondre à l'abstraction de la finance par une abstraction encore supérieure. Cela va de soi pour Patrick Bateman, dont nous avons dit quelques mots. De même, l'héroïne de *La perte de l'image* est d'une rare beauté, c'est une ancienne actrice, et l'auteur lui prête à plusieurs reprises de longues méditations sur le rôle de l'image. Nous n'avons bien sûr pas de chiffres sur telle ou telle de ces dispositions, mais tout porte à croire qu'elles sont des plus minoritaires dans la finance (en tout cas, pour notre part, ne les avons-nous jamais croisées). On est très loin de la « description », plus encore si l'on se penche sur le caractère de cette héroïne : « *"Des faits, non des mythes", tel était le sous-titre qu'un des journalistes-historiens, quand il lui avait offert ses services, avait proposé pour son livre. Et c'était précisément l'une des formules qui l'avaient mise sur la contre-piste, ou plutôt la piste secondaire, celle qui l'avait conduite à l'auteur […].* »[364] L'héroïne de ce récit étrange traverse la finance sans s'y mouiller et l'éclaire à contre-champ, à l'inverse des héros précédents, qui prenaient part à l'action – la prison n'en dégoûtait pas Saccard, Lewis se résignait à perdre Irène, et

[364] HANDKE P., *La perte de l'image…*, *op. cit.*, p. 18. Une remarque sur cette expression de « journalistes-historiens ». Nicolas Baverez est présenté en marge de ses éditoriaux comme « économiste et historien », et d'autres experts célèbres aiment écrire des livres d'histoire, comme Minc sur le Moyen-âge ou Spinoza (opuscule qui lui a d'ailleurs valu une condamnation pour plagiat). Il y a une raison à cela : la « mondialisation » (ce passage de l'histoire au rouleau compresseur dont nous parlions en introduction) leur ouvre des perspectives inouïes. Elle leur permet de faire du *journalisme dans un autre siècle*, comme l'écrit Cioran quelque part.

c'est parce qu'il n'y croyait plus que Thomas Buddenbrook se laissait mourir. La douleur même de Buddenbrook était encore *réelle*, endurée comme le cauchemar de la vie qui se retire. Il disait : « *Fortune et succès sont en nous. À nous de les retenir solidement, par leur racine. Dès qu'en nous quelque chose commence à céder, à se détendre, à trahir la fatigue, aussitôt tout s'affranchit autour de nous, tout résiste, se rebelle, se dérobe à notre influence... Puis une chose en appelle une autre, les défaillances se succèdent, et vous voilà fini.* »[365] Ce qui le distingue le plus nettement des personnages contemporains, c'est le ton étonnamment absent sur lequel ils parlent d'eux-mêmes – cette absence leur donne une commune nuance d'effroi. Il y a les figurines d'Ellis, qui ne se différencient que par leurs marques de vêtements, et à qui un surcroît de douleur ou de cruauté ne suffit pas à conférer un surcroît d'existence. Il y a l'héroïne de Handke, toujours en retrait, en réserve pour l'étape suivante : « *"La perte de l'image est la plus douloureuse des pertes." – "Elle est synonyme de perte du monde. Elle signifie : il n'y a plus de regard ; nos yeux n'effleurent plus que des choses désunies. Elle signifie : il n'y a plus de configuration." – "Provisoirement, il va nous falloir vivre sans l'image." – "Provisoirement. Mais d'un autre côté, cette perte ne s'accompagne-t-elle pas d'énergie, même si celle-ci, tout du moins pour le moment, est aveugle ?"* »[366]

Erich Auerbach notait le même phénomène dans les écrits de l'antiquité tardive, où les caractéristiques individuelles s'atténuent jusqu'à s'effacer, et où règne une ambiance irréelle et inquiétante, d'autant plus inquiétante qu'elle est abstraite.[367] On retrouve dans les romans contemporains un élément magique de cette sorte, qui n'a rien à voir, par exemple, avec les superstitions de Lewis – lequel procédait en joueur, par association d'idées, analogie, intuition... Il reconnaissait ce que sa démarche avait de non-rationnel, il en souriait. Il s'agissait pour lui de toucher et de deviner, il n'avait aucune prétention à

---

[365] MANN Th. *Les Buddenbrook...*, *op. cit.*, p. 656.

[366] HANDKE P., *La perte de l'image*, *op. cit.*, p. 624.

[367] *Cf.* AUERBACH E., *Mimésis – La représentation de la réalité dans la littérature occidentale*, Gallimard, coll. Tel, 1977 (1946), chap. IV. Voir aussi YOURCENAR M., « Les Visages de l'Histoire dans "l'Histoire auguste" », *in Sous bénéfice d'inventaire* (1962), repris dans *Essais et mémoires*, Gallimard, coll. Bibliothèque de la Pléiade, 1991, p. 5-21.

atteindre l'essence des choses. Tout cela a changé avec la numérisation, où d'une part, rien ne s'offre au toucher, et où d'autre part les chiffres passent pour l'empreinte même du réel. Il n'y a plus de *symbolisation*, ou il n'est plus censé y en avoir. Il ne saurait plus être question de jouer dans ces conditions : on passe à des méthodes comme l'analyse technique. Bien sûr, l'interprétation n'est pas moins hasardeuse qu'auparavant, c'est toujours un processus de projection qui est à l'œuvre dans la finance, mais il n'est plus, il ne peut plus être reconnu comme tel. C'est là qu'il prend des proportions véritablement délirantes. L'agitation de la finance contemporaine vire au surplace, on peut même parler du style « végétal » ou « minéral » de plusieurs romans qui la décrivent : « *Il était superficiel de prétendre que les chiffres et les tableaux fussent la froide compression d'énergies humaines désordonnées, toutes sortes d'aspirations et de sueurs nocturnes réduites à de lumineuses unités au firmament du marché financier. En fait, les données étaient vibrantes et rayonnantes, autre aspect dynamique du processus vital. C'était l'éloquence des alphabets et des systèmes numériques, pleinement réalisée sous forme électronique à présent, dans l'état zéro-un du monde, l'impératif numérique qui définissait le moindre souffle des milliards d'habitants de la planète. C'est là qu'était l'élan de la biosphère. Nos corps et nos océans étaient là, perceptibles et entiers.* »[368]

On pourrait multiplier les références en ce sens. L'héroïne de Handke se retire du monde en attendant qu'il se remette à exister, tandis que dans *American Psycho*, ou dans *Cosmopolis* que nous venons de citer, les *traders* se confondent avec ce monde où rien ne s'incarne, et avec le déchaînement de violence qui lui est corrélatif. C'est certainement dans *La Fin des temps* de Murakami que la tension entre ces deux attitudes est poussée le plus loin. Le héros de ce livre est informaticien, et traduit certaines données dans un état de semi-inconscience à l'aide d'un programme implanté dans son cerveau (on apprend incidemment que cette technique, le « shuffling »,[369] est l'œuvre d'un savant qui s'intéresse aussi beaucoup aux marchés financiers).[370] Murakami recourt à un procédé de narration

---

[368] DELILLO D., *Cosmopolis*, *op. cit.*, p. 35.

[369] Pour plus de précisions, *cf.* MURAKAMI H., *La Fin des temps*, *op. cit.*, chap. XI.

[370] *Ibid.*, p. 239.

parallèle : les épisodes de la vie du héros, marquée par la même désaffection, alternent avec les vues d'un univers archaïque, décrit avec une précision hallucinante, parfaitement celé par une muraille dont des créatures gardent la sortie. On comprend peu à peu que ces deux histoires n'en font qu'une, que le « second monde » n'existe qu'à l'intérieur de la tête du héros, qu'il est l'enceinte à l'intérieur de laquelle il effectue le *shuffling*, et dont il risque de ne pouvoir revenir. « *La première fois que je me suis dit qu'il devait y avoir une issue cachée à cette ville, ce n'était qu'une intuition. Ensuite c'est devenu une conviction. Parce que cette ville est une ville parfaite. La perfection contient en soi toutes les possibilités. En ce sens, on ne peut même pas dire que ce soit une ville. C'est quelque chose de plus fluide, de plus global. Elle change de forme sans cesse, tout en suggérant toutes les possibilités, et elle maintient sa perfection. Il ne s'agit pas d'un monde achevé et rigide. Il s'achève en bougeant. Autrement dit, si je souhaite qu'il y ait une sortie, elle vient à l'existence.* »[371] Toute la question étant de savoir s'il est encore capable non seulement de souhaiter une sortie, mais de la trouver en lui-même.

Il est également à noter que tous ces écrivains font très naturellement le lien entre le principe d'action de la finance et celui du terrorisme : à un monde sans raison répond une violence sans raison. À un système de domination omniprésent, qui tourne sur lui-même, répond une violence omniprésente, paranoïaque, qui n'a d'autre point de référence qu'elle-même... Nous songeons bien sûr à la violence erratique des romans de Bret Easton Ellis (*Glamorama* paraît en 1998, soit trois ans avant les attentats-suicides aux Etats-Unis), mais il y a d'autres exemples tout aussi probants, comme cette réflexion que se fait le héros de *Cosmopolis*, au début de l'émeute où il sera abattu : « *Ces gens sont un fantasme créé par le marché. Ils n'existent pas en-dehors du marché. Il n'y a nulle part où ils puissent aller pour être en dehors. Il n'y a pas de dehors.* »[372] Le frère de l'héroïne de *La perte de l'image* a fait de la prison pour terrorisme[373] (le terrorisme, violence aveugle qui frappe partout et nulle part, comme frère, part d'ombre de la globalisation et de la positivité absolue : décidément l'hypothèse est suggestive,

---

[371] *Ibid.*, p. 514-515.

[372] DELILLO D., *Cosmopolis*, *op. cit.*, p. 102.

[373] *Cf.* HANDKE P., *La perte de l'image...*, *op. cit.*, p. 101-103 et 147.

mais la place nous manque pour la développer ici[374]). Dans un autre roman très angoissant, Vladimir Sorokine met en scène un groupe sectaire à l'idéologie insurpassable de transparence (ses membres défoncent les poitrines des badauds au pic à glace pour écouter le vrai message de leur cœur), qui s'avère aussi très doué pour les affaires.[375] Les romans dont nous parlons, écrits en anglais, en allemand, en russe, en japonais, ne se rejoignent pas seulement par les événements qu'ils relatent, mais par leur style : toujours cette terrifiante absence à soi, ces couleurs métalliques, cette vision pneumatique du sexe, cette indifférence des héros à ce qui leur arrive, cette sensation d'étouffement. Il faut lire par exemple le récit des origines que fait l'un des initiés de la secte de Sorokine : « *Ecoute : au commencement il n'y avait que la Lumière Originelle. La Lumière brillait dans le Vide Absolu. La Lumière brillait pour Elle-Même. La Lumière était composée de vingt-trois mille rayons luminifères. Et c'étaient nous. Le Temps n'existait pas pour nous. Seule existait l'Eternité. Et dans ce Vide éternel nous étions radieux.* » [376] *Etc.* Si l'on rapproche ces élucubrations du mythe de la main invisible, du marché global, des grands équilibres, de la croissance, de la transparence, de la gouvernance, on a comme le sentiment d'un air de famille. Latouche fait ainsi mention du rapport d'un *think tank* qui « *ne promet rien de moins que le bien-être matériel et spirituel universel, la paix mondiale, l'interaction pacifique et mutuellement avantageuse entre les humains et les machines intelligentes, la disparition complète des obstacles à la communication généralisée – en particulier ceux qui résultent de la diversité des langues –, l'accès à des sources d'énergie inépuisables, la fin des soucis liés à la dégradation de l'environnement. Et, finalement, "la marche vers un degré supérieur de compassion et d'accomplissement".* »[377] Il n'est pas surprenant que les adeptes de la lumière se sentent tout de

---

[374] Voir à ce sujet « L'effacement de la ligne de front », section 3.2.2. de notre thèse, *La finance – Logique, opérations, extensions du mythe* (soutenue en Sorbonne le 15 septembre 2008, sous la direction du Pr. Michel Maffesoli), dont est issu ce livre. *Cf.* aussi, bien sûr, BAUDRILLARD J., *L'esprit du terrorisme*, Galilée, 2002.

[375] *Cf.* SOROKINE Vl., *La glace*, L'Olivier, 2005 (2000), en particulier p. 275-276.

[376] *Ibid.*, p. 207.

[377] LATOUCHE S., *Le pari de la décroissance*, Fayard, 2006, p. 51.

suite chez eux dans les tours de verre de la finance, ou dans ces modèles qui abolissent l'œuvre du temps. Lorsque certains experts s'indignent de la place qu'a prise l'occultisme dans la pratique des affaires (occultisme traditionnel comme la numérologie, ou modernisé comme l'analyse technique), nous ne sommes pas loin de penser que c'est contre eux-mêmes qu'ils crient, un peu comme celui qui boit en cachette fait le dégoûté devant l'ivrogne. Ils illustrent cette vieille loi psychologique, qui veut que l'ennemi que nous choisissons nous ressemble souvent comme une ombre. C'est pour cela que le débat actuel est à ce point biaisé, et que nous avons fait ce détour par la littérature. On y trouve des pistes de réflexion que les experts n'envisagent pas, ou dont ils donnent une image totalement déformée, la plupart du temps sans qu'il y ait lieu de remettre en cause leur bonne foi – ce qui honore naturellement plus leur bonne foi que leur perspicacité.

III

Une lecture junguienne : finance et alchimie

> « *On le sait, ou on le soupçonne : quand la pensée manque de pureté et de vigilance, et que le respect de l'esprit n'a plus cours, les navires et les automobiles ne tardent pas non plus à mal marcher, la règle à calcul de l'ingénieur comme la mathématique des banques et des bourses voient leur valeur et leur autorité chanceler, et c'est alors le chaos.* »
>
> Hermann Hesse, *Le jeu des perles de verre*

LES IMAGES DE LA FINANCE ET L'HYPOTHESE DE L'INCONSCIENT COLLECTIF

Les précédents chapitres de notre travail suivent un mouvement d'amplification assez simple. Nous avons commencé par questionner les fondements de l'isolation de l'économique et son basculement de ce principe dans le vide et la toute-puissance, avant de tenter une première description de l'univers physique et mental de la finance. Les principes de la globalisation ne nous ont semblé varier en aucune de ces étapes, avec le résultat paradoxal que nous avons dit. Aussi fort que se resserre son emprise, aussi loin qu'elle s'étende, elle ne parvient pas à tranquilliser les experts, qui en sont réduits à réclamer plus de marché pour en pallier les lacunes. Plus il est perturbé, plus ils proclament la nécessité de le nettoyer : mais il est à peine besoin de lire entre les lignes pour comprendre que ce nettoyage est destiné à ne s'arrêter jamais. Nous avons insisté plus longuement sur la métaphore épidémique, dont la récurrence n'a rien pour surprendre : si l'on est soi-même le représentant de la lumière, de l'humanité, de la santé, il s'ensuit que tout ce qui nous échappe relève plus ou moins de la maladie, et l'on n'a d'autre choix que d'être en permanence sur le qui-vive.

Dans le cadre restreint de notre sujet, nous ne faisons que retrouver une distinction capitale de Gilbert Durand, qui parle de régime « diurne » de l'imaginaire, ou encore de tendances « schizomorphes », pour désigner cette discrimination absolue du jour et de la nuit, et ce refus d'admettre que la seconde est la condition du premier (tandis que la réciproque n'est pas vraie : si l'on peut à la rigueur imaginer le noir absolu, la lumière ne se perçoit que par contraste, fût-ce entre des degrés de lumière) ; il situe également le désir d'arrêter l'écoulement du temps à la racine de cette séparation, où se manifeste une aversion des plus remarquables pour le fourmillement, l'agitation, le grouillement : « *L'enfer*, écrit-il, *est toujours imaginé par l'iconographie comme un lieu chaotique et agité, en témoignent aussi bien la fresque de la Sixtine que les représentations infernales de Jehronimus Bosch ou la* Dulle Griest *de Breughel. Le schème de l'animation accélérée qu'est l'agitation fourmillante, grouillante ou chaotique, semble être une projection assimilatrice de l'angoisse devant le changement, l'adaptation animale ne faisant dans la fuite que compenser un changement brusque par un autre changement brusque. Or, le changement et l'adaptation ou l'assimilation qu'il motive est la première expérience du temps.* »[378] Même idée, que la diversité des points de départ ne fait que rendre plus saisissante, chez le Canetti de *Masse et puissance*, qui fait le lien entre l'image des

---

[378] DURAND G., *Les structures anthropologiques de l'imaginaire…*, *op. cit.*, p. 77. Belzébuth est à l'origine le « seigneur des mouches », « enfer » peut se dire *vyrmsele* (« salle des vers ») en anglais médiéval et *Wurmgarten* (« jardin des vers ») en vieil allemand. *Cf.* respectivement CHEVALIER J. et GHEERBRANT A. (dir.), *Dictionnaire des symboles*, Robert Laffont, coll. Bouquins, 2005 (1969), p. 652, et JUNG C.G., *Mysterium conjunctionis – Etude sur la séparation et la réunion des opposés psychiques dans l'alchimie*, Albin Michel, 1982 (1956), t. II, p. 108.

insectes et celle des bacilles : « *La puissance de l'homme et l'idée qu'il se faisait de lui-même avaient déjà atteint des proportions gigantesques lorsqu'il tomba sur les* bacilles. *Le contraste lui-même était maintenant incomparablement plus fort [qu'avec les insectes] : l'homme faisait grand cas de lui-même ; il se voyait, en tant qu'individu, isolé, séparé de ses semblables. Les bacilles, eux, étaient beaucoup plus petits que la vermine, invisibles à l'œil nu, et ils se multipliaient encore plus vite. Face à un homme plus grand et plus isolé se trouvait une plus grande masse de créatures infiniment petites. [...] L'homme s'est résolu de bon gré à tenir pour vermine tout ce qui lui faisait opposition.* »[379] Les métaphores de la vermine et du microbe, du grouillement et de la contagion, sont donc parentes : le passage à la dimension numérique explique que la première soit moins fréquente, sans pour autant disparaître. Nous inclinons à la reconnaître dans le choix de l'anglais *bug* (« punaise », par extension « insecte », mais aussi en langage familier « microbe ») pour désigner les dysfonctionnements informatiques.

Elle venait en tout cas spontanément dans la bouche d'un expert que nous interrogions, qui nous décrivait le marché comme un « *écosystème de nature chaotique* », qui s'auto-équilibre fondamentalement mais qui est menacé par le pullulement des parasites : « *C'est comme dans un écosystème. Dans la nature, vous avez besoin de tout.* Quand il y a des équilibres, si vous supprimez les araignées, les vautours, c'est pas bon, ça va créer du déséquilibre, il va y avoir une espèce d'insecte qui va proliférer. *Donc je pense que c'est un système qui connaît des crises, c'est comme dans la nature, vous avez des sécheresses... Mais fondamentalement il s'auto-équilibre. Un peu comme dans la nature vous vous apercevez que finalement la gourmandise... Il y a toujours des excès, des sécheresses, des inondations, mais finalement la nature elle s'autogère quelque part.* »[380] Ces propos sont comme le raccourci du double mouvement de l'expertise. Un discours parfaitement scientiste occupe le devant de la scène : la nature est réduite en écosystème, la main invisible se charge de la distribution des rôles (ici les araignées, là les vautours ; elle

---

[379] CANETTI E., *Masse et puissance*, Gallimard, coll. Tel, 1998 (1960), p. 385.
[380] Entretien avec un gestionnaire de fonds, Paris, 7 avril 2004. Nous soulignons.

donne des serres aux aigles, met de la laine sur le dos des moutons) ; les inondations et les sécheresses sont de simples « crises », qu'on pourrait comparer à l'inflation ou aux cures d'austérité inévitables lorsqu'on s'éloigne des « fondamentaux », des « grands » équilibres, qu'on dit aussi « naturels » – la boucle est bouclée. L'expert en a vu d'autres, il ne s'en laisse pas conter. En même temps, il évoque presque en passant le cauchemar de la prolifération, où cet admirable système qui *s'autogère quelque part* (mais où ?) est tout à coup mis en échec. Il vaut la peine d'y insister : le choix de l'« insecte » comme symbole de la menace ne sert pas seulement à filer la métaphore de l'écosystème. Après tout, les espèces animales ou végétales sont nombreuses, qui peuvent se répandre lorsque l'« équilibre » est rompu : l'expert aurait pu parler des mauvaises herbes ou des rongeurs, mais ce sont les insectes qui lui sont tout de suite venus à l'esprit. De même que les microbes de la « contagion », ils renvoient en effet à une masse anonyme, indifférenciée, qu'on n'en finit pas d'exterminer, et qui surtout ne cesse de nous harceler, s'insinue par toutes les failles, les lézardes, les plaies imaginables. On en trouve des exemples dans la littérature psychiatrique (Canetti en cite plusieurs très impressionnants, qu'il emprunte à Kräpelin et Bleuler ou aux *Mémoires d'un névropathe* du président Schreber[381]) ; dans le versant paranoïaque et puritain du cinéma d'épouvante, où il a souvent aussi à voir avec la folie[382] ; ou encore dans l'enfer de Dante : « *Ces malheureux, qui n'ont jamais été vivants, / étaient nus et harcelés sans cesse / par des mouches et des guêpes qui étaient près d'eux. / Elles leur rayaient le visage de sang, / qui, mêlé de pleurs, tombait à leurs pieds / où le recueillaient des vers immondes.* »[383]

Un autre caractère de ces visions est que les insectes et microbes sont généralement perçus comme extérieurs à la conscience imaginante – Durand et Canetti y reviennent chacun à sa manière. Des masses d'insectes hostiles peuvent coaguler autour de moi et m'attaquer, elles peuvent s'infiltrer en moi, voire m'empêcher de voir, d'entendre et de bouger, ce n'est pas

---

[381] Voir, dans la même édition de *Masse et puissance*, « Masse et métamorphose dans le *delirium tremens* », p. 380-392, et « Le cas Schreber », p. 461-491.

[382] Pour un exemple récent, *cf.* FRIEDKIN W., *Bug*, Etats-Unis, 2007 (film).

[383] DANTE, *L'Enfer*, III, v. 65-69.

moi qui les ai fait naître. Elles ne me transforment pas moi-même, elles me font au contraire sentir l'urgence qu'il y a à colmater ma forteresse pour les empêcher d'entrer – aucune autre conclusion n'émerge dans la perspective où nous sommes, aucune intégration de ces forces n'est possible sans profond changement d'attitude vis-à-vis de ce que nous ne maîtrisons pas. On le voit bien dans les quelques phrases où l'expert parle de l'écosystème menacé par les insectes : non seulement, certes, il ne se compte pas dans le nombre, mais il a une vision surplombante de leur prolifération, il les observe du point de vue de l'aigle. Il se fait même, en quelque sorte, le porte-parole de l'écosystème, c'est-à-dire de la nature, et si l'on pousse un peu, de la « réalité ». « *Vision monarchique* », note encore Durand, qui cite un passage où Minkowski décrit un de ses malades retranché dans sa tour d'ivoire « *pour regarder d'en haut, en aristocrate, les autres se débattre* »[384]. Jung faisait une observation similaire : si les images mentales sont perçues comme de simples fantaisies, des leurres sans consistance, il ne peut s'établir de lien entre ce qui passe en moi et autour de moi. Il en découle nécessairement une déréalisation du monde, dont nous n'avons pas fini d'interroger les effets : « *Si le dragon* [ou toute autre figure imaginaire] *n'est qu'artificiel, c'est là une idée rationaliste utile. Ainsi les dieux sinistres se trouvent efficacement banalisés. Les aliénés schizophrènes se servent volontiers de ce mécanisme à des fins apotropéiques. Ils disent volontiers : "Tout est jeu, tout est artificiel", etc.* »[385] Tout est artificiel, sauf eux-mêmes ou plus exactement la partie consciente d'eux-mêmes, seule détentrice du peu de réalité qui reste, tandis que les forces hostiles rôdent aux alentours, cherchant de nouvelles âmes à subvertir (c'est Dieu qui tente de voler celle de Schreber en l'irradiant, ou, dans les films, le docteur Mabuse et consorts qui inondent la planète d'ondes maléfiques). Les experts tiennent un raisonnement similaire quand ils s'effraient de la « contagion » qui gagne autour d'eux, sans jamais, curieusement, s'inquiéter d'être frappés. Ils s'épouvantent plutôt de la « *marée noire boursière* » qui monte lorsque la croissance recule (autre image de la masse menaçante

[384] DURAND G., *Les structures anthropologiques de l'imaginaire...*, *op. cit.*, p. 209.

[385] JUNG C.G., *Métamorphoses de l'âme et ses symboles*, Le Livre de poche, 2005 (1912, 1950), p. 611.

mais extérieure[386]), ou des tricheurs qui se profilent dans l'ombre (étant entendu qu'un tricheur ne peut s'avancer à visage découvert, dans la radieuse transparence). Dans l'interminable dépouillement de ces cinq années de presse financière, il nous est souvent arrivé de nous demander où se cachaient les tricheurs et les agents infectieux. Car enfin, lorsque les fluctuations des marchés deviennent exagérément inexplicables, les experts sont unanimes à s'alarmer de l'irrationalisme ou de la lâcheté de leurs confrères, tandis que dans nos coupures ou nos entretiens, presque personne n'admet avoir péché contre la main invisible. Si l'on dispose d'innombrables dénonciations, surtout après coup, les témoignages de repentis sont plus rares ; et encore ceux-ci (nous songeons surtout à Tétreau) insistent lourdement sur leur rédemption, qu'ils attribuent à la redécouverte des fondamentaux. Ce sont toujours *les autres*, les insectes, avec qui nous n'avons rien à voir, qui sont responsables (c'est aussi pour cela que les soubresauts du système ne sont que des *crises*, qui attendent leur résolution : il suffit d'éradiquer les insectes). Même chose dans la littérature savante. C'est bien un thème identique qui se donne à entendre dans un ouvrage universitaire aussi modéré que *L'économie de la panique*, où l'auteur, qui ne cesse de protester de sa bonne volonté, reconstitue sans ciller la chaîne des causes et des effets, « *[reprend] pièce par pièce la mécanique du désastre* » et se délasse en soupirant après un « *monde idéal, où les marchés fonctionneraient parfaitement* », d'où la panique du titre serait par conséquent bannie. D'une part ce désir sans nuances de pureté, de « transparence » ; de l'autre le retour fréquent d'images cauchemardesques : insectes qui fourmillent, cadavres dans le placard, marée noire, voile obscur qui s'abat sur les icônes capitalistes, « contagions » de tous ordres, pour nous en tenir à quelques exemples que nous avons donnés çà et là, auxquels il faut ajouter les *spectres* (du krach, de l'inflation, de la crise de liquidité, de la remontée des taux d'intérêt et même de l'anthrax[387]) qui *hantent* périodiquement les marchés, les agglomérations soudaines et incontrôlables qui désolent les experts : « *Cette humeur noire est née de*

---

[386] Sur la mer et la marée comme symboles de la masse, *cf.* CANETTI E., *Masse et puissance*, *op. cit.*, p. 83-85.

[387] « Le spectre de l'anthrax resurgit », *Les Echos*, 13 et 14 décembre 2002, p. 29.

l'agrégation de diverses sources d'inquiétudes »[388], lit-on alors. Il se pourrait qu'il y ait plus qu'une coïncidence dans la conjonction de ces deux phénomènes, qui ne sont que très superficiellement contradictoires : plus l'on tend vers la transparence, plus l'on est amené à refouler d'éléments de soi-même, et plus ces éléments prennent une importance démesurée, ce qui amène de nouveaux efforts de purification, et ainsi de suite, à mesure que la déconnexion avec le réel s'accentue, jusqu'à se donner pour la « réalité » même.

Jung écrivait avec un peu d'emphase : « *Rien d'étonnant que les fouilles faites dans notre âme soient d'abord comme une canalisation d'égouts. Seul un grand idéaliste comme Freud pouvait consacrer à ce travail malpropre l'activité de toute une vie. Ce n'est pas lui qui a causé la puanteur, mais nous tous, qui nous croyons si propres et si convenables en vertu de notre ignorance totale et de notre grossière illusion sur nous-mêmes.* »[389] Une lecture attentive de ces lignes, de cet hommage qu'il rend à Freud longtemps après leur rupture, permet de préciser le chemin qu'il a suivi, et sur lequel nous nous apprêtons à lui emboîter le pas. On le voit, Jung est loin de nier l'aspect destructeur des fantasmagories qui s'emparent de l'Européen moderne, en son monde aseptisé. Le problème fondamental, dont à la limite tout le reste découle, est plutôt de déterminer la source de la puanteur dont il parle. Comment en est-on arrivé là ? Toute la question est de savoir, non si les images de l'inconscient sont dangereuses (chacun peut en faire l'expérience), mais si elles ne sont que cela et ne peuvent en toute hypothèse rien être d'autre – il nous semble que c'est là que se fait le départ entre les approches freudienne et junguienne, les controverses sur la nature de la libido ou l'existence de l'inconscient collectif ne venant qu'après. Deux voies très différentes s'offrent à nous pour la poursuite de notre réflexion, qui renvoient de nouveau aux deux grandes sensibilités épistémologiques que nous avons tenté de cerner en introduction. Le vers de Virgile que Freud place en exergue de *L'interprétation des rêves* est révélateur de son état d'esprit : « *Si je ne peux fléchir ceux d'en haut, je mettrai en mouvement l'Achéron* », le fleuve des enfers. De même, ces vers de Schiller

---

[388] AÏT-KACIMI N., « L'indice CAC 40 rebondit », *Les Echos*, 28 septembre 2000, p. 29.
[389] JUNG C.G., *Problèmes de l'âme moderne*, Buchet-Chastel, 1996, p. 185.

qu'il cite dans *Le malaise dans la culture*, après s'être dit incapable d'éprouver le moindre sentiment de nature « *océanique* » : « *Qu'il se réjouisse, / Celui qui respire en haut dans la lumière rose !* » La citation s'arrête là, mais le vers suivant dit : « *Car en-dessous, c'est l'épouvante* »[390]. Dans une conversation restée célèbre avec Jung, quelque deux ans avant leur rupture, il parlait du « *flot de vase noire de l'occultisme* »[391]. Les choses sont donc tout à fait claires : l'inconscient n'est fait que de désirs refoulés, et la psychanalyse s'apparente au nettoyage des écuries d'Augias. Cette vision, « diurne » au sens de Durand, ne manque pas de grandeur. La conscience chez Freud a quelque chose d'insulaire et de crépusculaire, cernée, on peut même dire parcourue souterrainement de ces *flots de vase noire* où dorment les monstres innombrables qu'elle a dû dompter pour émerger (c'est pour lui la matrice de l'art, de l'humour et de la civilisation tout entière[392]). Il suffit qu'elle baisse la garde – et cela est inévitable –, dans le sommeil, l'hypnose, la foule, l'écriture automatique par exemple, pour qu'aussitôt les monstres ressurgissent. Les propos des experts sur la main invisible ne sont dans cette perspective qu'un cas parmi d'autres, qui tombe sous le coup de l'analyse freudienne de la religion comme névrose collective, avec à la clef une seule réaction envisageable : un réarmement de la conscience, un renforcement de l'esprit critique. Entraîné par la logique de son discours, Freud se voit contraint de chercher l'origine et le sens des images de l'inconscient à l'extérieur d'elles-mêmes, de leur dénier (sauf intervention de la conscience) d'autre autonomie que la latence et le pourrissement : impossible de ne pas en être frappé à la lecture de *L'interprétation des rêves*, où ceux-ci apparaissent presque toujours comme le reflet d'un désir inassouvi. Il se dégage de l'ensemble une certaine monotonie, dont on devine ce qu'elle signifierait pour notre sujet.

La position de Jung est plus nuancée. À mesure qu'il élargit son champ de vision (par son activité de clinicien, des voyages, la fréquentation de savants d'autres disciplines, et surtout la

---

[390] FREUD S., *Le malaise dans la culture*, repris dans *Œuvres complètes*, PUF, 1994 (1929), t. XVII, p. 259 (il s'agit d'un poème intitulé *Der Taucher*, soit « le plongeur », v. 91-93).

[391] *Cf.* JUNG C.G., *« Ma vie »*..., *op. cit.*, p. 177.

[392] *Cf.* FREUD S., *L'avenir d'une illusion* (1927), *in Œuvres complètes*, *op. cit.*, t. XVII, p. 146.

restauration de l'héritage alchimique qu'il entreprend dans la deuxième moitié de sa vie, qui va longuement nous requérir à notre tour), il lui apparaît que cette conception uniformément inquiète de l'inconscient, cette idée que tout ce qui ne vient pas de la raison est forcément menaçant, cette coupure entre l'extrême assurance de l'état de veille et la panique nocturne, est caractéristique de l'Occidental moderne et par après, sans doute, des peuples qu'il s'est soumis. C'est parce que cette familiarité avec le non-rationnel s'est perdue que l'inconscient prend cet aspect effrayant, et c'est donc cette familiarité qu'il importe de retrouver, justement pour ne pas se laisser submerger par ces forces.[393] Cela induit, plus qu'une divergence de méthode, une conception complètement différente de l'inconscient, qui ne se constitue plus seulement des événements vécus par le sujet, ni non plus, comme le voulait Freud, de certains souvenirs des générations précédentes qui se seraient conservés en lui.[394] S'il n'y avait que cela, on ne pourrait observer de si frappantes ressemblances entre des fantaisies personnelles et collectives, dont la dominante n'est pas forcément sexuelle, à de larges intervalles. Dans le grand livre où il s'éloigne du maître viennois,[395] Jung établit des parallèles fascinants entre les visions d'une patiente américaine

---

[393] Pour un résumé du projet scientifique de Jung, le plus simple de se référer à son dernier ouvrage, le mieux écrit et le plus clair, où il retrace les étapes de sa recherche à l'intention des non-spécialistes : *Essai d'exploration de l'inconscient*, Gallimard, coll. Folio-essais, 1990 (1961).

[394] *Cf.* FREUD S., *Moïse et le monothéisme*, *op. cit.*, p. 132.

[395] Le titre original dit seulement *Symbole der Wandlung*, soit « symboles de la transformation », et est bizarrement rendu par *Métamorphoses de l'âme et ses symboles*. Plusieurs ouvrages ont connu la même mésaventure : *Les relations entre le moi et l'inconscient* sont devenues *Dialectique du moi et de l'inconscient*, les mémoires *Souvenirs, rêves et pensées* ont été sur-titrés *« Ma vie... »*, *etc.* Ces modifications ont en commun d'altérer la simplicité de l'original, pour lui donner une vague coloration *New Age*, ou inversement une teinte « philosophie allemande » également inappropriée, avec l'irruption de termes comme *dialectique* ou *phénoménologie*. Ces abus sont malheureusement significatifs du contexte de la réception de Jung en France, au moins jusqu'aux travaux d'Etienne Perrot, qui a traduit l'essentiel de l'œuvre alchimique avec une souveraine sobriété.

et des légendes, des rites, des chants issus des quatre coins du monde, dont elle ne pouvait avoir de connaissance directe. Il prend par exemple un poème écrit par miss Miller dans un état semi-inconscient, le compare au *Paradis perdu* de Milton, au livre de Job (auxquels la jeune femme fait elle-même référence), pour en venir au *Faust* de Goethe, aux Evangiles, aux angoisses de stérilité de l'antiquité finissante, et peu à peu, par amplification, à des traditions plus lointaines. Il essaie d'interpréter les rêves (ceux de ses patients, les siens, ceux qu'il trouve consignés dans les journaux d'écrivains) à la lumière de ces sources, pour faire ensuite le trajet inverse, comme en miroir, et laisser émerger leur sens, sans nécessairement chercher à se prononcer sur une « cause » ultime – un dieu, ou un succédané scientiste comme la libido freudienne, caché derrière le rideau.

Ce n'est qu'à la fin de ce chapitre, quand nous nous intéresserons à l'alchimie (nous réservons pour l'instant le chaînon manquant, l'articulation qui va nous permettre de passer de la finance à l'alchimie), que nous pourrons donner une idée de l'étendue de ses découvertes, ou pour mieux dire de ses redécouvertes, du vaste domaine d'expérience dont il rouvre l'accès aux hommes d'après le désenchantement du monde. C'est aussi là que nous abattrons notre jeu, en montrant sur quoi débouche la critique de la finance que nous menons. Au stade du déminage, où nous sommes encore, il importe surtout de noter que la dimension empirique est peut-être ce qu'il y a de plus remarquable et de plus méconnu dans l'œuvre de Jung. Il ne cesse jamais de s'appuyer sur des cas cliniques, y compris dans les ouvrages tardifs où il se livre à ses spéculations les plus hardies (le premier chapitre de *Psychologie et alchimie* se compose même de l'analyse détaillée d'une soixantaine de rêves) – c'est d'ailleurs ce qui rend certains de ses livres difficiles à lire, écrits « *au milieu de l'incertitude et de la fièvre de la pratique médicale* »[396], comme il le dit lui-même. La dimension collective de l'inconscient, il y insiste souvent, se déduit uniquement de l'observation, du retour de certaines figures, de certains thèmes à travers l'espace et le temps, sans qu'on puisse raisonnablement leur assigner à chaque fois une origine sexuelle (même en donnant à ce terme une aussi large extension que Freud) : par exemple le jeune héros que tous

---

[396] JUNG C.G., *Métamorphoses de l'âme et ses symboles*, *op. cit.*, p. 33.

méprisent mais qui a de grandes choses à accomplir, la fée qui le guide ou le désoriente, les petits êtres qui peuplent les régions inférieures et l'aideront peut-être contre toute attente, l'oiseau qui lui porte un message, les vents qui l'entraînent, le sang qu'il doit verser et qui fertilise la terre, la forêt et la mer où il se perd, les îles où habitent les monstres et les sorcières, les châteaux couverts de pièges où sont enfouis des trésors, *etc.* On pourrait en citer des dizaines, qui donnent lieu à des variations infinies. Il n'y a rien, semble-t-il, qui offense la raison dans cette idée que des peurs, des sensations, des émotions, des dangers, des espoirs aient été si souvent éprouvés, de génération en génération, qu'ils aient fini par cristalliser en tel ou tel type d'images (« *le Serpent, le Dragon, l'Arbre de Vie, le Phallus, la Sorcière, la Grande-Déesse Mère, le Héros Sauveur, l'Insignifiant, la Rotondité, la Triade, le Vieux Sage, le Poisson, le Taureau* »..., pour suivre une énumération suggestive de Jacques de La Rocheterie) ou de situations (« *le Héros qui tue le Dragon ou est avalé par le Monstre, la Descente aux Enfers, le Passage Etroit, le Baptême, la Montée en spirale, l'Abandon de l'Enfant dans la Nature, la Course Solaire, la Catastrophe Cosmique* »[397]...). Il ne s'agit pas de contenus, contrairement à un contre-sens très courant, mais de formes : « *Je rencontre souvent ce malentendu qui présente l'archétype comme ayant un contenu déterminé [...]. [...] L'archétype en lui-même est vide ; il est un élément purement formel, rien d'autre qu'une* facultas praeformandi *(une possibilité de préformation) donnée* a priori. *Les représentations elles-mêmes ne sont pas héritées ; seules les formes le sont ; ainsi considérées, elles correspondent en tous points aux instincts qui, eux aussi, ne sont déterminés que dans leur forme. On ne peut pas plus prouver l'existence des archétypes que celle des instincts, tant qu'ils ne se manifestent pas eux-mêmes de façon concrète.* »[398] L'archétype ne se laisse connaître qu'à travers ses manifestations, selon la créativité de chacun et les orientations d'une époque ou d'une civilisation données, et n'est donc pas représentable en lui-même : il faut faire la différence entre l'archétype et les images archétypiques, c'est-à-dire, pour reprendre un exemple que nous citions dans notre introduction générale, entre l'archétype de la grande mère et Gaïa, Isis, Kali,

---

[397] DE LA ROCHETERIE J., *La symbologie des rêves*, Imago, 2004 (1986), t. II, p. 13-14.
[398] JUNG C.G., « *Ma vie* »..., *op. cit.*, p. 453.

Astarté, la Vierge, les figures très diverses qui en sont issues. Le problème est alors de voir comment les archétypes se *constellent* (c'est le terme technique), suivant le contexte, et ce que nous disent à ce sujet les traditions où s'est conservée l'expérience de l'humanité.

Ainsi, l'orientation générale de l'œuvre de Freud consiste à chercher des explications, tandis que Jung essaie plutôt d'établir des correspondances. Suivant son approche, l'inconscient n'est plus seulement une chambre de débarras, il est plus fondamentalement un univers intérieur, l'ensemble des forces qui vivent en moi et me relient au reste du monde. On peut reprendre l'image de l'île et de l'océan, mais presque en la retournant : « *La conscience, si vaste qu'elle puisse être, est et reste le petit cercle à l'intérieur du grand cercle de l'inconscient, l'île environnée par l'océan ; et tout comme la mer, l'inconscient, lui aussi, donne sans cesse naissance à une foule innombrable d'êtres vivants dont on ne peut espérer saisir toute la richesse.* »[399] Il en résulte une vision de la vie de l'âme qui n'en minimise nullement les dangers, plus riche, plus ambivalente. Nous ajouterions même, si nous ne craignions la provocation, que cette démarche n'est pas moins « scientifique », dans la mesure où elle ménage une place à des phénomènes que Freud exclut délibérément, ou qu'il range d'autorité parmi les névroses, comme la religion,[400] ce qui l'amène à se prononcer sur ce qui échappe à l'observation (l'existence ou non de Dieu par exemple), et donc à outrepasser la condition qu'il revendique d'homme de science. Jung propose une définition de la religion plus modeste, dont la portée opératoire est immense, surtout dans l'affaire qui nous occupe : « *La religion me semble être une attitude particulière de l'esprit humain, que l'on pourrait désigner, conformément à l'acceptation primitive du mot* religio, *en disant : c'est* une attitude d'observation attentive et de considération minutieuse *de certains facteurs dynamiques, jugés par l'homme comme étant des "puissances" : esprits, démons, dieux, lois, idées ou idéaux ou tels autres noms que l'homme a pu donner aux facteurs dont il a fait l'expérience dans son univers, et dont il a estimé qu'ils étaient suffisamment puissants, dangereux ou*

[399] JUNG C.G., *La psychologie du transfert*, Albin Michel, 1981 (1945), p. 30-31.
[400] *Cf.* FREUD S., *L'avenir d'une illusion*, *op. cit.*, et pour un résumé de sa position, *Moïse et le monothéisme*, *op. cit.*, p. 79-80.

secourables pour leur accorder une considération attentive, soit assez grands, beaux et pleins de signification pour les adorer avec piété et les aimer. »[401] « *La propriété de l'archétype, ainsi que le montre un regard jeté sur l'histoire des phénomènes religieux, est d'avoir un effet "divin", ce qui veut dire que le sujet est saisi de même façon que par l'instinct [...]. / Dès qu'un instinct se trouve limité ou entravé, il se produit une accumulation et une* régression *de cet instinct, ce qui veut dire, en termes plus clairs : si par exemple la sexualité se trouve inhibée, la régression qui pourrait éventuellement se produire consiste en ce que l'énergie de la sexualité abandonne le domaine de son utilisation pour animer la fonction d'un autre domaine.* »[402] L'intuition de Freud sur la nécessité et les dangers du refoulement serait donc la bonne : lorsqu'un instinct ne trouve plus d'exutoire convenable, il revient sous une forme détournée, c'est-à-dire (*per via*) perverse ; son erreur en revanche aurait consisté à vouloir ramener toutes les manifestations d'énergie vitale à la sexualité. Cette restriction est bien de son temps, car en effet, après le « désenchantement du monde », quelle autre occasion d'éprouver le sentiment de ce qui nous dépasse et nous anime, que dans la sexualité ?[403] L'argument de Jung consiste à rappeler que l'instinct religieux n'est pas moins attesté que l'instinct sexuel, sous des formes aussi diverses, toujours et partout. Il y a donc là aussi des forces qui intéressent la science de l'homme, et c'est une facilité que de les faire rentrer dans des cases préétablies, au motif qu'elles renvoient à un noyau d'inconnaissable : « *La psychologie ne se sent pas responsable de l'existence de réalités inconnaissables,* écrit-il. *Servante de la vérité, elle doit se contenter d'établir l'existence de certains phénomènes, si mystérieux soient-ils au premier abord.* »[404] En bref, la science ne peut dire si Dieu existe ou non, mais empiriquement, on retrouve partout des images de la divinité, qu'il importe par conséquent de prendre au sérieux. Nous ne savons pas ce qui se cache derrière (ni s'il se cache quelque chose), mais nous pouvons interroger leur sens, en les mettant en relation. On se trompe lourdement si l'on

---

[401] JUNG C.G., *Psychologie et religion*, Buchet-Chastel, 1956 (1940), p. 18-19. Voir aussi *Mysterium conjunctionis...*, *op. cit.*, t. II, p. 90-91.
[402] JUNG C.G., *Métamorphoses de l'âme...*, *op. cit.*, p. 274.
[403] *Cf.* JUNG C.G., « Freud – Un phénomène historico-culturel », *in Problèmes de l'âme moderne*, *op. cit.*, p. 395-405.
[404] JUNG C.G., *Mysterium conjunctionis...*, *op. cit.*, t. II, p. 152.

croit y échapper en les ignorant. Et, il n'y a souvent pas d'esprit plus dogmatique, plus naïvement religieux que le matérialiste.[405] Nous avons déjà eu plusieurs occasions de nous en rendre compte, et cela ressortira plus nettement par la suite : il y a une excitation magistrale, un tremblement caractéristique qui se fait soudain sentir lorsque les experts parlent du marché. Ils essaient de se mettre au service d'une puissance aux desseins impénétrables : sans même insister sur la main invisible, ce n'est pas nous qui inventons ce terme de gourous. Ils s'expriment volontiers de manière cryptique, en recourant parfois, on va le voir, à des expressions explicitement religieuses.

Pour résumer, le fil directeur que nous proposons consiste moins à se demander de quel désir, de quelle entité physique ces images sont le reflet, on pourrait presque dire le doublon (l'allemand *nur*, « seulement », « ce n'est que » revient souvent sous la plume de Freud), qu'à les relier pour chercher leur sens, appréhender les contours du monde qu'elles dessinent.[406] Nous en avons donné un rapide échantillon, dans les quelques pages que nous avons consacrées au symbolisme des microbes et des insectes, où nous nous sommes bien gardé de faire intervenir une puissance cachée dont ils seraient les émissaires ou les représentants. Nous nous en sommes tenu à leur logique interne, en observant la forme que prend l'archétype de l'insecte dans l'hygiénisme globalisant. Il nous a semblé intéressant de noter qu'il se constelle immédiatement en une nébuleuse hostile et extérieure. L'autre pendant de cet archétype, où ils apparaissent comme une force foisonnante et primitive, obscure et entêtée, ne trouve plus à s'incarner : on songe au scarabée de l'ancienne Egypte, qu'on reproduisait en talisman parce qu'on le croyait né de la boule de terre qu'il pousse devant lui, aux multiples légendes où « *le ver apparaît comme le symbole de la transition, de la terre à la lumière, de la mort à la vie, de l'état larvaire à l'état spirituel* »[407], ou à ces rêves où la découverte d'un magma d'insectes, de vers ou de larves dans un endroit inattendu indique, selon un clinicien, « *la prise de contact, par*

---

[405] *Cf.* JUNG C.G., *Les racines de la conscience…*, *op. cit.*, p. 72-73.

[406] *Cf.* DURAND G., *Science de l'homme et tradition – « Le nouvel esprit anthropologique »*, Albin Michel, coll. Spiritualités, 1996 (1979), p. 84.

[407] CHEVALIER J. et GHEERBRANT A. (dir.), *Dictionnaire des symboles*, *op. cit.*, p. 1001.

l'ego intellectuel et rationnel jusque-là abstrait, avec le foisonnement de la vie naturellement spontanée, pléthorique, concrète, et encore sous son aspect très primitif »[408]. Dans cet autre régime de l'imaginaire, que Durand qualifie de nocturne, les aspects obscurs de l'existence sont reconnus, non pour être invariablement combattus et « sublimés » comme chez Freud, mais autant que possible *intégrés* – nous verrons en temps voulu où se situe la nuance et comment une telle chose est possible, quels sont les enjeux de ce processus que Jung nomme *individuation*, après que la finance nous aura servi de contre-exemple. On peut seulement remarquer, sans s'appesantir davantage pour l'instant, que dans cette seconde disposition d'esprit, les insectes semblent œuvrer à la transformation de la personnalité. S'ils conservent l'aspect menaçant qu'on leur trouve chez les experts, il crève les yeux que tout autre chose est également en jeu. Il n'est plus seulement question de contagion, de pullulement ou de prolifération, mais de la vie *spontanée, pléthorique, concrète*, suivant les mots du psychologue Jacques de La Rocheterie dans l'ouvrage érudit et méconnu, admirable, que nous venons de citer. Le foisonnement paraît se maîtriser de lui-même, par un effet de structuration interne – tout l'inverse donc de la finance, où une imagination monarchique, surplombante, volontiers paranoïaque, multiplie les purges sans visiblement rassurer ses sectateurs.

Mais là encore, nous remettons à un peu plus tard l'étude de ces sensibilités qui nous renseignent sur ce que la finance ignore, et qui en sont pour cette raison en quelque sorte le négatif – « *la lampe nocturne [qui] éclaire le monde* »[409], dit Kleist. Ce n'est qu'à ce moment que nous entrerons de plain-pied dans la réflexion de Jung (nous n'avons encore fait que donner son point de départ), et que nous pourrons justifier la comparaison que nous mènerons, presque terme à terme, avec l'alchimie ; nous interpréterons alors les correspondances

---

[408] DE LA ROCHETERIE J., *La symbologie des rêves*, *op. cit.*, t. II, p. 150. *Cf.* également DURAND G., *Les structures anthropologiques de l'imaginaire...*, *op. cit.*, p. 362-363. Nous renvoyons par ailleurs à l'analyse d'un film de Dario Argento, *Phenomena*, dans notre mémoire sur le cinéma d'épouvante et le conte de fées (p. 98-106 de l'exemplaire déposé à Grenoble).

[409] Cité par SCHOPENHAUER A., *Le monde comme volonté et comme représentation*, PUF, 1992, p. 309.

étonnantes, et nous pouvons déjà le dire, fort peu rassurantes qui se révéleront à nous.

LA FINANCE D'APRES SES METAPHORES (1) : LA « BOITE NOIRE » ET LES SIGNES DU CIEL

Pour voir comment l'on passe de la rationalisation au délire, du refoulement de l'imaginaire au retour du refoulé, venons-en tout de suite aux exemples. Prenons la page « Crible » des *Echos*, en date du 8 juin 2000, qui porte le titre évocateur de « *Planète Finance* »[410]. L'on commence par nous y entretenir d'un investisseur, Jean-François Théodore, qui « *galope à bride abattue sur les traces d'Alexandre le Grand et de Charles Quint. Le voici sur le point de construire un empire sur lequel le soleil ne se couchera jamais. Car telle est l'idée de ce Global Equity Market* » censé connecter les principaux marchés de capitaux, sur chaque continent, « *en établissant la logistique nécessaire pour que ce mouvement perpétuel ne s'arrête jamais. Cela répond sans doute aux besoins des grandes maisons de courtage installées sur la planète. Mais ni les investisseurs ni les émetteurs ne trouveront dans ce marché continu plus de liquidité pour autant.* » La finance apparaît dans ces lignes comme l'avant-garde du capitalisme, un empire dans l'empire, qui achève d'aligner les provinces. Jusqu'ici, il n'est question que de conquête, de rationalisation, d'extension du domaine de la transparence. C'est le fantasme de la numérisation, tel que nous l'analysions dans notre premier chapitre. Cependant, on passe sans transition (il n'y a ni coupure ni saut de ligne entre le dernier extrait et celui que nous nous apprêtons à citer) à des considérations d'un autre ordre, où cet espace uniforme est soudain parcouru de flux impossibles à contenir. La métaphore de la conquête et de l'alignement le cède sans prévenir au registre de la tempête : « *Et un battement d'aile de papillon au Kabuto Cho sera toujours susceptible de provoquer un cyclone à Wall Street. Peut-être faut-il, sur la Planète Finance aussi, que tout change pour que rien ne change ?* » Nous avons vu que les marchés étaient décrits comme des entités, dotés d'une volonté propre et d'insondables états d'âme ; ils semblent en outre former un univers parallèle.

---

[410] « Crible », *Les Echos*, 8 juin 2000, p. 11.

Dans cet article, comme dans le livre de Tétreau,[411] il est même question d'une *Planète Finance*, qui est décrite de façon toujours ambivalente. Elle apparaît d'abord comme une surface plane où galope le nommé Théodore, un champ de forces rationnelles – d'où l'analogie avec la physique, posée avec une naïveté confondante : « *La Bourse n'est qu'une succession d'excès à court terme. Mais sur la durée, la réelle valeur d'une économie ou d'une société finit par transparaître. C'est un phénomène physique.* »[412] « *Cela fait deux siècles que l'on a découvert les principes physiques qui font de l'électricité une énergie. Notamment depuis que l'on a constaté que les objets s'attirent ou se repoussent selon qu'ils sont chargés d'ions positifs ou négatifs. Les investisseurs hispaniques découvrent actuellement à quel point ces lois de la physique régentent même leur système capitaliste.* »[413] Dans le même temps, ces forces qui traversent la Planète Finance, pour « rationnelles » qu'elles soient, ne semblent guère prévisibles. Pour donner une coloration scientifique à tout cela, on délaisse Newton pour la physique quantique, la théorie du chaos (dont il est probable que les experts les connaissent aussi peu que nous-même) et les battements d'ailes du papillon. C'est là que se fait la jonction entre le scientisme et le mysticisme de bazar. Tournons-nous vers Minc, qui est caricatural de ce point de vue. Il assène d'un côté, avec aplomb : « *La toute-puissance du capital fait désormais corps avec les phénomènes structurants de l'économie de marché contemporaine.* »[414] Cette phrase, dont le sens est peu clair, a de quoi en imposer au profane. Quelle est cette « toute-puissance », quels sont ces phénomènes devenus « structurants » ? Par définition, la nature du capital, c'est-à-dire l'ensemble des moyens de production, est liée au reste de la structure économique. Par quelque bout qu'on prenne le problème, même en étant sceptique quant au primat de l'infrastructure, on ne voit pas comment il pourrait en être autrement, dans n'importe quelle économie, de marché ou non, à quelque époque que ce soit. On est face à une pure tautologie, qui donne, traduite en langage normal : le capital est *désormais*

---

[411] *Cf.* TÉTREAU E., *Analyste…*, *op. cit.*, p. 16.
[412] TURJEMAN E., « La leçon de Bourse d'un grand gérant français », propos recueillis par François Le Brun, *Les Echos*, supplément week-end, 13 et 14 avril 2001, p. 19.
[413] « Crible », *Les Echos*, 7 février 2001, p. 13.
[414] MINC A., *www.capitalisme.fr*, *op. cit.*, p. 33.

tout-puissant parce qu'il fait corps avec la toute-puissance *contemporaine* du capital. Le beau raisonnement que voilà... D'un autre côté, suivant un glissement que nous n'avons pas fini de retrouver, le même Minc qui se refuse à argumenter en appelle aux nuages et aux étoiles : « *Je ne sais pas si les marchés pensent juste, mais je sais qu'on ne peut pas penser contre les marchés. Je suis comme un paysan qui n'aime pas la grêle mais qui vit avec [...]. Il faut le savoir, et, à partir de là : agir comme s'il s'agissait d'un phénomène météorologique.* »[415] « *Les privatisations sont donc inscrites dans les astres : le seul débat, du moins pour les monopoles, est de savoir si elles ont lieu sans contrepoids.* »[416] Les marchés sont d'un même mouvement naturalisés et divinisés : implacables comme la grêle, aussi inaccessibles que les astres. La réalité de tous les jours n'est qu'un voile qui en cache une autre, réservée à ceux qui savent lire les signes du ciel.

Or, ainsi que l'a relevé Rudolf Otto,[417] ce sentiment de passage dans un « tout autre » ordre de réalité est la marque même du sacré, y compris (et ajouterons-nous, surtout) lorsque ce sacré ne s'avoue pas comme tel. Eliade, qui a repris ce critère et lui a donné l'ampleur que l'on sait, avance une remarque décisive pour notre travail, car elle permet de faire le lien entre les métaphores météorologiques et la religiosité diffuse de la finance. « *Des pénétrantes analyses de Rudolf Otto*, écrit-il, *nous retiendrons cette observation : le sacré se manifeste toujours comme une puissance d'un tout autre ordre que les forces naturelles. Il est vrai que le langage explique naïvement le* tremendum, *ou la* majestas, *ou le* mysterium fascinans, *par des termes empruntés au domaine naturel ou à la vie spirituelle profane de l'homme. Mais nous savons que cette terminologie analogique est due à l'incapacité humaine d'exprimer le* ganz andere [le « tout autre »] *:* le langage est réduit à suggérer tout ce qui dépasse l'expérience naturelle de l'homme par des termes empruntés à cette même expérience

[415] MINC A., *Le Débat*, mai 1995, cité par HALIMI S., *Les nouveaux chiens de garde* (1ère éd.), *op. cit.*, p.45.
[416] MINC A., *La Mondialisation heureuse*, *op. cit.*, p. 237.
[417] *Cf.* OTTO R., *Le Sacré – L'élément non rationnel dans l'idée du divin et sa relation avec le rationnel*, Payot, coll. Petite bibliothèque, 1995 (1917).

naturelle. »[418] L'immensité des forces naturelles sert à suggérer la présence de la divinité, à la fois par analogie et par défaut : on en trouvera des exemples frappants un peu plus loin, quand nous étudierons le symbolisme de l'air. Le vocabulaire météorologique des experts prend tout son sel lorsqu'on se rend compte qu'ils l'appliquent en premier lieu aux marchés financiers, dont le lien avec l'économie « réelle » est rien moins qu'établi, et qui dépendent avant tout de leurs sautes d'humeur. C'est donc le résultat de leur propre activité, qu'ils ne perçoivent plus du tout comme telle, qu'ils naturalisent et divinisent de la sorte. Il s'agit d'une projection, c'est-à-dire, comme l'écrit Jung, du transfert d'un contenu subjectif dans un objet. « *C'est un processus de dissimilation : un contenu est aliéné du sujet, et, en quelque sorte, incarné en l'objet. On projette des contenus pénibles ou incompatibles pour s'en libérer, comme aussi des valeurs devenues inaccessibles pour une cause quelconque, par sous-estime de soi par exemple.* »[419] À ceci près, bien sûr, que ce n'est pas un sentiment d'infériorité qui est en l'espèce cause de cette dissimilation, mais exactement l'inverse. Les experts considèrent le marché comme une *entité* (suivant l'expression de l'un de nos interlocuteurs), dont ils ne se lassent jamais de déchiffrer les entrailles, sans guère s'apercevoir la plupart du temps du caractère foncièrement circulaire de l'opération.

Cela ne signifie bien sûr pas que certains facteurs extérieurs aux marchés n'aient pas leur importance : tel événement de politique internationale, par exemple. Il faut cependant se rappeler que cet événement n'a d'influence qu'après être entré dans le système, dans ce que les économistes, politologues et autres experts anglo-saxons appellent la *black box*. À un premier niveau de lecture, le terme dit assez combien ils renoncent à comprendre ce qui se passe à l'intérieur – cela, les contre-experts peuvent le relever aussi bien que nous. Il nous intéresse plus encore de noter combien cette *black box* (que les francophones importent généralement sans la traduire, probablement de peur de la ramener à l'état de simple boîte) est révélatrice d'une volonté de poser le marché en médiateur universel et abstrait, où serait celé le mystère des choses et qui dissiperait toutes les images autour de lui. Elle pose un

---

[418] ELIADE M., *Mythes, rêves et mystères*, *op. cit.*, p. 155. Nous soulignons.
[419] JUNG C.G., *Types psychologiques*, *op. cit.*, p. 460.

monothéisme absolu, comme la pierre carrée de La Mecque, ou si l'on pousse un peu, pour le curieux alliage du primitivisme technologique, le monolithe de *2001, l'odyssée de l'espace* (c'est l'analogie qui nous est tout de suite venue à l'esprit, la première fois que nous avons entendu parler de cette *black box*, dans un cours de science politique voici quelques années). Les « purges », les « cures d'austérité » appelaient en retour un déferlement de métaphores sur la contagion : de même, sitôt que l'on entre dans la boîte noire, dans l'austère sanctuaire géométrique où se joue à chaque instant le destin de l'humanité, l'on fait soudain face à un foisonnement de références météorologiques.

Tout se passe comme si, en voulant éliminer toute métaphore, en rendant leur système le plus auto-référentiel possible, les experts ne parvenaient qu'à un déchaînement de représentations erratiques : la seule chose qu'ils établissent en définitive, c'est la persistance de l'image, l'impossibilité de se constituer en vase clos, la nécessité d'un lien avec ce qui nous entoure. Il y a d'abord les manifestations peu spectaculaires et quotidiennes, où la Bourse n'est qu'une succession de tempêtes (que nous allons commenter de près un peu plus loin), d'embellies[420] et d'accalmies,[421] que l'on dit à la fois inévitables

[420] Ici, comme pour les notes suivantes, les exemples sont si nombreux que nous nous contentons de feuilleter notre documentation. Pour quelques « embellies », sous la plume du seul Massimo Prandi en 2001-2002 (c'est-à-dire lors de la chute des marchés), *cf.* « Semaine en demi-teinte pour le CAC », *Les Echos*, 14 mai 2001, p. 39, « Spectaculaire embellie du CAC 40 », *Les Echos*, 5 et 6 octobre 2001, p. 37, « Rebond technique modéré du CAC 40 », *Les Echos*, 23 janvier 2002, p. 23, « Paris insensible à l'embellie américaine », *Les Echos*, 4 février 2002, p. 27.

[421] *Cf.* ROBERT V., « Ordinateur : conversion tardive au standard du marché », *Les Echos*, 18 mai 1999, p. 71 ; GIBIER H., « La part d'excès », *Les Echos*, 19 avril 2000, p. 35 ; HIAULT R., « La morosité boursière pénalise le dollar et profite aux obligations », *Les Echos*, 12 octobre 2000, p. 48 ; « Accalmie sur les Bourses internationales », *Les Echos*, 15 mars 2001, p. 37 ; LACHÈVRE C., « Fragile accalmie pour les marchés boursiers », *Les Echos*, 6 juin 2002, p. 24 ; MAURAN G., LE PAGE ST., « Le CAC au dessus des 2900 points », 16 avril 2003, p. 25.

et imprévisibles.[422] Ces habitudes langagières sont tellement ancrées qu'une publicité pour Merril Lynch proclamait tout simplement : « *Résistez aux intempéries* », avec en arrière-fond un taureau fièrement dressé,[423] baignant dans la lumière.[424] Un exemple un peu plus développé, que nous empruntons à l'éditorialiste vedette des *Echos* : « *Les bulletins météo ne se hasardent pas à annoncer le temps qu'il fera au-delà d'une semaine. Les prévisionnistes sociaux, qui travaillent à l'horizon de l'année, n'hésitent pourtant pas à recourir à un vocabulaire météorologique qui a, au moins, l'avantage de la simplicité d'expression. C'est ainsi que les sociologues d'"Entreprise et Personnel" émettent aujourd'hui la prévision globale que de gros nuages noirs continueront à plomber notre ciel dans l'année qui vient. [...] Comme, par ailleurs, le gouvernement actuel semble surtout adepte d'un prudent pragmatisme, on ne voit pas se dessiner de réformes audacieuses qui, jouant le rôle de l'anticyclone, dégageraient le ciel. Une fois admise la permanence d'une formation dépressionnaire, reste à savoir quelles précipitations elle déclenchera. Trois hypothèses sont envisageables* », « *la succession de "grains et bourrasques"* », « *l'éclatement d'un violent orage* » et les « *éclaircies [...] dans ce ciel maussade* » grâce auxquelles « *l'horizon cesserait alors d'apparaître comme irrémédiablement bouché.* »[425] Il est probable, comme l'avance Favila, que la commodité entre pour beaucoup dans l'usage de ces métaphores. On ne peut cependant s'empêcher de les trouver très nombreuses, plutôt excessives, et employées avec une remarquable absence de distance, surtout s'il ne s'agit *que* de métaphores, de vulgarisations de la réalité (les chiffres et le terrain, le reste n'est qu'image). D'autant que, à côté de ces « embellies » qui sont commentées quotidiennement avec autant d'angoisse que le paysan guette la grêle (Minc *dixit*) – à la différence que la grêle est dans la tête des financiers eux-mêmes –, il arrive quelquefois que la machine s'emballe et que les experts

---

[422] L'article déjà cité d'Auguste Mpacko Priso, « Marchés boursiers : l'accalmie imprévisible » (*Les Echos*, 27 et 28 avril 2001, p. 76), est le plus significatif de ce point de vue.

[423] On parle de taureau (« bull ») quand le marché est orienté à la hausse, et d'ours (« bear ») à la baisse.

[424] Publicité pour Merril Lynch, *Les Echos*, 30 juin et 1er juillet 2000, p. 28.

[425] FAVILA, « Météo sociale », *Les Echos*, 23 octobre 2003, p. 48.

élaborent sans y penser tout un écosystème, « chaotique » ou non, avec sa faune, ses éléments, mais aussi ses saisons et ses lois, qui se superposent à celles que connaît le commun des mortels : « *Chacun de nous a observé que nous vivons dans un environnement climatique constitué par la succession des saisons. Mais avez-vous remarqué que notre univers économique évolue aussi à travers différentes phases qui leur ressemblent étrangement. Simplement, leur déroulement n'est pas lié à l'ensoleillement, à la température, à l'humidité... Mais aux décalages observés entre l'évolution longue de l'activité, des prix et de l'endettement. La durée de chaque saison économique ne se mesure pas en mois mais en années, une dizaine d'années pour chacune d'elles. [...] En 2001, ce bel élan semble se briser. La peur remplace l'appât du gain.* [Relevons ce passage, où l'appât du gain est explicitement présenté comme l'antidote de la peur, et où l'on enchaîne, toujours sans transition :] *Pourtant les printemps précédents ont eux-mêmes toujours été accompagnés de cinglantes giboulées.* »[426] Dans un article intitulé « *Soleil voilé mais avis de tempête* » : « *L'année 1998 a été riche de crises diverses qui ont failli, à l'automne, embraser la planète. Heureusement, la grande panique des marchés financiers qui a suivi la crise russe du mois d'août a pu être contenue et le monde a fini l'année dans une ambiance de douce euphorie qui frise l'inconscience.* »[427] Ici, c'est l'embrasement des marchés financiers qui se voit assimilé à celui de la planète tout entière. Lorsqu'ils se sont rétablis, le « monde », rien de moins, a poussé un soupir de soulagement – mais attention, suivant cet éternel basculement entre la transparence et la contagion, on se hâte de nous mettre en garde, car le propre des spectres est de toujours pouvoir revenir. Le ressort tient encore franchement du film d'épouvante : « *Pour un banquier central, l'inflation n'est jamais morte* »[428], glisse un expert de la Banque centrale européenne.

---

[426] VANUYSSE E.-H. et CHEVALLIER F.-X., « Giboulées de printemps sur l'économie américaine », *Les Echos*, 26 juin 2001, p. 52.

[427] CHALMIN Ph., « 1999 : soleil voilé mais avis de tempête », *Les Echos*, 4 janvier 1999, p. 36.

[428] Cité par CORDONNIER L., *Pas de pitié pour les gueux...*, *op. cit.*, p. 107.

C'est dire si l'« écosystème » de la finance est fragile. Les papillons, en battant des ailes, y provoquent des tempêtes et des *ondes de choc* (« *Parmalat déclaré en faillite, l'onde de choc s'étend* »[429], « *le CAC 40 résiste à l'onde de choc* »[430], « *Wall Street a plutôt bien résisté à la nouvelle onde de choc* »[431], « *les places boursières sont aujourd'hui prises en tenaille entre deux puissantes ondes contradictoires* »[432], *etc.*). Les intempéries sont évoquées négativement dans la totalité de nos documents : pas de pluie fécondante, de salutaire coup de tonnerre pour troubler une vie sans saveur, ni rien de ce genre. Tout ce qui concourt à obscurcir le rayonnement de la transparence se range aussitôt du côté du diable. Cet autre trait du paysage mental des experts n'étonne guère, si l'on se rappelle ce qui précède. Là encore, on retrouve une opposition sommaire entre la lumière, la chaleur, le bien, le soleil qui « *chaque matin, [...] se lève à Paris sur la Bourse des valeurs technologiques* »[433], et les bourrasques, les orages, le brouillard, les coups de froid, les « *nuages inflationnistes* »[434], les cessions précipitées qui « *jettent une ombre malvenue.* »[435] Une ombre est toujours malvenue en finance, impossible d'être plus insensible aux beautés du clair-obscur. D'un côté le soleil, de l'autre le brouillard et les nuages : « *un rayon de soleil ne fait pas un été réussi* »[436], « *le brouillard commence à se dissiper* »[437], « *le brouillard ne succède pas forcément au soleil voilé* »[438], « *un*

---

[429] *Les Echos*, une du 29 décembre 2003.

[430] AÏT-KACIMI N., « Le CAC 40 résiste à l'onde de choc », *Les Echos*, 18 avril 2000, p. 33.

[431] FRADIN Ch., « Les marchés financiers s'offrent une journée de répit », *Les Echos*, 28 et 29 juin 2002, p. 30.

[432] PRANDI M., « Les marchés restent soumis à des forces contradictoires », *Les Echos*, 18 novembre 2002, p. 30.

[433] « Crible », *Les Echos*, 10 février 2000, p. 13. *Cf.* aussi, dans le même ordre d'idées, « La Bourse de New York remonte doucement », 12 août 1999, p. 19.

[434] SENGÈS G. « Wall Street voit s'éloigner les nuages inflationnistes », *Les Echos*, 29 et 30 octobre 1999, p. 30.

[435] « Le chapeau d'Umberto », *Les Echos*, 3 mars 2000, p. 11.

[436] « La Manche et les poches d'EDF », *Les Echos*, 19 juin 2002, p. 19.

[437] F.V., « Bataille en perspective pour Generali », *Les Echos*, 3 mars 2000, p. 27.

[438] « Stilo et Margaux », *Les Echos*, 27 janvier 2003, p. 11.

rayon de soleil n'a pas le temps de réchauffer l'atmosphère quand il est entouré de nombreux nuages »[439], « *si [...] l'horizon à très court terme est rempli d'un épais brouillard, [...] l'avenir à moyen terme s'éclaircit de jour en jour* »[440], *etc.* Le bien réside dans l'unité du marché global, tandis que le mal est difficile à cerner, de nature fondamentalement pullulante. C'est aussi pour cela que les experts parlent du soleil et de la croissance au singulier (c'est un même soleil qui brille sur toutes les technologies de l'information, c'est une même croissance qui se diffuse dans les différentes branches d'activité), tandis que les nuages et les orages sont généralement mis au pluriel, et que le choix du brouillard suggère nécessairement une menace composite. Morne plaine : ce partage entre le jour et la nuit, la transparence et l'opacité, le singulier et le pluriel, la canalisation et le fourmillement, reproduit parfaitement la coupure entre la croissance et les « spectres » qui la menacent. Aussi, de chaque côté de l'axe, ces notions sont-elles quasiment interchangeables. Les experts passent du soleil à la croissance, et du brouillard aux spectres, sans même s'en apercevoir : « *La météo plutôt maussade n'affecte pas le climat des affaires, car la nouvelle économie,* éclairée par le soleil des technologies de l'information, *est dans toutes les têtes et fait la une des médias. Ainsi, en Europe comme aux Etats-Unis, la nouvelle croissance serait portée durablement par les nouvelles technologies, qui auraient balayé durablement le* spectre *des récessions !* »[441] Il existe même une sorte d'équivalent météorologique des spectres et de la contagion : c'est le « vent froid » (on parle aussi de « *vent mauvais* »[442] ou de « *vents contraires* »[443]), qui s'insinue partout, lancinant et vicieux, sourd et inquiétant : « *le vent froid*

---

439 « La main et le gant », *Les Echos*, 24 et 25 octobre 2003, p. 44.

440 « Crible », *Les Echos*, 29 juin 2003, p. 9.

441 GODET M., « Nouvelle économie et nouvelles technologies : la confusion », *Les Echos*, 28 novembre 2000, p. 68. Nous soulignons. L'auteur essaie ici d'être ironique, et apporte par la suite des corrections de détail. Par souci de précision, nous mentionnons ce point qui au fond importe peu. Ce ne sont pas les détails du débat entre experts qui nous intéressent, mais leur manière de parler.

442 N.BA, « Vent mauvais sur le Nasdaq », *Les Echos*, 5 octobre 2000, p. 37.

443 EHRART I., « L'indice CAC 40 marque une pause », *Les Echos*, 14 septembre 1999, p. 31.

des alertes sur bénéfices soufflant d'Amérique a [...] encore fait souffrir Cap Gemini »[444], « *coup de froid sur la Bourse de Tokyo* »[445], « *Tokyo a connu hier un véritable coup de froid* »[446], « *subit coup de froid sur les valeurs sidérurgiques européennes* »[447], « *un vent de résultats peu encourageants a soufflé hier sur la Bourse de Paris* »[448], « *il flotte sur le nouveau marché comme un parfum de marché baissier* »[449], par exemple. Les statistiques elles-mêmes, qui sont le gage d'objectivité que l'on sait, se changent en esprits frappeurs, qui « *jettent un froid* »[450], « *dépriment* »[451], « *accablent* »[452] les marchés. « *Les marchés occidentaux subissent l'afflux de signaux économiques décevants* »[453], lit-on aussi dans le même registre.

Nous convenons qu'aucune de ces métaphores n'est décisive, prise isolément. En revanche, elles sont trop nombreuses, trop concordantes et finalement trop énormes pour être écartées sans réflexion. Quand les experts assimilent les mouvements qui traversent les marchés à des phénomènes naturels, il crève les yeux que tout cela a moins à voir avec la prévision météorologique qu'avec une lecture terrifiée des signes du ciel, une religiosité dont nous pouvons à présent préciser les contours. Le règne de la main invisible, presque

---

[444] PRANDI M., « Hausse du CAC sur faibles volumes », *Les Echos*, 10 avril 2001, p. 29.

[445] BARROUX D., « Actions : coup de froid sur la Bourse de Tokyo », *Les Echos*, 19 juillet 2000, p. 21.

[446] FRADIN Ch., « Découvrant un dollar sous les 104 yens, la Bourse de Tokyo a cédé hier 2, 73% », *Les Echos*, 17-18 septembre 1999, p. 24.

[447] F.VI., « Subit coup de froid sur les valeurs sidérurgiques européennes », *Les Echos*, 25 mai 2000, p. 13.

[448] J. R., « Le CAC 40 au plus bas de l'année », *Les Echos*, 26 juillet 2001, p. 25.

[449] AÏT-KACIMI N., « Le CAC 40 accentue sa baisse », *Les Echos*, 1er et 2 décembre 2000, p. 43.

[450] L.T., « Les ministres des Finances du G7 affichent leur optimisme sur la reprise mondiale », *les Echos*, 17 juin 2002, p. 13.

[451] FRADIN Ch., « Les statistiques dépriment Wall Street, l'Europe en profite pour se reprendre », *Les Echos*, 2 et 3 août 2002, p. 19.

[452] FRADIN Ch., « Les statistiques accablent les marchés », *Les Echos*, 1er août 2002.

[453] FRADIN Ch., « Les marchés occidentaux subissent l'afflux de signaux économiques décevants », *Les Echos*, 6 août 2002, p. 19.

sans partage à la surface, charrie en compensation une forme dégradée d'animisme. Aucun jugement de valeur sur l'animisme là-dedans : nous écrivons qu'il s'agit d'une version « dégradée », parce que cet animisme n'aide de toute évidence guère à retrouver le sentiment de la consistance des choses, à « réenchanter le monde », pour reprendre une formule qui revient à la fois chez Latouche et Maffesoli. On aura compris que la raison de cette dégradation tient à ce que cet animisme ne s'assume pas, ne peut s'assumer comme tel. Il est la forme que prend l'imaginaire après avoir été refoulé par un monothéisme particulièrement exigeant (plus proche en cela du protestantisme que du catholicisme par exemple, qui par le culte des saints, la dimension sacrificielle de la messe, la pompe des rituels, fait une place à l'âme païenne qu'il entend sauver). Plus les experts courent après la transparence, plus la *black box* est opaque – ce qu'un rationalisme mécaniste ne peut guère aider à comprendre. Ils cherchent à dégager une sorte de structure absolue et se trouvent renvoyés à eux-mêmes, à une *entité* collective qui est, jusqu'à preuve du contraire, fondamentalement imprévisible. Leur inquiétude se matérialise dans le tempérament cyclothymique du dieu Marché (battements d'ailes du papillon, ondes de choc, et surtout, on y vient, tempêtes), et ils se voient tout à coup encerclés d'épidémies ; c'est-à-dire encore une fois, pour le résumer d'une formule : fantasme de l'un et prolifération des spectres.

LA FINANCE D'APRES SES METAPHORES (2) : LIQUIDITE ET VOLATILITE

Parmi toutes ces métaphores météorologiques, il est une particulièrement fréquente, et dont la coloration religieuse est certainement la plus évidente de toutes : c'est celle du vent, qui est dans de nombreuses traditions « *synonyme du* souffle *et, en conséquence de l'Esprit, de l'influx spirituel d'origine céleste* »[454], comme l'écrit l'équipe de Chevalier et Gheerbrant (dans la Bible, Dieu « *fait des vents ses messagers* » (Ps. CIV, 4) ; dans le Coran, Il « *envoie les Vents comme bonne nouvelle annonciatrice de Sa Miséricorde* » (VII, 57, XXV, 48, XXVII,

---

[454] CHEVALIER A. et GHEERBRANT A. (dir.), *Dictionnaire des symboles*, *op. cit.*, p. 997.

63)[455] ; plus loin de nous, « *dans la symbolique hindoue, le vent, Vâyu, est le* souffle *cosmique et le Verbe ; il est le souverain du domaine subtil, intermédiaire entre le ciel et la Terre, espace que remplit, selon la terminologie chinoise, un* souffle, *k'i* »[456] ; tandis que Jung pointe des étymologies communes entre air et esprit, non seulement en latin où cela est très connu, mais encore en allemand et en arabe[457]). Ce thème revient de manière proprement obsessionnelle dans *Les Echos*, la poésie en moins. On lit, indifféremment, que les marchés se cherchent une « *âme* »[458] ou une « *religion* »[459], que telle décision représente un « *bel acte de foi* »[460], que tels capitalistes « *prêchent un évangile renouvelé sur Internet* »[461], et que le marché « *reprend son souffle* »[462], qu'il « *[s'accorde] un bol d'air pur* »[463] (ce qui sous-entend bien qu'il est menacé et que cela ne durera pas : les spectres ne sont jamais loin), qu'il « *profite d'une bouffée d'air frais en provenance des Amériques* »[464], qu'il « *reprend de la hauteur* »[465] ou de « *l'altitude* »[466], qu'une petite « *brise* »

[455] *Cf.* GUÉNON R., *Symboles fondamentaux de la Science sacrée*, Gallimard, coll. Tradition, 1982 (posthume, 1962), p. 277.

[456] CHEVALIER A. et GHEERBRANT A. (dir.), *Dictionnaire des symboles*, *op. cit.*, p. 997.

[457] JUNG C.G., *L'Homme à la découverte de son âme*, Albin Michel, 1987, p. 56-57.

[458] PRANDI M, « Le marché en proie à l'attentisme », *Les Echos*, 21 janvier 2001, p. 39.

[459] GUILLAUME Ph., « Les marchés actions se cherchent une religion », *Les Echos*, 4 décembre 2000, p. 36-37

[460] « Crible », *Les Echos*, 6 novembre 2001, p. 9 ; *cf.* aussi 26 novembre 2001, p. 11.

[461] PERKINS A., « Nous en sommes à l'âge de Pierre sur Internet », *Les Echos*, supplément*.net*, 8 janvier 2001, p. 2.

[462] FRADIN Ch., « L'indice CAC 40 se replie de 2,13 % », *Les Echos*, 30 octobre 2001, p. 27 ; une du 26 mars 2003 ; « Les marchés reprennent leur souffle », *Les Echos*, 18 juin 2003, p. 31.

[463] PRANDI M., « Reprise technique pour le CAC 40 », *Les Echos*, 13 février 2001, p. 27 ; LE PAGE ST., « Un bol d'air pour le CAC 40 », *Les Echos*, 29 octobre 2002, p. 27.

[464] LACHÈVRE C., « Accalmie pour l'indice CAC 40 », *Les Echos*, 26 et 27 mai 2000, p. 49.

[465] PRANDI M., « Le CAC 40 reprend de la hauteur », *Les Echos*, 3 octobre 2002, p. 25.

souffle et que les opérateurs « *[veulent] croire à la reprise du marché* »[467], qu'un regain d'optimisme « *flotte* » et « *ranime* » les places boursières[468], qu'il y a un « *salutaire appel d'air* »[469]. Il faut toujours « *insuffler* » l'esprit d'entreprise, le « *ranimer* » [470]. L'expert de permanence se fait lyrique et s'interroge : « *Pareil à Gatsby le Magnifique, un indice CAC 40 fébrile mais rêveur se plaît à croire à une reconquête des 4400 points. Le marché a-t-il pour autant retrouvé le grand souffle qui l'entraînerait vers ses plus hauts ?* »[471] On ne craint rien tant que le manque d'inspiration, qui est évoqué avec terreur,[472] et l'on pousse un soupir de soulagement lorsque le marché rebondit « *inspiré* » [473] par les valeurs technologiques. « *Inspiré* » : voilà encore un adjectif que nous suggérons de prendre au pied de la lettre. Le répertoire des experts apparaît toujours aussi pauvre, la symbolique de l'air traversée par la même ligne de partage que le reste. Le marché s'offre un bol d'air, la petite brise ou le vent d'optimisme le vivifie, tandis que l'agitation se traduit immédiatement en « *turbulences irrationnelles* » [474] (c'est presque un pléonasme, en langage

---

[466] « Les marchés européens se redressent », *Les Echos*, 13 février 2001, p. 27.

[467] HIAULT R., « Les places boursières restent en quête de certitudes », *Les Echos*, 17 avril 2001, p. 28.

[468] COLMANT P.M., « Les taux américains raniment les places boursières », *Les Echos*, 21 mai 2001, p. 34 ; « Crible », 29 janvier 2003, p. 9 ; LECHANTRE C. et MAURAN G., « Le CAC 40 reprend sa marche », *Les Echos*, 27 juin 2003, p. 29 ; « Vent d'optimisme sur les marchés », *Les Echos*, 4 septembre 2003, p. 29.

[469] MAUJEAN G. et PRANDI M., « Le CAC 40 glisse sur l'indice ISM », *Les Echos*, 24 mars 2003, p. 25.

[470] CHATIGNOUX C., « Proposition commune de Paris et Londres pour ranimer l'esprit d'entreprise en Europe », *Les Echos*, 3 mars 2003, p. 8.

[471] AÏT-KACIMI N., « Hausse dans la nervosité », *Les Echos*, 1er février 1999, p. 39.

[472] Pour un exemple frappant, *cf.* LACHÈVRE C., « Le CAC 40 en manque d'inspiration », *Les Echos*, 19 et 20 mai 2000, p. 47.

[473] PRANDI M., « Le CAC 40 s'envole après l'UMTS », *Les Echos*, 18 octobre 2001.

[474] GIBIER H., « Longue vue », *Les Echos*, 25 juillet 2002, p. 3.

expert), en « *tourmente boursière* »[475], en « *coup de tabac* »[476], en « *période de trouble* »[477] et de « *gros temps* »[478] où souffle « *le vent du krach* »[479], en « *séisme* »[480], en « *cyclone* »[481], en « *tempête* »[482], *etc.* Dans le monde de la transparence, le ciel a vocation à rester bleu, rien n'interrompt sérieusement la lévitation des marchés, mais on passe par des « *trous d'air* »[483], des « *zones de turbulences* »[484].

D'un point de vue plus pratique : il y a moins d'acheteurs que de vendeurs, les prix baissent, la finance cesse provisoirement de s'étendre. Mais les experts n'utilisent guère ce langage terre-à-terre. Il est tout de même étonnant qu'ils ne trouvent souvent d'analogie pour décrire ce qui se passe sur les marchés boursiers (c'est-à-dire en eux-mêmes et entre eux) qu'avec des phénomènes naturels, de préférence de nature violente et imprévisible, les seuls susceptibles apparemment de rendre compte des émotions qui les saisissent derrière leurs écrans. Bernard Maris a certes raison d'écrire, dans un pamphlet réjouissant : « *La Bourse est fiévreuse, mélancolique, languide, morose, agitée, nerveuse, déçue, elle s'enflamme, elle s'affole, et puis c'est le beau fixe, l'accalmie. Entre météorologie et médecine de Molière, l'expert pontifie.* »[485] Tout cela est vrai, mais l'essentiel est ailleurs, et la contre-expertise guette ceux qui ne vont pas plus loin. Car si les experts ne rencontraient aucun écho, ils se lasseraient vite, et ne pousseraient pas plus loin. Pour revenir à un argument des plus prosaïques, ils ne

---

475 N.BA., « La valorisation des titres alimente la tourmente boursière », *Les Echos*, 23 mai 2000, p. 31.

476 Une des *Echos*, 31 août et 1er septembre 2001.

477 LACHÈVRE C., « Les marchés d'action traversent une nouvelle période de trouble », *Les Echos*, 5 juin 2002, p. 26.

478 « Crible », *Les Echos*, 2 juillet 2003, p. 11.

479 *Les Echos*, une du 16 juillet 2002.

480 « Crible », *Les Echos*, 23 avril 2002, p. 17.

481 « Crible », *Les Echos*, 8 janvier 2002, p. 9.

482 RUELLO A., « Les entreprises high-tech américaines s'attendent à une semaine noire », *Les Echos*, 4 avril 2001, p. 18.

483 AÏT-KACIMI N., « Poursuite de la progression », *Les Echos*, 7 janvier 1999, p. 25.

484 EHRART I., « Les places financières dans une zone de turbulence », *Les Echos*, 7 septembre 1999, p. 20.

485 MARIS B., *Lettre ouverte aux gourous de l'économie...*, *op. cit.*, p. 142.

gagneraient pas d'argent. Contrairement à ce que pense Maris, il se joue même quelque chose de décisif entre les deux pôles qu'il identifie comme en passant, la météorologie et la médecine – deux pôles bien distincts, surtout dans le sens où les experts les entendent. La médecine, celle de Molière en tout cas, suppose en effet qu'il est toujours possible de circonscrire le mal et de l'éradiquer (purge et cure d'austérité, on l'a vu : ce n'est pas un hasard si les experts n'empruntent jamais à l'homéopathie[486]), tandis que les images météorologiques et en particulier les dérivés du vent renvoient à une menace ubiquitaire et inexpliquée – cela vaut aussi bien pour la variante insidieuse du « vent froid » que pour l'imagerie plus spectaculaire de la tempête : « *Il semble*, note à ce propos Bachelard, *que le vide immense, en trouvant soudain une action, devienne une image particulièrement nette de la colère cosmique. On pourrait dire que le vent furieux est le symbole de la* colère pure, *de la colère sans objet, sans prétexte. Les grands écrivains de la tempête, tels que Joseph Conrad (*Le typhon, La tempête*) ont aimé cet aspect : la tempête sans préparation, la tragédie physique sans cause.* »[487] Canguilhem esquisse une opposition similaire entre la dimension écrasante des catastrophes naturelles et ce qu'il appelle les « théories ontologiques de la maladie » : « *Pour agir,* écrit-il, *il faut au moins localiser. Comment agir sur un séisme ou sur un ouragan ? C'est sans doute au besoin thérapeutique qu'il faut attribuer l'initiative de toute théorie ontologique de la maladie. Voir dans tout malade un homme augmenté ou diminué d'un être c'est déjà en partie se rassurer. Ce que l'homme a perdu peut lui être restitué, ce qui est entré en lui peut en sortir. Même si la maladie est sortilège, envoûtement, possession, on peut espérer la vaincre.* »[488]

Or ces deux registres, médical et météorologique, loin de s'exclure, cohabitent et se renforcent dans la finance. En surface, les experts n'ont de cesse d'avancer un diagnostic identique : les marchés sont victimes de contagion, ou sous

---

[486] Sauf justement comme référence négative. *Cf.* par exemple COLMANT P.-M., « La potion d'Alan Greenspan est jugée trop homéopathique », *Les Echos*, 22 mars 2001, p. 30.

[487] BACHELARD G., *L'air et les songes – Essai sur l'imagination en mouvement*, Corti, 1990 (1943), p. 256.

[488] CANGUILHEM G., *Le normal et le pathologique*, PUF, coll. Galien, 1975 (1966), p. 13.

l'influence de spectres. Le traitement suit invariablement : épuration, exorcisme, sacrifice de boucs émissaires comme Messier. Comme chez Molière en effet, la persistance des symptômes garantit la prolongation, le renforcement des soins. La perception des périodes de « crise » par les milieux boursiers est pourtant un peu plus ambiguë qu'il n'y paraît d'abord, puisque nous avons retrouvé, textuellement et en abondance, des références aux tempêtes, aux séismes et à des manifestations plus insaisissables encore comme le vent froid. Nous sommes tenté d'en déduire qu'il arrive aux experts de soupçonner que ces phénomènes les dépassent, et qu'il est parfaitement vain d'essayer de les « expliquer », au sens classique du terme. Certaines remarques, bien qu'assez rares, ne laissent pas d'être troublantes, comme lorsqu'on lit : « *Les statistiques économiques américaines sont devenues tout aussi volatiles que le marché qui leur est associé, à moins que ce ne soient leur lecture et leur interprétation qui soient sujettes à des revirements soudains* »[489] – ce qui n'empêche pas l'auteur d'alimenter tout de suite après l'énorme gélatine de commentaires, de multiplier les contorsions et de protester du sérieux de l'exercice. Nous connaissons ces revirements. D'une part, les experts répètent que les marchés sont envoûtés (mais qui sont « les marchés », sinon les gens qui les font tourner ? et d'où peuvent bien venir, dès lors, les « spectres » qui les hantent ? voilà ce qui n'est jamais dit), chacun convient qu'il faut punir les tricheurs, conjurer les esprits malins ; d'autre part, chose assurément décourageante, l'effort de rationalisation n'atteint jamais son but, il ne parvient même souvent qu'à faire pulluler en imagination ce qu'il dénonce, et les spectres, les « vents froids » se transforment en séismes et en ouragans, images de la colère pure, sans objet, sans prétexte, comme dit Bachelard dans sa langue admirable de netteté. Dans un autre registre métaphorique, c'est le même phénomène que lorsque les techniques d'assainissement préparaient le terrain à la « contagion ».

La remarque de Bachelard ne vaut d'ailleurs pas seulement pour le gigantisme des tempêtes. À plus petite échelle, il est utile de se pencher sur le langage courant pour préciser la relation entre l'air et l'esprit. Lorsqu'on y regarde de près, il apparaît que ce sont les aspects les plus insaisissables de ce

---

[489] AÏT-KACIMI N., « Nouveau record pour le CAC 40 », *Les Echos*, 5 juin 2000, p. 37.

dernier, les moins susceptibles d'un effort conscient, qui trouvent le plus spontanément à s'incarner dans le symbolisme de l'air. L'esprit, comme on sait, « *souffle où il veut* »[490] : le français *inspiration*, l'allemand *Begeisterung* (« enthousiasme », dérivé de *Geist*, « esprit », avec le préfixe *be-* qui lui imprime une direction déterminée) en portent témoignage. Nietzsche : « *Quelqu'un a-t-il, en cette fin du XIXe siècle, une notion claire de ce que les poètes, aux grandes époques de l'humanité, appelaient l'*inspiration *? Si nul ne le sait, je vais l'expliquer ici. / Pour peu que l'on ait gardé en soi la moindre parcelle de superstition, on ne saurait en vérité se défendre de l'idée qu'on n'est que l'incarnation, le porte-voix, le médium de puissances supérieures. Le mot révélation, entendu dans ce sens que tout à coup "quelque chose"* se révèle à notre vue *avec une indicible précision, une ineffable délicatesse, "quelque chose" qui nous ébranle, nous bouleverse jusqu'au plus intime de notre être, – est la simple expression de l'exacte réalité. On entend, on ne cherche pas ; on prend, on ne demande pas qui donne. Tel un éclair, la pensée jaillit soudain avec une nécessité absolue, sans hésitation ni recherche.* »[491] Le mot même d'inspiration indique un état passager, du même ordre que la grâce ou l'illumination (Valéry disait qu'il était heureux lorsqu'il avait une idée par jour, et Heidegger, plus radicalement, que l'on n'a en fait qu'une idée, autour de laquelle on tourne sa vie durant). D'où il suit que le « manque d'inspiration » recouvre l'essentiel de la vie de l'homme, ce dont on peut après tout s'accommoder : il y a assurément de la grandeur dans ce rapprochement continué, cette mise en accord de soi-même avec ce qui est donné. Il se pourrait même, si l'on suit Maffesoli, que ce soit la véritable antithèse du modèle bourgeois et « productiviste » du savoir.[492] Quoi qu'il en soit, ce cheminement est ce qu'il y a de plus insupportable aux experts, qui ont au contraire besoin d'une agitation, d'un bavardage continuels. Leur conception de « l'inspiration » va

---

[490] « *L'Esprit souffle où il veut, et vous entendez bien sa voix, mais vous ne savez d'où il vient, ni où il va.* » (Jn. III, 8)

[491] NIETZSCHE Fr., *Ecce homo*, Denoël, coll. Médiations, 1971, p. 118-119. Voir aussi *Par-delà le bien et le mal*, Le Livre de poche, 1991, p. 65 (§ 17).

[492] *Cf.* en particulier MAFFESOLI M., *Le rythme de la vie – Variations sur les sensibilités post-modernes*, La Table Ronde, 2004, chap. I.

complètement à rebours du sens commun. Les marchés sont censés être « inspirés » en permanence : il faut que le vent propice souffle sans relâche. La nuance n'est pas mince. « Les marchés », ces places virtuelles où se rencontrent les experts et qui finissent étrangement, de l'aveu même de ces derniers, par être animés d'une vie propre, voire par constituer un monde à part, une « planète » – ces « marchés », donc, ne peuvent tolérer le manque d'inspiration qui est, si l'on en croit le témoignage de la langue, l'ordinaire de l'existence. Il tient à l'énormité des projections dont la Bourse est le support que la stagnation n'y dure jamais longtemps, et que le « manque d'inspiration » s'y traduise non par une pause mais par une chute. Et lorsqu'on voit la facilité avec laquelle les experts assimilent le sort des marchés, *via* la croissance,[493] à celui de l'humanité tout entière, on imagine l'importance que revêt cette chute à leurs yeux. On se souvient par exemple de cet extrait que nous citions tout à l'heure où l'on apprenait qu'après le redressement des marchés, « le monde » s'était soudain senti revivre.

Deux termes-clefs du jargon financier, *liquidité* et *volatilité*, cristallisent cette conception de l'inspiration. Nous franchissons un seuil, puisque nous sortons des métaphores journalistiques pour en venir à des expressions que recouvre l'onction de la « science ». L'illusion de neutralité, et par conséquent la susceptibilité, se fait plus forte que jamais. Nous nous souvenons d'un séminaire dans une école de commerce, à Reims le 15 février 2007 (outre l'intérêt pécuniaire de la chose, dans la longue période de maturation de ce travail, c'était l'occasion de voir comment réagiraient divers experts à une version très édulcorée de nos thèses), où l'un des intervenants s'est soudain mis en colère, en disant à peu près, avec une violence mal contenue qui nous a surpris (nous citons de mémoire, à partir de notes prises sur le vif) : « *Mais enfin, ce que vous dîtes n'a aucun sens. Je ne vois pas pourquoi vous nous parlez de métaphores à propos de la volatilité et de la liquidité. Ce ne sont pas des métaphores, ce sont des termes techniques, qui ont un contenu très précis. Vous mélangez des plans qui n'ont rien à voir.* » Il nous semble au contraire que

[493] Le fait que le lien entre la financiarisation et la « croissance » ne soit nullement avéré ne change rien à l'affaire. Les années soixante-dix, qui marquent les débuts de la « libération » des marchés financiers, coïncident en fait avec le ralentissement de la croissance du PIB, en France en tout cas – mais peu importe aux experts.

tout cela a à voir, et qu'il est artificiel de se concentrer sur les aspects « techniques » d'un terme, le reste passant pour quantité négligeable (rebut de l'économique tout juste bon pour les sociologues). La plus ou moins grande fortune d'un terme, fût-il technique, et même dans des domaines dont la scientificité est autrement établie que la finance, dépend en fait largement de la résonance qu'il trouve dans l'imaginaire.[494] C'est d'autant plus vrai qu'en l'espèce, il ne faut pas s'exagérer la complexité et la précision des termes en question, qui se comprennent d'eux-mêmes, intuitivement, justement par analogie avec l'air et l'eau. Comme on peut le déduire de l'extrait de Bachelard sur les tempêtes, un marché volatil est tout simplement un marché agité, qui monte et descend plus vite, où les possibilités de gains et de pertes sont plus importantes qu'à l'accoutumée. De même, tout comme on parle de « liquidités » pour désigner l'argent qui matérialise la propriété, l'activité, et donc la vie telle que le PIB l'enclôt, un marché « liquide » est celui où il est facile et sûr d'effectuer des transactions, un marché où vendeurs et acheteurs trouvent à se rencontrer, avec de bonnes perspectives d'investissement et de profit ; bref, c'est un marché qui assume pleinement la « régulation » qui lui incombe. Comme l'écrit Maffesoli, qui s'inspire ici des travaux d'Yves Stourdzé,[495] le rapport est étroit et ancien entre la canalisation de l'énergie, en particulier hydraulique, et la légitimation du pouvoir : « *Cette canalisation sociale et "totalitaire" par la canalisation hydraulique a des racines anthropologiques profondes, car en reconnaissant la liaison de la symbolique de l'eau et la vie*[496]*, c'est bien de la maîtrise de celle-ci qu'il est question dans ce que nous disons du pouvoir. La possession de la puissance énergique principielle fonde symboliquement la direction, la coordination, l'emploi "d'une main-d'œuvre abondante" (Wittfogel). Et Y. Stourdzé montre à juste titre la continuité qu'on peut établir entre les fonctionnaires de l'eau dont fait état le Tch'ou Li, code de gouvernement chinois, et*

---

494 *Cf.* sur ce point DURAND G., « L'anthropologie et les structures du complexe », article repris sur Internet : http://nicol.club.fr/ciret/bulletin/b13/b13c10.htm.

495 (Note de M.M.) *Cf.* STOURDZÉ Y., *Organisation, anti-organisation*, Mame-Repères, 1973, p. 33. [Nous n'avons pu consulter personnellement cet ouvrage.]

496 (Note de M.M.) *Cf.* DURAND G., *Les structures anthropologiques de l'imaginaire…*, *op. cit.*, p. 258 *sq.* et 393.

l'organisation centralisée de grands travaux sur la Dniepr et la Tennessee Valley Authority. »[497]

Ces notions de volatilité et de liquidité renvoient donc à deux imaginaires antinomiques, avec d'un côté « l'inspiration », dont l'origine nous échappe, qu'il faut savoir attendre (on ne peut la convoquer, mais seulement se rendre disponible pour sa venue), et de l'autre la « canalisation », c'est-à-dire l'eau domestiquée, réduite à l'état de liquide. Il faut souligner dès à présent que cette opposition est d'ordre sémantique, beaucoup plus que technique. Les deux termes désignent en effet jusqu'à un certain point la même chose, à savoir l'agitation sur les marchés, la différence portant essentiellement sur la façon dont cette agitation est perçue et se traduit. Qu'elle engendre une hausse relativement continue, que les spéculateurs aient suffisamment confiance en eux pour s'entraîner dans la même direction ? Le marché est liquide. Que ces mêmes spéculateurs commencent à douter de leur enracinement dans la « réalité », s'épuisent à déchiffrer les intentions des uns et des autres, avec pour résultat une suite abrupte de hauts et de bas ? Le marché est volatil. Comment passe-t-on de l'un à l'autre, jusqu'à quel point ces situations sont-elles compatibles ? La distinction est loin d'être évidente dans les faits, et elle est le sujet d'interminables débats.

Une fois de plus, il importe moins d'entrer dans le détail que de situer le cadre où ils se tiennent. Le point décisif est que les experts tiennent la liquidité pour le but à atteindre, en même temps que la panacée. Le but à atteindre, parce qu'il va de soi que les marchés doivent être le plus « liquides » possible pour assurer une régulation optimale (tout cela est tautologique) ; et la panacée : parce qu'il est clair désormais que lorsqu'une difficulté se présente, la solution consiste à augmenter la liquidité. C'est le même raisonnement que tenait un expert que nous citions au début du chapitre précédent, qui posait d'emblée que les « *les flux [devaient] s'établir en fonction de l'offre et de la demande* », et qu'il fallait donc les « *rendre un peu plus liquides* »[498] pour garantir la reprise. *Les Echos* n'ont de cesse de réaffirmer cette exigence de liquidité ou de fluidité, tout en prenant soin de faire le partage avec la volatilité. C'est un

---

[497] MAFFESOLI M., *La violence totalitaire…*, *op. cit.*, p. 28-29. *Cf.* aussi JUNG C.G., *L'énergétique psychique*, Le Livre de poche, 1991, p. 61-65.

[498] Entretien avec un gestionnaire de fonds, Rennes, 9 janvier 2004.

clivage auquel ils tiennent beaucoup : « *Il ne faut pas confondre liquidité et volatilité. La Bourse est indispensable pour donner de la liquidité en confrontant acheteurs et vendeurs. Mais elle ressemble de plus en plus à un flipper dont la boule va et vient à la moindre secousse.* »[499] « *Un marché sera peu profond, si un ordre de petite taille peut faire décaler les prix fortement, ce qui est souvent le cas de certains marchés émergents. "Une profondeur importante est certes le signe d'un marché liquide, indique-t-on au sein du département recherche et innovation du Crédit Commercial de France, mais on remarque qu'à l'approche des zones à risque la profondeur augmente dramatiquement jusqu'à devenir infinie. Cela signifie que le marché ne fonctionne plus, les prix étant soumis à d'autres facteurs que l'offre et la demande. Les ordres n'ont plus d'influence sur les prix. La volatilité révèle l'incapacité du marché à compenser rapidement des ordres opposés."* »[500]

Dans les débats sur la volatilité, on entend comme un écho des discussions théologiques sur le rôle du diable. Il existe une variante experte de la doctrine de la *privatio boni*,[501] où la volatilité, en plus d'être unilatéralement rejetée, n'a pas d'existence autonome et n'est que la conséquence du provisoire retrait de la liquidité, par exemple : « *Cette volatilité s'explique largement, selon les analystes, par la faible liquidité de ce nouveau marché* »[502], ce qui revient à dire que la maladie s'explique par l'absence de santé. Ou encore : « *Seule la réduction substantielle de la volatilité peut permettre une réappréciation fondamentale des marchés d'actions.* »[503] Il arrive aussi cependant, dans des versions un peu plus subtiles,

---

[499] « Crible », *Les Echos*, 4 et 5 octobre 2002, p. 9.

[500] AÏT-KACIMI N., « L'indice CAC 40 repart à la baisse », *Les Echos*, 11 et 12 juin 1999, p. 33.

[501] Les théologiens utilisent cette expression pour désigner l'idée que le mal n'a pas d'existence autonome, qu'il n'est que ce qui apparaît lorsque le bien s'efface ou s'atténue. Jung voit dans cette doctrine un risque de dissociation pour l'âme chrétienne, et une fuite de ce qu'il y a de véritablement profond dans le monothéisme. *Cf.* JUNG C.G., *Réponse à Job*, Buchet-Chastel, 1994 (1951).

[502] HUBERT-RODIER J., « Internet fait flamber le Nuovo Mercato italien », *Les Echos*, 12 et 13 novembre 1999, p. 31.

[503] BOKOBZA A., cité par PRANDI M., « Les secteurs les plus volatils, premiers candidats au redressement », *Les Echos*, 31 mars 2003, p. 32.

qu'on lui laisse jouer les utilités, comme contrepartie de la liquidité : « *En effet*, explique doctement un expert parmi les plus agressifs et les plus médiatiques, *la vie des marchés est dictée par la confrontation d'opinions différentes qui permet de créer de la volatilité, mais aussi de la liquidité. Si toutes les options sont identiques, les liquidités finissent par s'assécher et les possibilités de faire des opérations rentables s'amenuisent.* »[504] « *Cette exubérance persistante serait un peu comme la face noire de la "nouvelle économie", le pendant "boursier" de ses bienfaits pour l'ensemble de l'économie qui sont la hausse du niveau de croissance et la baisse du chômage structurel.* »[505] Ces tentatives restent cependant « théoriques » et assez marginales. Dans la majorité des cas, la volatilité se rattache aux tempêtes que nous évoquions tout à l'heure. Il est significatif de lire dans la même phrase que le marché est demeuré « *volatil et peu inspiré* »[506] – inspiré, c'est-à-dire, dans le jargon des experts, prévisible et relativement linéaire, en un mot liquide : air transformé en eau. La volatilité est qualifiée de « *peu rassurante* »[507], elle « *trahit un certain souci* »[508], elle est signe de « *peur* »[509], de « *frustration* » et de « *mauvaises dispositions* »[510], les marchés en sont « *la proie* »[511], ils en sont « *malades* »[512], on cherche les « *responsables* »[513] et les

---

504 TOUATI M., « Un bateau ivre nommé Bourse », *Les Echos*, 26 novembre 2002, p. 53.

505 AÏT-KACIMI N., « L'indice CAC 40 en nette reprise », *Les Echos*, 1er mars 2000, p. 35.

506 AÏT-KACIMI N., « Le CAC 40 poursuit son recul », *Les Echos*, 2 octobre 2000, p. 45.

507 FRADIN Ch., « Semaine positive pour le CAC 40 », *Les Echos*, 7 août 2000, p. 21.

508 AÏT-KACIMI N., « Petite hausse dans la nervosité », *Les Echos*, 27 janvier 1999, p. 29.

509 SENGÈS G., « Les marchés boursiers dans une phase de correction », *Les Echos*, 18 octobre 1999, p. 42.

510 AÏT-KACIMI N., « Retour aux 4000 points à Paris », 11 février 1999, p. 29.

511 COLMANT P.-M., « Le marché de l'or en proie à la volatilité », *Les Echos*, 19 mars 2003, p. 28.

512 DE KERDREL Y., « Les marchés, malades de leur volatilité », *Les Echos*, 22 octobre 2002, p. 44.

513 CHAIGNEAU P., « Les petits actionnaires responsables de la volatilité de la Bourse », *Les Echos*, 20 juillet 2000, p. 51.

« *coupables* »[514]. On dit aussi, de façon caractéristique, que la volatilité s'« *empare* »[515] du marché, ce qui renvoie de nouveau au registre des spectres et de la possession : inquiétude d'autant plus intrigante que le marché est orienté à la hausse, dans le contexte de ce dernier article.

On se souvient de ce professeur de finance qui nous faisait au chapitre précédent l'éloge de la baisse, de façon formellement cohérente... avant de nous dire que jouer à la baisse, « c'est pas naturel », et d'évoquer en tremblant une « marée noire boursière ». C'est un peu la même chose ici. La volatilité n'est extérieurement qu'une occasion de mettre le savoir-faire des experts à l'épreuve, et c'est ainsi qu'ils affectent de la considérer. Ils deviennent extrêmement diserts dans cette configuration, peut-être plus encore que de coutume : ils expliquent comment affiner l'analyse, distinguer les formes de volatilité que le vulgaire amalgame, et à partir de là, détaillent les outils disponibles pour parer à toute éventualité[516] (de même, dans nos entretiens, quand nous évoquions Enron et les fonds de pension, en venaient-ils tout de suite aux règles comptables américaines, aux moyens de diversifier un portefeuille, *etc.*). À les entendre, on pourrait croire de bonne foi qu'ils n'ont rien de plus désirable. Ils posent en joueurs, en stratèges, en éminences grises : quelle meilleure occasion d'éprouver leurs talents ? On voit pourtant que les experts semblent généralement, pour le moins, manquer d'enthousiasme à l'idée de saisir les opportunités volatiles. Voilà certainement de quoi décevoir un lecteur assidu des manuels, qui aura retenu que le risque est l'alpha et l'oméga de la vie en entreprise, mieux : que les entrepreneurs sont les aventuriers de ce temps.[517] Cet idéal conquérant apparaît en fait

---

[514] AÏT-KACIMI N., « Volatilité : des coupables bien commodes », 13 novembre 2002, p. 48.

[515] COLMANT P.-M., « Or : la volatilité s'empare de nouveau du marché », *Les Echos*, 6 octobre 1999, p. 41. *Cf.* aussi LACHÈVRE C., « Une terrible volatilité s'empare des marchés de change », 28 janvier 2003, p. 26, avec, juste au-dessous un article intitulé : « La spirale infernale s'accélère à Londres ».

[516] *Cf.* par exemple GONZVA P., « La volatilité des marchés, alliée du petit porteur », *Les Echos*, 28 février et 1er mars 2003, p. 43.

[517] Le jour même où nous écrivions ces lignes, nous tombions sur le numéro de juin 2007 d'un magazine nommé *Commerce international*, qui affichait en une : « Les Marco Polo d'aujourd'hui ».

plutôt réservé aux éditoriaux, et notamment aux vitupérations contre les fonctionnaires. Il en est un autre, onctueux, émollient, qui transparaît dans les comptes-rendus boursiers – le positif des mises en garde contre les tempêtes : « *Les gens heureux n'ont pas d'histoires*, lisait-on ainsi en ouverture d'une page « Crible » intitulée *La douceur de la soie. Si Hermès a une histoire, sans doute la plus belle success-story du luxe français, la célèbre maison du faubourg Saint-Honoré glisse sur les crises avec la douceur des perles sur un carré de soie. Là où ses concurrents ont accusé le coup après le choc du 11 septembre, Hermès est vite remonté en selle. Désarçonné comme tout le monde par la crise et les incertitudes qu'elle convoyait, le groupe a rapidement retrouvé son cours en Bourse d'avant la tragédie.* »[518] Autant dire que celle-ci s'en est trouvée comme effacée : et ainsi de suite, sur le même ton, pendant une vingtaine de lignes. On peut aussi citer à cet égard quelques-uns des « dix commandements de l'entreprise » qu'un grand patron français en roue libre faisait figurer à la fin de ses mémoires. Ce terme de « commandements » suggère bien sûr une dimension prophétique, une activation de l'inconscient. Ils sont de surcroît rédigés en vers approximatifs, ce qui accentue l'impression d'étrangeté. « *1. Tu n'oublieras jamais ce qu'ont fait les anciens : les maillons d'une chaîne qui doit être sans fin. 2. De la croissance interne, tu auras la maîtrise, pour que les résultats soient sains et sans surprise.* » (Cette assimilation de la santé à l'absence de surprise est typique des experts.) Le sixième présente un intérêt tout particulier au stade où nous sommes, parce qu'on y retrouve la même image du vent incontrôlable : « *Il faudra t'adapter aux changements de ce monde qui s'abattent sur nous comme le vent sur l'onde.* » On suppose que le vent doit rentrer dans l'onde ; avec à la clef, page suivante, une menace que nous sommes à présent mieux à même d'apprécier : « *Si vous n'observez pas ces simples consignes, / Il y aura dans le ciel de ces sortes de signes, / Que l'on ne voit même pas, trop occupé qu'on est, / À régler des broutilles sans le moindre intérêt. / Allez votre chemin... il est fort bien tracé.* »[519] Un système de représentations cohérent se dessine sous nos yeux, avec une constante : ce qui obéit l'emporte toujours ce qui se révolte ou se dérobe, l'assujetti sur

---

[518] « Crible », *Les Echos*, 4 juin 2002, p. 9.
[519] PINEAU-VALENCIENNE D., *Dans la boucle de l'hirondelle – Mémoires d'entreprise*, Albin Michel, 2004, p. 351-352.

le sauvage ou l'insaisissable. Plus précisément, les experts semblent croire que l'insaisissable est nécessairement voué à devenir sauvage : le pas est vite franchi de la volatilité à la tempête. Comme à chaque fois, le malentendu s'aggravant avec des parts toujours plus étendues et plus profondes de nous-mêmes (c'est bien de malentendu qu'il s'agit : le désir de ne rien entendre conduisant finalement à entendre n'importe quoi, sans régulation consciente), cette prophétie devient auto-réalisatrice.

Tout ceci appelle plusieurs remarques. La première est que la moindre de ces métaphores fait écho à un fantasme de maîtrise absolue. Si l'on reprend la classification d'Empédocle, pour qui les éléments du plus épais au plus subtil, sont la terre, l'eau, le feu et l'air,[520] l'on s'aperçoit que la préférence va toujours à l'élément le plus « épais », le plus malléable, contre le plus « subtil », le plus difficile à appréhender, et ce, quand bien même il serait porteur de profit, l'accroissement corrélatif du risque faisant passer ce bénéfice au second plan (la presse nous apprend même que la banque Goldmann Sachs a fermé un fonds dont la probabilité de défaut avait été estimée à $1/10^{138}$).[521] L'eau ne survit qu'en tant que liquide, de même que l'air « canalisé » dans une conception tronquée de l'inspiration. Comme d'habitude, il ne reste donc de place que pour la lumière, la transparence, l'esprit miraculeusement transfiguré en liquidité. Science-fiction amniotique : au-delà, tout n'est que flambée, surchauffe, volatilité, ou pire tempêtes, vents froids, spectres. La sphère des échanges ne se gonfle que de forces purgées de toute négativité, dévitalisées : c'est ainsi que le vide rejoint la puissance.

Ce fantasme de maîtrise confère un deuxième caractère frappant à ces images, qui est leur univocité. C'est une même signification qui est inlassablement attribuée à tel symbole, qui va tout de suite se ranger sur la bonne ou la mauvaise étagère. Aucune ambivalence, ni espoir de transformation. Pas de place pour l'idée simple que c'est la dose qui fait le poison. *Tertium non datur.* Le partage entre liquidité et volatilité se fait à la machette, bien qu'il soit souvent des plus obscurs en pratique (et même à cause de cela, par compensation inconsciente). On

---

[520] *Cf.* DE LA ROCHETERIE J., *La symbologie des rêves*, *op. cit.*, t. II, p. 113.

[521] COHEN D., « La crise de 1929 n'aura pas lieu », *Le Monde*, 28 août 2007, p. 2.

peut en juger par les citations longues et nombreuses que nous donnons. Il y a de quoi surprendre, pour le moins, non seulement le familier de la sociologie compréhensive et de la psychologie des profondeurs, mais aussi le lecteur de romans, et même d'ouvrages plus classiquement sociologiques ou ethnologiques, antérieurs en tout cas à la stérilisation de ces disciplines. On va bientôt en prendre la mesure, à travers le détour que nous allons tenter par la littérature hermétique, dont nous nous apprêtons à exposer la raison d'être. Un passage de Jung, qui nous a fait l'effet d'une révélation quand nous avons commencé à nous intéresser à son œuvre, voici maintenant plus de sept ans, permet de se faire une idée de ce que les experts ont perdu en chemin : « *Le langage avec lequel je m'exprime doit être équivoque, voire à double sens, s'il veut tenir compte de la nature double de la psyché et de son double aspect. C'est consciemment et à dessein que je cherche l'expression à double sens car, correspondant à la nature de l'être, elle est préférable à l'expression univoque. Mes dispositions naturelles me porteraient à être très clair. Ce n'est pas difficile, mais cela va à l'encontre de la vérité. Je laisse volontairement résonner toutes les harmoniques, puisque, d'une part, elles existent en fait et que, d'autre part, elles donnent une image plus fidèle de la réalité. L'expression univoque n'a de sens que lorsqu'il s'agit de constater des faits, mais non s'il s'agit d'interprétation, car le "sens" n'est pas une tautologie, mais inclut toujours plus en lui que l'objet concret de l'énoncé.* »[522]

En plus d'être hypnotisés par leur fantasme monarchique et de réduire les symboles à un aspect univoque, on peut enfin observer qu'il s'agit de l'aspect le plus conventionnel et le plus dénué d'intérêt. Cela se comprend, si l'on se rappelle que c'est précisément l'affrontement, le dialogue, la coexistence de diverses interprétations dont aucune ne l'épuise, qui garantissent qu'un symbole est vivant – ou, cela revient au même, que « *le paradoxe est le* medium *normal dans lequel peuvent s'exprimer des réalités qui transcendent la conscience.* »[523] Considérons les études que consacre Bachelard au symbolisme de l'air et de l'eau. Il suit un plan similaire dans ces deux livres, qui consiste à partir des représentations les plus connues, les mieux admises, et donc souvent aussi les plus

---

[522] JUNG C.G., « Extraits d'une lettre à un jeune érudit », *in « Ma vie... »..., op. cit.*, p. 425.
[523] JUNG C.G., *Mysterium conjunctionis..., op. cit.*, t. I, p. 120.

usées, pour en venir à des choses plus intimes, plus fuyantes. Dans *L'eau et les rêves*, il passe sur l'histoire de Narcisse, l'imaginaire de la pureté et du reflet, ou encore celui du ruisseau qui coule, et nous entraîne dans l'œuvre d'Edgar Poe, avec ses images d'immersion, d'engloutissement, de douceur mortelle. De même, dans *L'air et les songes*, il se concentre d'abord sur le rêve de vol, figure typiquement diurne ; les mystères de l'inspiration et de ce qu'il appelle « la déclamation muette » ne venant qu'à la fin (Rilke : « *La respiration est le berceau du rythme* »[524]). Si nous faisons le parallèle avec les métaphores des experts, le résultat est saisissant. La liquidité les fascine par sa pureté, son caractère malléable et sans danger ; les autres réverbérations de l'eau leur échappent absolument. Pareillement, la face lumineuse du symbole de l'air tient tout entière pour les experts dans les mots de décollage, d'apesanteur, sans parler de la croissance, du développement, de la libération des forces vives, *etc.* : bref, tout ce qui touche au rêve de vol, cependant que l'aléatoire de l'inspiration ne leur dit rien qui vaille. De deux choses l'une en effet : ou cette inspiration est réduite à l'état liquide, ou elle n'est que volatilité, avec les connotations que nous avons vues ; ce que nous mettons volontiers en rapport avec la définition de la liquidité que donne Mankiw dans son manuel : « *la facilité avec laquelle un actif peut être transformé en moyen d'échange.* »[525] La charge des experts est de veiller à cette transformation : on va voir que c'est ce qu'ils appellent *créer de la valeur*. Il ne faut pas s'étonner, après cela, s'ils s'entourent de métaphores fumeuses et de symboles pseudo-ésotériques, comme on en retrouve à la pelle dans les locaux des sociétés (transparence à tous les étages), leurs logos et même les noms désincarnés qu'elles ont pris ces dernières années : Vivendi, Areva, Vinci, Thalès et autres…

[524] Cité par BACHELARD G., *L'air et les songes…*, *op. cit.*, p. 271.
[525] MANKIW N.G., *Principes de l'Economie*, *op. cit.*, p. 960.

LA « CREATION DE VALEUR » ET LE MECANISME DE PROJECTION : FONDEMENTS D'UNE REMONTEE VERS L'ALCHIMIE

En dépouillant la presse spécialisée, on s'aperçoit en effet que les allusions explicitement alchimiques sont réservées à la finance et aux nouvelles technologies, tout comme d'ailleurs le titre de gourou (on dit en effet : le gourou de la finance, de l'Internet, des nanotechnologies, à la rigueur le gourou du bien-être ou du *management*, jamais le gourou de l'armement ou du bâtiment). Elles sont de surcroît personnalisées : il semble qu'on approche de mécaniques si fragiles, de mélanges si explosifs, que seuls les initiés sont capables de les manier. Ainsi de Michel David-Weill, dont on nous apprend qu'il lui suffisait, au temps de sa splendeur à la tête de la banque Lazard, « *pour l'entretien de son mythe d'alchimiste des cours de Bourse, de délivrer quelques oracles annuels sur le cours du monde sur fond de tableaux de maître.* »[526] Une autre fois c'est Terry Semel, le PDG du portail Internet Yahoo !, qui « *a dû lui aussi passer par l'école des sorciers* » et qui sait « *transformer le plomb en or* »[527]. C'est également après avoir achevé de privatiser le Crédit Lyonnais (traduisons : après l'avoir arraché à l'emprise étatique, et par là même, suppose-t-on, rendu infiniment plus fluide) que Francis Mer s'était vu qualifié de « *magicien* » par *The Economist*, et aussi sec par *Les Echos*.[528] Au moment où la croyance en la « nouvelle économie » battait son plein, le costume de mage a été plus particulièrement endossé par Soros et Messier – Soros surtout, qui en tant que financier échappe aux contraintes de la production (« *diplomate sans patrie et philosophe inachevé* », selon le très sérieux rabat de couverture de *L'alchimie de la finance*), et dont le jargon abonde en références à l'alchimie, ainsi qu'à la physique quantique (jusqu'au nom de sa société, le *Quantum Fund*) qui se résume pour lui, apparemment, à un témoignage sur l'impermanence et l'incertitude des choses. Messier était moins exubérant, mais il avait également l'habitude de jouer au prophète, par exemple quand il écrivait, ou faisait écrire, à propos de la transformation de la Générale des Eaux en

[526] « Michel David-Weill », *Les Echos*, 31 octobre 2000, p. 11.
[527] « Terry Semel », *Les Echos*, 10 et 11 octobre 2003, p. 40.
[528] « Francis Mer », *Les Echos*, 21 et 22 février 2003, p. 9.

Vivendi : « *Faire passer l'entreprise [de l'eau au net], d'une société centrée essentiellement sur des concessions de services publics accordées par des collectivités locales à une multinationale du divertissement et de la communication ; autrefois des usagers, maintenant des clients ; d'un côté un souci permanent de la technique, de l'autre une obsession du marketing ; hier des ingénieurs, aujourd'hui des créatifs ; d'un côté la France, de l'autre Hollywood ; hier un métier où excellaient déjà les Romains* – en 2001, c'est à Petra que se tiendra le séminaire de Vivendi Universal, sur ce site antique de Jordanie où ont été construits les premiers aqueducs –, *demain des technologies dont il est impossible de dire comment elles bouleverseront nos vies.* »[529] Nous avons choisi une citation assez longue, pour faire passer le léger souffle d'hystérie typique de Messier, avec la sempiternelle dichotomie entre le passé, grisâtre, presque soviétique (les services publics, les usagers, le souci de la technique, les ingénieurs, la France) et l'avenir (la communication, les clients, l'obsession du marketing, les créatifs, Hollywood). Il suffit de citer. Terme à terme, on peut l'entendre scander le mantra du numérique et de la dématérialisation, avec une fois de plus ce thème de la canalisation, qu'il s'agit d'étendre à tous les aspects de la vie. Pour marquer la filiation, il est donc allé jusqu'à organiser à Petra un séminaire qui, notons-le bien, concernait Vivendi Universal, la branche médias du groupe, et non les activités de l'ancienne Générale des Eaux, regroupées sous l'étiquette Vivendi Environnement (imaginons : le luxe anonyme des hôtels internationaux, les présentations en trois dimensions, avec en fond les aqueducs recréés en images de synthèse, et Messier plongé dans les délices de la liquidité, de la transparence, de l'interactivité, faisant l'éloge de l'enfance, plutôt versant Walt Disney que Lewis Carroll, à une assemblée de cadres en bras de chemise).

Il est aisé de répondre que Soros et plus encore Messier ont depuis beaucoup perdu de leur superbe. C'est aussi un moyen de ne pas se demander comment ils sont montés si haut, et s'ils sont vraiment différents de ceux qui les ont brûlés. Pourtant, quand on reprend les nombreuses références à la volatilité et à la liquidité, ils semblent simplement s'être un peu plus échauffés que la moyenne, ce qui les prédisposait à jouer les boucs émissaires le moment venu. Essayons donc de voir en

[529] MESSIER J.-M., *j6m.com...*, *op. cit.*, p. 123. Nous soulignons.

quoi leurs commentaires se rattachent à la masse de ceux que nous avons cités, cherchons le dénominateur commun qui leur a donné un tel écho, pendant plusieurs années (il se pourrait que leur mise au pilori n'ait servi qu'à dispenser d'interroger ce dénominateur).

Le fil conducteur de l'expertise tient d'après nous, depuis le début, dans l'idée de réduire numériquement tout ce qui existe, pour le rendre le plus malléable, le plus « liquide » possible. Cela se traduit par une série de métaphores. Médicales : les purges, les cures d'austérité, les « dégraissages ». Météorologiques : la dissipation des nuages. Et aussi, disons pour l'instant, faute de mieux, énergétiques : l'air transformé en eau, la canalisation et ses dérivés. Il émane de leurs écrits un ennui tenace, qui n'a rien d'accidentel. Il ne tient pas seulement au manque de talent de tel ou tel auteur, il est général dans cette littérature. C'est une conséquence parmi d'autres du travail des experts, qui consiste à préférer ce qui est pur, en toute circonstance. L'ennui est inévitable, dès lors qu'il n'est question que du même qui rencontre le même, avec l'ambition de se singulariser sur des différences toujours plus minuscules, qui sont proclamées d'autant plus fort. Impossible décidément de se départir d'une impression de bizarrerie, de frelaté. L'on sent bien qu'il y a une nécessité intérieure à ce que la rage de purification des experts passe par un langage aussi flasque, ampoulé, inarticulé. Il existe une relation, qui reste à préciser, entre ce jargon barbouillé de mauvaise mystique et la tâche qu'ils s'attribuent, ou mieux encore, la sorte d'hypnose où ils plongent en se regardant accomplir cette tâche. C'est cette relation que nous allons questionner dans les pages qui suivent, en tentant de caractériser de plus près une notion centrale du discours expert, la « création de valeur », que nous avons laissée de côté jusqu'ici. Ce faisant, nous allons indiquer sur quoi se fonde le parallèle que nous nous apprêtons à tenter avec l'alchimie : ce n'est qu'après cela que nous serons en mesure d'entamer la partie la plus spécifiquement junguienne de notre raisonnement, où plusieurs éléments que nous avons rassemblés (et en particulier la conception experte de la liquidité et de la volatilité) vont se trouver éclairés sous un jour nouveau.

Il ne s'agit pas de nous interroger sur l'origine de « la valeur » (l'engendrement de la valeur d'usage, puis sa transformation en valeur d'échange), comme le font les économistes classiques, et éminemment Marx dans des développements d'une rare complexité, qui nous éloigneraient par trop de notre sujet. Nous n'avançons pas de définition de « la valeur », nous ne questionnons ni la pertinence de cette notion, ni même la possibilité de la chiffrer (le mot de Nietzsche : « *Tout ce qui a un prix n'a pas de valeur* »). La raison de ce bornage est que nous ne faisons œuvre ni d'économiste ni de philosophe, mais de sociologue : il nous suffit de noter que la « création de valeur » revient fréquemment sous la plume des experts et de nous demander ce qu'ils entendent par là, comme nous l'avons fait avec la croissance au premier chapitre. Notre propos, une fois de plus, est moins de démystifier d'éventuels mensonges que de décrire le type d'environnement intellectuel qui les rend possibles, de les « situer », pour reprendre une expression de Heidegger.[530] De plus, s'il entre naturellement une part de démystification dans notre approche, nous ne voyons pas pourquoi elle épargnerait la démystification elle-même, pourquoi le soupçon ne s'exercerait pas également sur l'idéologie du soupçon, sur cette manie de jouer au plus fin que nous n'avons cessée de rencontrer tout au long de notre enquête.

Les contre-experts ne sont en effet pas seuls à lancer des imprécations à la foule violée par la propagande. Certains experts, qui affichent des ambitions intellectuelles, prennent aussi la pose : c'est notamment le cas de l'économiste Paul Fabra dans sa chronique des *Echos*, prompt à ridiculiser ses confrères trop sensibles aux modes médiatiques, oublieux de l'impartialité de la science. Il s'exclamait triomphalement, fin 1999 : « *Le voile se déchire sur la création de valeur.* »[531] On retrouve ce fantasme qui veut que la réalité se cache derrière une série de voiles, n'attendant que la mâle intervention de l'expert pour apparaître toute nue. « *Le voile commencerait-il à se déchirer sur la création de valeur ?* s'interrogeait-il. *Sur le plan de la réflexion, certainement. Bien sûr ce n'est pas suffisant pour renverser des forteresses, il n'empêche qu'un élément essentiel pour la médiation politique du problème est enfin porté sans parti pris à l'attention du gouvernement.* » D'un côté, donc, les forteresses de l'obscurantisme, et de l'autre la réflexion sans parti pris, objective, scientifique, pragmatique (tout cela est synonyme, en novlangue experte) : cet air nous est

---

530 HEIDEGGER M., *Le principe de raison*, Gallimard, coll. Tel, 1999 (1957), p. 145.
531 FABRA P., « Le voile se déchire sur la création de valeur », *Les Echos*, 17 et 18 septembre 1999, p. 65.

familier. Fabra nous entraîne dans les méandres des statistiques, les infimes changements de doctrine dans l'entourage du Premier ministre de l'époque. Tempêtes dans un verre d'eau. Ce qui est sûr en revanche, et dont il importe de prendre acte, c'est qu'aucun briseur de mythe n'a eu jusqu'ici raison de la création de valeur, qui a continué à circuler dans les articles et les publicités : « *Actionnaires de Paribas – Choisissez SG Paribas le projet le plus créateur de valeur* »[532], lisait-on par exemple quelques semaines avant l'article de Fabra ; et presque trois ans plus tard : « *Avancer pour créer de la valeur.* »[533] *Avancer*, croître, se développer, cela signifie créer de la valeur : tout cela semble tellement évident qu'aucun des termes n'est précisé.

De quoi s'agit-il en fait, en quoi consiste cette « création de valeur » dont il n'existe pas de définition canonique (ce pourquoi elle irrite tant certains universitaires – Aglietta et Rebérioux par exemple : la valeur actionnariale « *ne peut prétendre à une quelconque légitimité scientifique* », « *des prix distordus par rapport à toute évaluation de la valeur fondamentale attirent des* raiders *qui recherchent des plus-values financières immédiates, plutôt que des gestionnaires capables* »[534], *etc.*), mais qui court d'article en article et qu'aucune démystification ne semble atteindre ? Dans leurs tentatives « théoriques », de même qu'avec la liquidité et la volatilité, les experts ont à cœur de séparer le bon grain de l'ivraie, la « bonne » de la « mauvaise », la « vraie » de la « fausse » créations de valeur. On lisait ainsi dans un article intitulé « *Créons de la valeur... Et de la bonne !* »[535] : « *La grande majorité des chefs d'entreprise entonnent aujourd'hui sans frémir la nouvelle antienne de la création de valeur. Il n'est pas de rapport annuel, de conférence de presse, de "road show"*[536]*, de publicité financière où cette injonction quasi obsessionnelle ne figure. À croire que les managers – pourtant formés dans de bonnes écoles – viennent de découvrir que la raison d'être d'une entreprise, c'est d'abord de créer de la richesse.* » Créer de la richesse, c'est-à-dire produire de la

---

[532] Publicité pour la Société Générale, *Les Echos*, 3 août 1999, p. 5.

[533] Publicité pour Kingfisher, *Les Echos*, 18 juillet 2002, p. 4-5.

[534] AGLIETTA M. et REBÉRIOUX A., *Dérives du capitalisme financier*, *op. cit.*, p. 70 et 132.

[535] PIERENS A., « Créons de la valeur ! Et de la bonne... », *Les Echos*, 10 et 11 avril 2000, p. 56.

[536] Les *road shows* sont des tournées destinées à attirer les investisseurs.

valeur ajoutée, et par suite faire du profit : jusqu'ici, tout est clair. L'auteur n'en reste cependant pas là, il enchaîne aussitôt : « *Mais il est troublant de constater que peu d'entre eux ou de leurs collaborateurs se posent au moins une fois la question : d'où venons-nous ? Qui sommes-nous ? Où allons-nous ? Pourtant, elles révéleraient quelques lacunes. Car bien souvent, il n'y a ni vision, ni visionnaire : l'entreprise semble être venue de nulle part.* » L'expert sort la machette. Beaucoup d'entreprises ont « *oublié leurs racines, l'étincelle fondatrice, la valeur* », on y revient, « *qu'elles incarnent dans l'esprit de leurs clients* », incapables qu'elles sont de répondre à la question suivante : « *Si mon entreprise disparaissait, que se passerait-il chez nos clients ?* » Il met en garde : « *Revenir aux fondamentaux de l'entreprise ou de la marque est un cheminement plus ardu qu'on ne croit.* »

Le mot de valeur a deux sens, dans ces lignes. Il renvoie d'une part à de l'argent (créer de la valeur pour les actionnaires, c'est augmenter leurs dividendes), et d'autre part à un dessein plus vaste : l'extension de la régulation marchande, l'entretien de la croissance, qui sanctionne la résolution de problèmes tels que : d'où venons-nous ? qui sommes-nous ? où allons-nous ? *Les racines, l'étincelle fondatrice, la valeur...* Cela ne s'invente pas. Un glissement s'effectue de la « valeur » monétaire à la « valeur » en soi. La « bonne », la « vraie » création de valeur a lieu lorsque ces deux aspects restent solidaires, lorsque l'entrepreneur *revient aux fondamentaux* et répond à cette question, que l'auteur pose un peu plus loin et qu'on peut trouver terrifiante : « *Alors, dans votre domaine, c'est quoi la valeur ajoutée que votre entreprise ou vous-même avez envie d'apporter à notre petite planète dans les mille ans à venir ?* » Mille ans, rien de moins : poursuite infinie de la croissance, conjuration de la peur de la mort (il est rare que les experts s'expriment de façon aussi crue sur le sujet). La « fausse » création de valeur, par conséquent, est le résultat d'un jeu d'écritures, d'une inflation boursière par trop déconnectée de la « réalité » – ce que les experts sont naturellement unanimes à condamner, puisque dans cette configuration la finance ne remplit plus sa fonction de répartition des capacités productives, ne discipline plus les déviants. Bouclons la boucle, puisque la rhétorique des experts n'est que tautologie : la vraie « création de valeur » soutient la croissance.

Un autre texte, « *Et si la haine était créatrice de richesse ?* »[537], s'ouvrait sur une comparaison édifiante à cet égard, qu'il vaut la peine de citer en entier : « *L'expérience est bien connue des étudiants en biologie. Elle consiste à prendre un rat et à l'enfermer seul dans une cage avec tout ce dont il a besoin pour se nourrir et se distraire. Une fois acclimaté à ce nouvel environnement, le rat est soumis à un stress provoqué par une légère décharge électrique autour de la cage. Loin de s'énerver, le rat semble terrassé par cette hostilité ambiante. Il ne se nourrit plus, ne joue plus, et finalement se laisse mourir. En revanche, lorsqu'on place deux rats mâles dans la même situation et soumis au même stress, leur comportement est totalement différent. La décharge électrique semble libérer leur agressivité. Ils utilisent leur temps à se battre et à se nourrir, si bien qu'ils engraissent dans des proportions incroyables.* » On pourrait ajouter qu'ils entrent dans une dynamique de croissance. L'auteur s'empresse de tirer la morale de cet apologue, où se déploie toute la richesse de la conception experte de la vie en société (des rats dans une cage, c'est aussi le misérable mirage de l'individualisme méthodologique). « *Depuis quelques mois, non seulement cette expérience continue d'être un grand classique des laboratoires de biologie, mais en plus elle nourrit les conversations de l'establishment. Et l'entendre raconter par un banquier d'affaires ou un membre éminent du microcosme parisien lui donne une tonalité savoureuse. Car il s'agit généralement d'illustrer de cette manière la tension, les conflits, la guerre voire la haine qui oppose depuis quinze mois les deux patrons français les plus célèbres : Bernard Arnault et François Pinault* », lancés dans une surenchère boursière qui aurait engendré, en l'espace d'un an et demi, « *200 milliards de francs de valeur supplémentaire* », ce qui arrache à l'expert un sifflement d'admiration. Ce passage est intéressant à plus d'un titre, ne serait-ce que par le signe d'égalité que l'auteur trace entre la « création de richesse » du titre et les « 200 milliards de francs de valeur supplémentaire » miraculeusement *générés*, comme il dit : richesse et valeur sont ici interchangeables. Lorsqu'on gagne de l'argent, et plus encore lorsqu'on en fait gagner aux actionnaires, on crée « de la valeur », c'est-à-dire une certaine sorte de lien social, que résume dans un accès de franchise ou

---

[537] DE KERDREL Y., « Et si la haine était créatrice de richesse ? », *Les Echos*, 3 juillet 2000, p. 64.

de lucidité l'expérience des deux rats soumis aux décharges électriques. Une dernière citation, qui ferme le texte : « *Car si Balzac, par la voix du Père Goriot, donnait raison aux biologistes, en écrivant :* "la haine est un tonique, elle fait vivre", *alors, tels deux rats de laboratoire, nos deux empereurs du luxe ont une belle aventure de vie pour eux.* » On retrouve cette fuite de « l'inactive pensée de la mort » (l'*Angst* heideggerienne), et l'on voit ce qui reste de la vie, ce qu'est « une belle aventure de vie » après semblable amputation : des rats qui se battent et engraissent dans une cage secouée de décharges électriques.

Il y a mieux, cependant. C'est que, tout absorbé par la lutte entre les deux magnats, l'auteur en oublie de faire le partage entre vraie et fausse créations de valeur. Il ne songe plus à s'interroger sur l'origine de ces deux cents milliards de francs, qui proviennent de va-et-vient boursiers, et ne concourent nullement à l'accroissement de la production. Même si l'on admet l'assimilation de la « valeur » à la production (et l'on ne dira jamais trop ce que cette conception a d'étroit), ses remarques enthousiastes sont donc tout bonnement absurdes. Ici, on peut suivre Marx : « *Ce travail accru par les intentions malignes des deux parties ne crée pas plus de valeur que le travail dépensé lors d'un procès en justice n'augmente la valeur de l'objet du litige.* »[538] La différence entre vraie et fausse créations de valeur, qui occupe une grande place dans les déclarations d'intention, passe à la trappe – de même lorsque le journal, aux petits soins pour le puissant du jour, louait Messier d'avoir introduit Vivendi Environnement en Bourse, « *[créant] près de 40 milliards de francs de valeur pour ses actionnaires.* »[539] Outre la fascination qu'exercent ces milliards surgis de nulle part, il existe une autre raison, plus fondamentale, à cette omission. C'est que l'opposition entre vraie et fausse créations de valeur n'a tout simplement plus de sens sur les marchés boursiers, et que cette déconnexion ne tient pas à une quelconque « déviation » de l'emploi des capitaux, mais à la nature du capitalisme lui-même, parvenu au faîte de son vide et de sa puissance. Il ne s'agit pas d'une quelconque trahison de l'esprit du capitalisme (dont l'issue serait de revenir à une fantomatique économie de marché « originelle » : c'est la

[538] MARX K., *Le Capital...*, Livre deuxième, Ed. sociales, 1977 (posthume, 1885), p. 115.
[539] « Crible », *Les Echos*, 12 juillet 2001, p. 11.

thèse d'un économiste comme Fabra), mais plutôt de l'inverse, d'un mouvement où le capitalisme devient lui-même au-delà de lui-même, prétendant au monopole du réel, sans rien voir qui s'oppose à lui, et donc sans pouvoir s'arrêter : un *simulacre*, dans le sens précis que Baudrillard donne à ce mot. L'objet « *saute littéralement par-dessus son ombre, et plonge, pour s'y perdre [...] dans la transparence* »[540] : suprême et cruelle ironie que les experts sont bien incapables de percevoir, quelle que soit leur coloration idéologique. Ce n'est pas qu'ils refusent d'admettre, c'est qu'ils ne peuvent imaginer qu'il existe toujours dans le réel un point aveugle, quelque chose qui excède notre vision, et que les tentatives d'enserrement, de ficelage, de chiffrage, sont condamnées à une surenchère sans fin : rituels scientistes de plus en plus frénétiques à mesure que les prévisions échouent, que je-ne-sais-quoi se dérobe – « *impasse de mort où [le système] nous enferme* » [541] , dit encore Baudrillard à la fin de *Simulacres et simulation.* Les experts portent de telles œillères que rien ne vient freiner leur délire. Ils assimilent la « valeur » en soi (ce que vaut la vie, un être, un moment, n'importe quoi) à des sommes d'argent, en prenant certes la précaution de distinguer « vraie » et « fausse » créations de valeur dans leurs envolées théoriques. Mais en pratique, ils oublient facilement cette casuistique, il est vrai de peu d'intérêt, et *Les Echos* se contentent de féliciter les chefs d'entreprise qui ont *créé le plus de valeur* – entendons : ramené le maximum de dividendes à leurs actionnaires. C'est-à-dire, si l'on résume, que la « valeur » qui « se crée » sur les marchés par le biais de leurs opérations, dans le bruissement de leurs incantations, passe à leurs yeux pour la « valeur » tout court, la « vraie » valeur, la *réalité* même – un autre mot dont nous savons qu'ils usent et abusent. On voit le rôle qu'ils se réservent : non seulement les interprètes de la réalité, mais encore ses gardiens, et même ses démiurges (*créateurs* de valeur), chargés de l'augmenter, de l'enrichir (« *alors, dans votre domaine, c'est quoi la valeur ajoutée que votre entreprise ou vous-même avez envie d'apporter à notre petite planète dans les mille ans à venir ?* »). Le projet peut paraître saugrenu, ou franchement délirant. Il est inévitable cependant d'en arriver là, sitôt qu'on adopte une définition purement quantitative de la

[540] BAUDRILLARD J., *Simulacres et simulation*, Galilée, 1995 (1981), p. 160-161.
[541] *Ibid.*, p. 220.

réalité. On comprend dès lors que les experts se sentent indispensables, qu'ils recourent volontiers à un vocabulaire grandiloquent, et qu'en plus de conjurer les tempêtes et d'exorciser les spectres, ils se voient transmuer le plomb en or, faire « *[muer] les géants* »[542] (l'auteur entend par là passer de l'« ancienne » à la « nouvelle » économie, toute cette mystique de l'an un et de la dématérialisation) ou retrouver l'esprit de « *la quête du Graal* » [543] (une image que d'ailleurs nous retrouverons).[544] Plusieurs termes de cet ordre reviennent aussi sous la plume d'un ancien protagoniste des fonds de pension, dans une satire où il parle notamment de « *pierre philosophale* », d'« *enrichissement constant des actionnaires* » et de « *création alchimique de valeur* »[545], tandis qu'Aglietta et Rebérioux, si raisonnables qu'ils se veuillent, penchent plutôt quant à eux pour une « *attraction quasi magique* »[546].

Les exagérations de Soros vont nous permettre une dernière fois d'aller à l'essentiel ; nous allons nous intéresser de plus près à sa principale tentative théorique, *L'alchimie de la finance*, accueillie à sa parution par des éloges démesurés.[547] *Alchimie*, nous n'inventons rien : le mot se retrouve jusque dans le titre, ce qui n'est pas si étonnant que cela. Nous ne cessons de buter sur un élément « magique » dans la finance (« *"magique" n'est souvent qu'un autre mot pour désigner l'action du*

[542] CHABERT Ph., « La mue des géants », *Les Echos*, 28 et 29 janvier 2000, p. 78-79.
[543] LORINO Ph., « Cohérence : la quête du Graal », *Les Echos*, supplément *L'Art de la Stratégie*, 8 avril 2000, p. X-XI.
[544] Voir *infra*, p. 260-261.
[545] OSMONT S., *Le capital, roman*, Grasset, 2004, p. 217 et 523.
[546] AGLIETTA M. et REBÉRIOUX A., *Dérives du capitalisme financier*, *op. cit.*, p. 247.
[547] « *Un extraordinaire voyage au cœur même du système de pensée du gestionnaire le plus performant de notre temps. Epoustouflant* », pour le *Wall Street Journal*. « *Un livre brillant et captivant... Soros fait partie de cette poignée de maîtres de l'investissement qui commence à digérer l'extrême complexité du jeu...* » selon le magazine *Esquire*, pourtant volontiers satirique. « *Soros est le meilleur investisseur de tous les temps et, probablement, le meilleur analyste* », d'après un expert de Morgan Stanley. Soros est même commenté tout à fait sérieusement dans l'ouvrage d'un universitaire, conseiller du Premier ministre de l'époque : *cf.* ORLÉAN A., *Le pouvoir de la finance*, Odile Jacob, 1999.

psychique »[548]), où les incantations se feraient sous forme mathématique : il n'est que de songer à cette idée de transmutation, de « création de valeur », sans même parler des rituels de purification, de dégraissage, et des discussions autour des métamorphoses de la volatilité et de la liquidité que nous avons étudiées dans les sections précédentes. S'il y a alchimie, elle n'a pas grand-chose à voir avec la pratique spirituelle qu'ont redécouverte Durand, Eliade, Jung, et plus récemment Antoine Faivre ou Françoise Bonardel dans sa thèse monumentale sur la *Philosophie de l'alchimie*. Lorsque les experts parlent de création de valeur, il n'y a rien de métaphorique là-dedans : ils ont vraiment le sentiment de « créer » de la « valeur », qu'ils comprennent au sens pécuniaire du terme, même si après cela cette valeur s'inscrit dans un projet global : ce qui suggère bien plutôt un rétrécissement de la vision qu'un élargissement de la valeur.

Voyons d'où Soros tient ce terme d'alchimie, dont il a fait la pierre de touche d'une théorie qui a influencé de nombreux praticiens des marchés financiers. Voyons pourquoi il revendique, lui, expressément la qualité d'alchimiste, fût-ce par intermittence (il lui arrive aussi de jouer au modeste et de dire qu'il n'est qu'un investisseur parmi d'autres). Malgré les confusions et l'extrême platitude du style, les lignes qui suivent réclament une lecture attentive :

> « Les méthodes scientifiques essaient de comprendre les choses telles qu'elles sont, alors que l'alchimie tente de faire apparaître les choses telles qu'on les désire. Pour exprimer les choses autrement, nous pourrions dire que l'objectif premier de la science est la vérité et celui de l'alchimie la réussite opérationnelle. / Dans le domaine des phénomènes naturels, il n'y a pas lieu de distinguer entre ces deux objectifs. La nature obéit à des lois qui sont toujours les mêmes, indépendamment du fait qu'elles soient comprises ou pas. Le seul moyen pour l'homme de soumettre la nature à sa volonté est de comprendre et de respecter ces lois. Voilà pourquoi l'alchimie a échoué et les sciences naturelles règnent sans partage. / Mais les phénomènes dans le domaine des sciences sociales sont différents, ils ont des participants dotés de moyens de pensée. Le déroulement des événements n'obéit pas à des lois qui interviennent indépendamment de ce que pensent les gens. Au contraire, la pensée des participants fait partie intégrante du sujet étudié. Cela crée une ouverture pour l'alchimie qui n'existait pas

---

[548] JUNG C.G., *Dialectique du Moi et de l'inconscient*, Gallimard, coll. Folio-essais, 1991 (1928), p. 137.

dans la sphère des sciences de la nature. Le succès opérationnel peut être accompli sans acquérir la connaissance scientifique. Dans le même ordre d'esprit, la méthode scientifique est rendue tout aussi inefficace à traiter des événements sociaux que ne l'était l'alchimie à altérer le caractère des substances naturelles. »[549]

Mettons un peu d'ordre dans tout cela. L'intuition essentielle de Soros, où nous sommes prêt à le suivre, ou du moins à entamer la discussion (sans entrer dans des débats épistémologiques sur le statut de l'observateur dans les sciences dures, où ses connaissances nous semblent aussi peu sûres que les nôtres), est que la finance s'apparente à l'alchimie, dans la mesure où elles sont toutes deux des *projections*. C'est évident dans le cas de la finance : la métaphore du concours de beauté le fait bien comprendre, et nous avons donné quelques-uns des traits du monde imaginaire que bâtissent les experts autour des indices. Encore une citation d'expert, savoureuse, à l'appui de notre démonstration : « *La finance ressemble parfois à un tableau abstrait ou à une pièce de théâtre contemporaine. Certains spectateurs ont cru voir une œuvre dramatique ou pessimiste, d'autres une œuvre joyeuse qui respire l'optimisme, d'autres encore n'ont rien discerné et ont l'impression d'avoir été face à un non-événement.* »[550]

Bachelard explique de quoi il retourne pour l'alchimie, et marque avec une évidemment tout autre compétence le clivage entre l'esprit qui l'anime et celui de la science moderne : « *Sur le plan scientifique actuel[,] une analyse chimique désigne une eau mauvaise, une eau non potable par un qualificatif précis. Si l'analyse révèle un défaut, on saura dire qu'une eau est séléniteuse, ou calcaire, ou bacillaire. Si les défauts s'accumulent, les épithètes se présentent comme simplement* juxtaposées *; elles restent isolées ; on les a trouvées dans des expériences séparées. Au contraire, l'esprit préscientifique – comme l'inconscient –* agglomère *les adjectifs. Aussi l'auteur d'un livre du XVIIIe siècle, après l'examen d'une eau mauvaise,* projette *son jugement – son dégoût – sur six épithètes : l'eau est dite, à la fois, "amère, nitreuse, salée, sulfureuse, bitumeuse, nauséabonde". Que sont ces adjectifs sinon des injures ? Ils correspondent plutôt à une analyse psychologique de la*

---

[549] SOROS G., *L'alchimie de la finance*, *op. cit.*, p. 352-353. Plusieurs passages reprennent la même idée, nous avons choisi le moins abscons.

[550] « Crible », *Les Echos*, 1er décembre 2003, p. 7.

répugnance qu'à l'analyse objective d'une matière. Ils représentent la somme des grimaces du buveur. Ils ne représentent pas – comme les historiens de sciences le croient trop facilement – une somme de connaissances empiriques. On ne comprendra bien le sens de la recherche préscientifique que lorsqu'on aura fait la psychologie du chercheur. »[551] C'est là que les choses se corsent, puisque s'il y eut de nombreux alchimistes à être tellement fascinés par les images qui leur venaient qu'ils étaient inébranlablement convaincus de n'avoir affaire qu'à des corps chimiques et par exemple de fabriquer de l'or (comme les experts), il y en eut encore d'autres qui, comme l'écrit Jung dans l'ouvrage fondateur *Psychologie et alchimie*, « *considéraient leur travail de laboratoire comme essentiellement centré sur le* symbole *et son effet physique. Les textes le montrent, ces alchimistes-là étaient tellement conscients de ce fait qu'ils traitaient les naïfs faiseurs d'or de menteurs, de voleurs et d'égarés. Ils proclamaient leur point de vue dans des phrases comme* "aurum nostrum non est aurum vulgi" *(notre or n'est pas l'or du vulgaire). Leur travail avec la matière représentait certes un effort sérieux pour pénétrer la nature des transformations chimiques ; mais en même temps il était aussi – et dans une proportion souvent dominante – la reproduction d'un processus* psychique, *se déroulant parallèlement et qui pouvait être d'autant plus facilement projeté dans la chimie inconnue de la matière que ce processus était un phénomène inconscient de la nature, tout comme la transformation mystérieuse de la matière. C'est tout le problème [...] du processus de devenir de la personnalité, appelé processus d'individuation, qui s'exprime dans la symbolique alchimique.* »[552] Si la pierre philosophale fut en partie une chimère de naïfs faiseurs d'or, souffleurs, brûleurs de charbon, spagyristes, suivant la terminologie de l'époque,[553] elle fut donc également, de manière souvent difficilement discernable,[554] l'objet d'une longue quête intérieure (on va voir

---

[551] BACHELARD G., *L'eau et les rêves – Essai sur l'imagination de la matière*, Corti, 1983 (1942), p. 188-189.
[552] JUNG C.G., *Psychologie et alchimie*, Buchet-Chastel, 1995 (1943), p. 50-51. Pour des exemples, voir p. 318-326, et pour un exposé plus complet, *Mysterium conjunctionis...*, *op. cit.*, t. I, p. 169-171.
[553] *Cf.* GUÉNON R., *La crise du monde moderne*, Gallimard, coll. Folio-actuel, 2001 (1946), p. 81.
[554] *Cf.* FAIVRE A., *Accès de l'ésotérisme occidental*, Gallimard, coll. Bibliothèque des sciences humaines, 1996 (1986), t. I, p. 91.

laquelle, sans perdre le fil de notre raisonnement : car la finance y ramène *en négatif*), une occasion pour l'esprit de se dire quelque chose à lui-même, une tentative de médiation entre les forces qui nous habitent et celles qui nous entourent, ainsi qu'un creuset où se formèrent plusieurs rêves qui continuent à vivre en l'homme moderne[555] – et singulièrement, telle est notre thèse, dans la finance : à ceci près que plusieurs alchimistes avaient dans une certaine mesure intégré la dimension symbolique de leurs opérations, tandis que l'on ne retrouve rien de ce genre en finance, où cet aveuglement est justement la clef de voûte de l'édifice. Comme l'écrivait Jung de certaine tendance de la philosophie allemande, les experts « *projettent de grandes vérités hors du domaine du sujet dans un cosmos qu'ils se sont créé pour eux-mêmes* »[556], ce qui ne leur laisse d'autre issue que de conformer le monde à leurs égarements.

Nous touchons à la plus importante des limites de Soros, qui ne peut prendre sa propre intuition au sérieux, la suivre jusqu'au bout. S'il convient en effet qu'il évolue dans un milieu gouverné par des projections, c'est pour immédiatement avancer qu'il est seul à y échapper : « *La principale différence entre les marchés et moi, c'est que ces derniers donnent l'impression de s'engager dans un processus de "mise à l'essai" de leurs propositions sans que leurs participants ne comprennent parfaitement de quoi il retournent, alors que moi je le fais en parfaite connaissance de cause* », écrit-il avant de nous inviter à le mettre à l'épreuve : « *C'est vraisemblablement la raison pour laquelle je peux faire mieux que les marchés.* »[557] Il n'y eut que quatre ans à attendre pour voir ce qu'il en était, avec les déboires du *Quantum Fund* en Asie du Sud-Est et en Russie. La notion d'« alchimie » ne se traduit pas chez Soros par une dose de relativisme et de modestie, mais exactement par l'inverse. Son orgueil le range nettement au côté des naïfs faiseurs d'or, des créateurs de valeur. Une fois de plus, il assume ce qui reste latent chez ses confrères. Le lecteur désireux d'en faire brièvement l'expérience peut se référer au chapitre VII de son ouvrage, où s'illustre en quelques pages son goût pour les métaphores mégalomaniaques (le « *Cercle*

---

[555] *Cf.* JUNG C.G., *Aïon – Etudes sur la phénoménologie du Soi*, Albin Michel, 1997 (1951), p. 189.
[556] JUNG C.G., *Les racines de la conscience…*, *op. cit.*, p. 480. Les deux pages qui encadrent cette phrase seraient à citer en entier.
[557] SOROS G., *L'alchimie de la finance*, *op. cit.*, p. 353.

Impérial » de Reagan, jamais sans majuscules), les formules journalistiques et les enchaînements d'équations absconses (huit en quatre pages, qui s'étendent verticalement et horizontalement pour aboutir à grand n'importe quoi à dix-sept variables). Tels sont les arcanes du savoir que Soros dit détenir, et dont il s'autorise pour exposer en appendice un projet de refondation philosophique et politique de l'Occident.

Il ne suffit pas d'avancer un taux de probabilité, comme le fait son préfacier, pour garantir l'excellence de sa méthode. L'objection vient tout de suite à l'esprit : s'il a trouvé la martingale, comment se fait-il qu'il ait échoué, de façon tellement flagrante, quelque temps après ? C'est peut-être que le magnétisme de Soros tient moins à la pertinence de ses recommandations qu'au flou dont il les entoure. On lit ses presque cinq cents pages sans jamais avoir l'impression de sortir d'un épais brouillard mental. Soros joue un rôle de catalyseur, oracle dans les périodes d'euphorie, victime expiatoire lorsque la baisse se présente. Aussi longtemps qu'il est cru, ses prédictions se réalisent. Bien sûr, sa force de persuasion est d'autant plus grande qu'il est convaincu de ce qu'il dit. Il se fait le porte-voix des aspirations des experts *parce qu'il les partage* ; rien n'indique qu'il joue double jeu. Il se laisse aller à dire tout ce qui lui passe par la tête, convaincu de la génialité de ses propos, même et surtout lorsqu'ils sont inintelligibles. Il y a activation de l'inconscient, d'une série de forces, d'images, de schèmes enfouis (les travaux de Jung sur l'alchimie vont nous permettre d'en dire un peu plus dans les pages qui viennent). On a affaire à un phénomène de « participation mystique », suivant l'expression de Lévy-Bruhl que cite souvent Jung, mais d'un genre tout à fait particulier, dans la mesure où cette participation se nourrit de la démystification elle-même, du vertige de l'esprit critique. C'est sans doute l'une des clefs du succès des experts : une clef qu'ils perdraient aussitôt, s'ils se demandaient sérieusement d'où ils la tiennent.

Cette hypothèse qui fait d'eux, pour ainsi dire, les vecteurs d'une possession collective, permet également d'interpréter le fait, bien attesté (Godechot par exemple le note dans son étude sur les *traders*, mais ne sait visiblement qu'en faire[558]), que certains se retrouvent parfois à anticiper inexplicablement les mouvements du marché. Ceci n'est pas contradictoire avec les

---

[558] *Cf.* GODECHOT O., *Les traders*..., *op. cit.*, p. 232.

expériences où les experts sont opposés de façon peu probante à des singes ou des fillettes, mais permet au contraire d'en préciser la portée, puisque dans le cadre de ces paris fictifs, entourés de tels collègues, ils se retrouvent coupés, non de l'éventuel contenu des chiffres, mais de l'ambiance, du rythme des marchés financiers. Ce ne sont que diverses facettes du même phénomène, de cette inflation du moi, où il se gonfle, comme une baudruche, des influences environnantes dont il se croit maître. Thomas Mann en a donné une évocation impressionnante, ironique et inquiétante, dans sa nouvelle *Mario et le magicien* : « *Je me souviens encore avec certitude qu'il passa des tours de cartes à cette sorte de jeux de société basés sur les facultés sur- ou sous-rationnelles de la nature humaine, intuition et transmission "magnétique", en somme sur une forme inférieure de la révélation. Mais je ne sais plus la succession précise de ses expériences. Je ne veux pas non plus vous ennuyer avec la description de ses essais ; tout le monde y a pris part une fois, à cette recherche d'objets cachés, à cette exécution aveugle dont la direction passe d'organisme en organisme par des voies inconnues. Tout le monde a jeté ses petits coups d'œil, avec une curiosité méprisante, et un hochement de tête, sur le caractère équivoque, malpropre et indéchiffrable des pouvoirs occultes, qui tendent toujours à se mêler, dans la personne de ceux qui en sont doués, au charlatanisme et à des tricheries adjuvantes, sans que cette addition prouve rien contre la vérité d'autres parties de cet inquiétant amalgame. Je dirai seulement que tous les rapports se renforcent naturellement, que l'impression gagne de tous côtés en profondeur, quand c'est un Cipolla qui dirige le jeu ténébreux et en tient le rôle principal* »[559] – ce qui concorde en effet avec l'ambiance de pauvre mystère, de conspiration dont aiment à s'entourer certains experts. Elle leur est nécessaire,

---

[559] MANN Th., *Mario et le magicien*, Grasset, 1980 (1930), p. 61. Pour une étude de cas plus poussée, nous renvoyons à l'article issu de la thèse de médecine de Jung, où l'on devine déjà certaines de ses orientations futures : « Psychologie et pathologie des phénomènes dits occultes », repris dans *L'énergétique psychique*, *op. cit.*, p. 116-214. Il note également dans *Les racines de la conscience* (p. 346 de notre édition) : « Du point de vue de l'intensité émotionnelle qui représente un facteur décisif pour la conscience primitive, les choses les plus diverses, comme la pluie, l'orage, le feu, la force du taureau et le passionnant jeu de dés peuvent être *identiques. Dans l'activité émotionnelle, le joueur et le jeu coïncident.* »

non pas tant pour convaincre les autres qu'eux-mêmes : pour se mettre en condition.

En traçant ces lignes, nous sommes plus éloigné que jamais d'une quelconque théorie du complot. Il nous semble probable que les experts croient sincèrement, pour la plupart, qu'ils « créent de la valeur ». Rien ne permet en tout cas d'affirmer le contraire. Mais cela ne dit encore rien sur les chiffres, les commentaires, les rumeurs qu'ils privilégient, ni surtout sur la manière dont ils les interprètent. Notre hypothèse est que la lecture des entrailles du veau d'or rejoint alors des formes plus classiques de divination. Placés devant un objet insaisissable, une immense *entité* dénuée de centre, les experts tentent de la ramener en territoire connu. Comme l'écrit Jung, toujours dans *Psychologie et alchimie* : « *Tout ce qui est inconnu ou vide est automatiquement rempli par une projection psychologique ; tout se passe comme si les propres arrière-plans psychologiques du chercheur étaient réfléchis dans l'obscurité. Ce qu'il voit dans la matière, ce qu'il croit y reconnaître, ce sont avant tout les données de son propre inconscient qu'il projette en elle.* »[560] De même, les experts projettent spontanément des contenus inconscients sur les marchés financiers : spectres, épidémies, tempêtes... L'ironie veut que ces projections s'animent, suivent leur chemin, vivent leur vie. Les experts passent leur temps à courir après un vent qu'eux-mêmes (que des parties d'eux-mêmes dont ils s'ingénient à oublier l'existence) font souffler. Ils ne portent pas de masque ou, cela revient au même, derrière le masque il n'y a rien. Supposition plus radicale que tous les démasquages des contre-experts : car si les experts n'ont au fond affaire qu'à eux-mêmes, si la Bourse ne vit que de leurs obsessions, au lieu d'être la dépositaire de la « réalité » (au sens très particulier, nullement empirique, qu'ils donnent à ce terme), il est certain que les données du problème s'en trouvent profondément changées. Nombre d'écrits d'experts n'ont plus à être discutés sur le fond, ils peuvent être abandonnés comme une peau morte.

[560] JUNG C.G., *Psychologie et alchimie*, *op. cit.*, p. 298.

Ainsi, finance et alchimie se rejoignent dans la projection : partiellement admise et apprivoisée par celle-ci, refoulée et délirante chez celle-là. Plusieurs termes financiers laissent aisément deviner leur origine alchimique. La notion de « création de valeur » rend un son singulier, l'on parle couramment de gourous, Soros se revendique alchimiste (noircissant près de cinq cents pages, ce qui n'est tout de même pas rien, pour appuyer cette prétention) ; et l'on va voir que les fusions, la liquidité et la volatilité ont leurs équivalents alchimiques... Jusqu'à présent, nous n'avons fait que poser cette parenté psychologique. Nous allons maintenant la creuser et dire comment nous la comprenons. Pour parler clair, notre idée est que la finance pourrait tenir une partie de son aura de la même source que l'alchimie, tout en ayant oublié l'essentiel de son enseignement, pour n'en retenir que l'aspect matériel, avec des conséquences qui méritent un examen attentif, et que les travaux des restaurateurs contemporains de l'héritage alchimique permettent justement de penser.

Tout cela reste à préciser, mais l'on peut déjà noter que la finance entretient avec l'or un rapport des plus intrigants. La « valeur » suprêmement désincarnée des experts se trouve non seulement en contradiction, mais en concurrence directe avec ce métal et la conception de la richesse qu'il véhicule, faite à la fois de luxe et de stabilité (deux qualités qui se dissolvent d'elles-mêmes dans le mouvement actuel) – et ce dès l'origine. Il faut rappeler que l'un des actes inauguraux du basculement de la finance dans l'hors-sol fut la décision américaine de suspendre la convertibilité du dollar en or, en 1971 : la monnaie libérée de sa contrepartie minière pouvant dès lors donner lieu à une pure combinatoire de signes, une circularité sans fin (nous renvoyons aux premiers chapitres de *L'échange symbolique et la mort*, où Baudrillard tire les conséquences de cet état de fait). Aujourd'hui encore, il est troublant de noter que beaucoup d'investisseurs se rabattent sur l'or, qu'il devient, comme ils disent, leur « valeur-refuge » lorsque les marchés d'actions donnent des signes de faiblesse, c'est-à-dire à chaque fois que leur « valeur » habituelle interrompt sa lévitation – le phénomène s'est encore produit lors du dernier krach en date.

Le clivage entre la « valeur » dématérialisée et l'or s'exprime avec toute la netteté désirable sous la plume de l'éditorialiste en chef du journal, qui enjoignait avec un souverain mépris la Banque de France à « *briser le tabou* » et à se débarrasser de ses stocks : « *À écouter les justifications de la Banque de France, on se demande quels psychologues et sociologues elle a bien pu consulter pour donner naissance à ce qu'elle qualifie de "motifs psychologiques". Quand elle avance que le maintien d'un stock d'or est "un gage de prudence de gestion dans l'esprit du public", elle semble croire que celui-ci est composé essentiellement de ces vieilles dames qui, au lendemain de la dernière guerre, cachaient quelques lingots dans leurs coffres pour assurer l'avenir de leurs petits-enfants.* »[561] Ces lignes datent de 1999, c'est-à-dire de l'apogée de la « nouvelle économie ». Le moment était idéal pour tourner en dérision les « vieilles dames » qui se méfient des banques et refusent de déléguer aux marchés financiers la conservation de leur capital (sans doute ne profitent-elles pas des mêmes opportunités que les actionnaires, mais il y a aussi une profonde sagesse populaire à l'œuvre dans ce refus de délégation ; il suffirait d'une guerre, d'une catastrophe quelconque ou seulement d'une défaillance des banques non couverte par l'Etat pour prouver que ces vieilles dames voient plus loin que les experts). Une autre citation, que nous tirons cette fois non plus de la presse, mais d'un ouvrage universitaire intitulé *Que l'argent soit – Capitalisme et alchimie de l'avenir* (*sic*), dont le ton est proche de la transe : « *L'argent matériel, solide, est un archaïsme, et l'argent de compte, fluide, tout à fait moderne. [...] Posséder revient à entasser ; créer forge l'avenir. Retenue contre projection. Crispation contre détente. Quand nous tenons l'argent dans nos mains, nous croyons humer le parfum de la fortune. C'est précisément le moment où nous en sommes le plus éloignés. L'appel du futur est la richesse, pas la possession.* »[562] Il est logique que la préférence systématique

---

[561] FAVILA, « Parler d'or », *Les Echos*, 19 juillet 1999, p. 40.

[562] RACHLINE Fr., *Que l'argent soit – Capitalisme et alchimie de l'avenir*, Calmann-Lévy, coll. Liberté de l'esprit, 1993, p. 78. Nous avons découvert cet ouvrage tardivement, après avoir fixé l'essentiel de notre hypothèse alchimique. Nous l'avons lu d'une traite avec un indicible amusement... Rien n'y manque : la fascination pour le *moderne*, opposé à l'*archaïque* (voir aussi p. 94, où l'argent est défendu comme le *grand nomade*, alors qu'il est évidemment l'inverse au stade où nous sommes, un rouleau compresseur qui aplanit les différences), la fascination pour la liquidité (« *seul l'argent fluide caractérise l'avancée capitaliste* », p. 132), l'éloge de la « *magie*

donnée au numérique, au hors-sol, s'accompagne d'un certain dédain vis-à-vis de l'or. Ce qui est plus étonnant, c'est que les experts ne se contentent pas de le mépriser, de le tenir pour une survivance, un vestige négligeable – comme, à tout prendre, ils pourraient croire que leur triomphe les y autorise, eux qui n'ont d'habitude de respect que pour la force. Il ne leur suffit pas que la « valeur » tienne le haut du pavé, il faut aussi que la passation de pouvoir se fasse dans les têtes, dans toutes les têtes. Les experts n'en finissent pas de traquer les dernières traces d'« archaïsme ». Ce désir d'en finir avec l'or vaut la peine qu'on y insiste. L'or possède une puissance de fascination toute particulière (c'est l'évidence de la contemplation, que vient confirmer l'histoire des religions[563]), qui ne débouche pas forcément sur la « soif » bien connue, mais qui peut également servir de support aux étranges méditations de l'alchimie ; un pouvoir d'attraction que les experts revendiquent exclusivement pour leur créature. Après la rupture du lien entre l'or et la monnaie, ils prétendent fabriquer leur propre or, et transférer l'attention sur la « valeur » surgie de leurs officines (c'est pour cela qu'ils se proclament aussi facilement alchimistes). Ils expriment par là un scrupule qui n'est pas sans intérêt, puisqu'ils ne se contentent pas de régner sur ce qu'ils appellent la « réalité », mais réclament d'établir « mentalement » leur empire, dans un domaine, donc, dont ils n'ont par ailleurs de cesse de proclamer l'inexistence ou l'inanité. Etrange spectacle à la réflexion, que cette « réalité » dont les experts eux-mêmes ne parviennent soudain plus à se contenter.

---

bancaire » (p. 57) qui engendre la monnaie, *etc.* On trouve même une référence à la physique quantique et au principe de Heisenberg, dans un passage particulièrement corsé où l'auteur plante une forêt d'italiques pour faire passer son exaltation (p. 47) : « Envisager de décrire *simultanément* la création monétaire par une banque et la situation générale du système au sein duquel cette banque s'insère est une gageure. La création monétaire par *une* banque s'expose aisément et la description du *système* bancaire ne pose pas de problème majeur, mais il est presque impossible d'expliquer de quelle façon, *dans son mouvement*, l'ensemble du système des banques enchevêtrées crée de la monnaie (et en supprime) à tout instant. Il y a là comme une analogie avec un vieux problème de physique corpusculaire, connu sous le nom de *principe d'incertitude d'Heisenberg* : on ne peut déterminer à la fois la position d'une particule et son énergie. »

[563] Voir l'article « or », dans le *Dictionnaire des symboles* de Chevalier et Gheerbrant (p. 705-707 de notre édition).

Lorsqu'on y regarde de plus près, ce ne sont pas seulement plusieurs métaphores de la finance et de l'alchimie qui présentent un troublant air de famille, mais également certains des buts qu'elles se proposent d'atteindre. En effet, si la finance consiste à gagner de l'argent, à créer de la valeur – c'est déjà plus flou –, nous avons vu qu'elle vise aussi, plus intimement, à conjurer des peurs que les experts ont du mal à situer, et qui se cristallisent volontiers en spectres, séismes, épidémies, etc. On peut dire avec Bernanos : « *Ils ont l'air de courir après la fortune, mais ce n'est pas après la fortune qu'ils courent : c'est eux-mêmes qu'ils fuient.* »[564] Le parallèle est possible avec l'alchimie, où la transmutation en or occupait le devant de la scène, mais où autre chose se jouait. Eliade a montré que les minerais et les métaux y étaient regardés comme des êtres vivants, dont on évoquait la gestation, la naissance, la croissance, le mariage[565] (et ce, non seulement en Occident, mais en Chine, aux Indes, en Annam et en Insulinde[566]) ; l'alchimie se présentait donc comme une sorte de culture artificielle des métaux, une tentative d'accélérer l'histoire et de maîtriser le temps ; et par là même une médecine, un art de vivre, de mourir et de renaître[567] (d'où, aussi, la récurrence du symbole du phénix). Ceci par contre nous éloigne beaucoup de la finance où il n'est question ni de mourir ni de renaître, mais au contraire de s'éterniser dans la valeur et la transparence. Or voici le point essentiel, celui sur lequel nous allons insister dans cette fin de chapitre, et qui nous autorise à parler de la finance comme d'une alchimie à rebours : c'est que, si certaines images présentent extérieurement des ressemblances frappantes, elles s'organisent en revanche selon des schèmes inversés. Plusieurs

---

[564] BERNANOS G., « La liberté pour quoi faire », *in Essais et écrits de combat*, Gallimard, coll. Bibliothèque de la Pléiade (1997), t. II, p. 1334.

[565] *Cf.* ELIADE M., *Forgerons et alchimistes*, Flammarion, coll. Homo Sapiens, 1956, p. 154 pour le résumé de l'argument, 37 et 150 *sq.* pour les exemples.

[566] *Ibid.*, p. 53.

[567] Voir sur ce point les *Paracelsica* de Jung, qui comptent parmi les rares études (il faut aussi compter celle sur Zosime dans *Les racines de la conscience*) qu'il ait consacrées à un alchimiste en particulier (« Paracelse », « Paracelse médecin » et « Paracelse, une grande figure spirituelle », repris dans *Synchronicité et Paracelsica*, *op. cit.*, 2ème partie). *Cf.* aussi BACHELARD G., *La terre et les rêveries du repos – Essai sur les images de l'intimité*, Corti, 1984 (1948), p. 280.

archétypes se constellent dans les deux mondes, l'eau et l'air notamment, mais de manière opposée. Nous croyons que ce contraste est des plus révélateurs, et sur ce que la finance refoule, et sur l'intérêt qu'il y a à s'ouvrir à une autre forme de savoir pour faire à ce refoulé la place qui lui revient – faute de quoi, l'on se condamne à errer comme les experts, quelque part entre le rationalisme mécaniste et la possession onirique.

Que l'on nous comprenne bien : nous n'avons pas l'ambition d'ajouter quoi que ce soit de décisif aux travaux d'Eliade et de Jung par exemple, où presque tout nous oblige, la richesse de la documentation, la hardiesse des hypothèses, la qualité du style – certaines longueurs et obscurités nous paraissent même devoir être portées à leur crédit, dans la mesure où elles ralentissent la lecture et forcent à une approche plus intuitive, comme en spirale, des textes présentés. Nous n'avons bien sûr pu mener avec l'alchimie la même enquête qu'avec la finance, d'abord parce que la matière est incomparablement plus riche, et surtout parce que d'autres y ont taillé avant nous (il n'est que de lire les bibliographies de Jung, riches de plusieurs centaines de références). Nous concevons plutôt notre tentative comme un prolongement, une confirmation un peu annexe de l'hypothèse de l'inconscient collectif, sur un terrain qui *a priori* ne s'y prête guère, dont l'intérêt intellectuel est infiniment moindre, mais qui revêt à notre époque une importance pratique énorme, hélas indéniable. Notre but lointain est de piquer la curiosité du lecteur, de l'inciter à y aller voir de plus près, et notre but immédiat d'approcher le plus grand danger de la finance, peut-être aussi le moins communément perçu, à savoir le mouvement d'extinction et de stérilisation de la pensée qui l'accompagne. Certainement, elle accroît les inégalités, elle enlaidit les villes (ce que Keynes, entre autres, avait bien vu[568]), mais il y a un autre grief qu'on peut lui faire, qui n'est pas moins fondamental : à savoir qu'elle exige une discipline intenable, enferme dans des problèmes sans intérêt et isole de la vie elle-même, pour bâtir un monde à sa ressemblance – à la ressemblance de son vide, ce qui va plus loin qu'un simple enlaidissement.

La tâche que nous nous proposons d'accomplir a quelque chose de paradoxal. En effet, il est indispensable à la bonne marche de notre exposé de nous risquer maintenant à un aperçu

---

[568] *Cf.* KEYNES J.M., *La pauvreté dans l'abondance*, Gallimard, coll. Tel, 2002, p. 206.

plus précis de la magistrale relecture que donne Jung de l'héritage alchimique : il nous faut dire pourquoi cette relecture nous concerne directement, pourquoi elle a plus à nous apprendre sur la finance que d'autres pensées, « critiques », qui y sont pourtant expressément consacrées. Or cette clarification est largement étrangère à la démarche de Jung, qui n'est pas « explicative ». Nous avons insisté à plusieurs reprises sur ce point, qui nous semble faire le départ avec Freud. Jung ne dispose pas d'une méthode d'investigation de type policier,[569] d'un concept passe-partout – ceci soit dit sans intention polémique, nous entendons par là un outil semblable à la libido freudienne, une clef qui ouvre toutes les portes. Il tient à l'essence même de sa pensée de ne pouvoir suivre un déroulement linéaire, semblable à celui de *L'interprétation des rêves* par exemple, où l'enchaînement des théories et des illustrations donne une impression « scientifique », impressionnante au début, mais aussi rapidement mécanique, répétitive et lassante. Le cas échéant, Jung est capable d'écrire des petits ouvrages fort clairs où il résume ses découvertes (c'est le cas du *Commentaire sur le mystère de la fleur d'or*, d'*Essai d'exploration de l'inconscient* ou de certains chapitres des mémoires), mais ses grands livres, notamment ceux où il entame une nouvelle phase de sa réflexion (les *Métamorphoses de l'âme…*, où il se sépare de Freud, les *Types psychologiques*, qu'il écrit après sa grande crise des années dix, ou encore *Psychologie et alchimie*) ne sont pas du tout bâtis sur ce modèle. Il ouvre en général sur une introduction plus ou moins longue, où il tente de résumer son idée générale, ce qui le gêne dans le préjugé matérialiste de son temps. On le voit par la suite pressé d'exposer les éléments empiriques sur lesquels il s'appuie (rêves, mythes, cas cliniques, parfois poèmes…), quitte à se perdre dans les détails, et ce n'est qu'après cela qu'il tente de les relier, sans avoir peur de se répéter (de livre en livre, mais aussi à l'intérieur du même ouvrage), dans un style ample, jusqu'à ce que l'énorme masse de la documentation prenne forme pour ainsi dire d'elle-même, à mesure que les

[569] Si l'on trouve le qualificatif exagéré, le mieux est de se reporter à la première des *Cinq psychanalyses* (PUF, 1982), celle de Dora, révélatrice à cet égard. Au passage, on peut comparer l'analyse du président Schreber dans cet ouvrage (quatrième psychanalyse) à celle que conduit Canetti dans *Masse et puissance* : les deux méthodes offrent des résultats contrastés, qui ne sont pas nécessairement à l'avantage de Freud.

rapprochements s'imposent dans l'esprit du lecteur. Ainsi de *Psychologie et alchimie*, où une introduction d'une quarantaine de pages tente de justifier le rapprochement du titre, avant un premier chapitre constitué de l'analyse d'une série onirique où se remarquent de très nombreux emprunts à la tradition alchimique, par ailleurs ignorée du rêveur. Ce n'est qu'alors qu'on passe à l'étude de l'alchimie à proprement parler, dont le sens ne se révèle que très progressivement, non à la manière d'un fil qui se déroule, mais plutôt d'un tout cohérent, que la nature linéaire du langage contraint à n'éclairer que partie par partie. La compréhension du propos ne se fait souvent qu'à la fin, au détour d'une remarque ou d'un exemple qui saisit le lecteur et éclaire rétrospectivement l'ensemble. C'est pourquoi la relecture de ces livres, ou même le simple fait de les feuilleter quelques mois ou années après, s'avère extrêmement profitable, car l'on est alors mieux à même de comprendre le sens d'un détail et, chose mystérieuse, de voir le reflet d'une formule alchimique ou du rêve d'un patient dans sa propre vie, en un raccourci où s'éprouve le bien-fondé de l'hypothèse de l'inconscient collectif.

Nous écrivons à dessein qu'il « s'éprouve », plus qu'il ne se prouve. L'approche de Jung est expérimentale, mais il s'agit d'une expérience d'un genre spécial, dont le lecteur est partie prenante – à l'inverse de Freud où l'on a souvent l'impression de voir le patient se débattre derrière une vitre. Jung rassemble un matériau abondant sur un certain ordre de phénomènes dont il ne prétend pas donner le dernier mot, mais qu'il invite le lecteur à retrouver en lui-même. L'étude de sa pensée requiert donc une certaine aptitude au lâcher-prise et une bonne dose d'intuition. Ainsi que l'écrivait Rudolf Otto du numineux, cette sorte de saisissement qu'éveille le contact du sacré, l'on a ici affaire des catégories qui sont « *absolument* sui generis *; comme toute donnée originaire et fondamentale, [le numineux] est objet non de définition au sens strict du mot, mais seulement d'examen. On ne peut chercher à faire comprendre ce qu' [il] est qu'en essayant de diriger sur [lui] l'attention de l'auditeur et de lui faire trouver dans sa vie intime le point où [il] apparaîtra et jaillira, si bien qu'il en prendra nécessairement conscience.* »[570] Ce mode d'exposition peut donner un

[570] OTTO R., *Le Sacré...*, *op. cit.*, p. 21. Sur le numineux, qui nous mènerait trop loin de notre sujet, voir les pages 19 à 56 de notre édition.

sentiment de confusion, surtout au début, mais il est lié à l'essence même de la recherche de Jung, qui ne se situe pas *au-dessus* des textes qu'il commente. Quand il aborde l'alchimie, elle est autre chose pour lui qu'une collection de vieilles formules magiques, de superstitions, de symptômes dont il s'agirait de rendre raison. Il retrouve chez les alchimistes la même tension que chez ses patients et lui-même, une tension qui s'exprimait alors dans un langage hautement dramatisé, surchargé, bigarré jusqu'à l'incompréhensible, et qu'il essaie de retraduire en langage scientifique, non parce que ce langage serait intrinsèquement supérieur, mais tout simplement parce que c'est celui qu'entendent les hommes de son temps. Si l'alchimie présente pour Jung un intérêt brûlant, c'est parce qu'il en retrouve sans cesse les tournures, les images, et plus profondément encore les enjeux dans les rêves de ses patients, même et surtout lorsqu'ils professent extérieurement une foi qui devrait exclure ce genre de visions ; elle offre donc un cadre pour formaliser certaines expériences que le monisme scientifique ou chrétien a eu tendance à étouffer, quitte à les voir revenir sous une forme détournée.

Quels enjeux, quelles expériences ? Une première idée-force sur laquelle Jung aime à insister, et qui peut également nous servir de point d'appui dans cette phase délicate de notre raisonnement, est de considérer l'alchimie comme un antidote à l'ascèse, à une attitude religieuse trop unilatérale et paranoïaque, seule représentante légitime de la lumière et du bien, obligée par conséquent de traquer les « spectres » qui l'entourent. Si les ouvrages alchimiques reviennent sans cesse sur la « perfection » qu'ils exigent de l'adepte, il est en effet frappant de constater que cette perfection ne s'atteint pas seulement par une suite de purges, d'exercices d'élévation. Il existe une autre méthode que cette voie « diurne » dont parlait Durand et qui conduit tout droit au cauchemar de la transparence – une autre méthode, un savoir paradoxal dont Jung nous dit qu'il s'est notamment conservé dans les ouvrages alchimiques. Nous avons ici affaire à deux univers antinomiques, presque point par point.

Donnons tout de suite des exemples, pour parer le danger de trop d'abstraction, et parce qu'ils nous permettront d'en venir plus naturellement à des développements théoriques. Nous avons vu que les symboles de la finance sont désespérément univoques ; ceux de l'alchimie sont presque toujours à double ou triple sens. Il semble que l'adepte se plaise à multiplier les paradoxes : la pierre philosophale est visible à tous les yeux et cependant personne ne la connaît, elle est une pierre et elle n'est pas une pierre, « *elle est vile et précieuse, obscure, cachée et connue de chacun, ayant un seul nom et beaucoup de noms* »[571], *etc.* En finance, l'impur n'a d'autre destin que de se purifier, l'« opacité » doit inconditionnellement le céder à la « transparence » ; tandis qu'une sentence magistrale de l'alchimie dit qu'« *il n'est pas possible qu'il se fasse aucune génération sans corruption* »[572], une autre que la pierre « *se trouve dans l'excrément* »[573] et n'en est pas moins précieuse. La finance est prophylactique, les experts ne cessent de séparer le jour et la nuit, la santé et la maladie… L'alchimiste s'écrie au contraire : « *En vérité, c'est là grande merveille et ruse ailée / Qu'en un Dragon venimeux réside la Médecine suprême.* »[574] La finance obéit à un fantasme de maîtrise, elle est un paroxysme de l'« arraisonnement » heideggerien, de la mise à disposition de toute chose,[575] tandis que l'alchimiste se veut serviteur de l'œuvre qui s'accomplit en lui.[576] « *Tu es la matière du Grand Œuvre* »[577], est une autre maxime qui ne peut se résoudre rationnellement, et pourtant non dénuée de sens, puissamment suggestive. La finance repose sur la conception la plus étroite de la valeur, l'argent devenant étalon de ce qui mérite ou non d'être considéré ; alors que nombre d'alchimistes professaient le plus grand mépris pour l'or, certains espérant que la possibilité de le fabriquer le ferait tomber dans la banalité, d'autres craignant au contraire que la pierre

---

[571] Cité par JUNG C.G., *Mysterium conjunctionis…*, *op. cit.*, t. I, p. 76. La 2ème partie du tome I fourmille d'exemples comparables.
[572] BARMA H.A., *La Pierre de touche*, cité par BONARDEL Fr., *Philosopher par le feu…*, *op. cit.*, p. 336.
[573] Cité par JUNG C.G., *La psychologie du transfert*, *op. cit.*, p. 43-44.
[574] LAMBSPRINCK, *Traité de la Pierre philosophale* (1599), cité par BONARDEL Fr., *Ibid.*, p. 300.
[575] L'« arraisonnement » du Rhin, dont parle Heidegger (ou plus précisément les traducteurs qui choisissent cette métaphore maritime pour rendre le *Ge-stell*, le *dis-positif* de l'original), n'est d'ailleurs pas sans évoquer la réduction en « liquidité » chère aux experts. Sur le *Ge-stell*, *cf.* HEIDEGGER M., *Questions III et IV*, Gallimard, coll. Tel, 1990, notamment p. 476, et sur l'exemple de la centrale électrique et du Rhin, *cf.* *Essais et conférences*, Gallimard, coll. Tel, 2001 (1954), p. 20-22.
[576] *Cf.* JUNG C.G., *La psychologie du transfert*, *op. cit.*, p. 128.
[577] GRILLOT DE GIVRY, cité par HUTIN S., *L'alchimie*, PUF, coll. Que sais-je ?, 1999 (1951), p. 95.

philosophale n'inaugurât le règne de Midas – ce qui révèle au fond le même état d'esprit.[578] « *Notre intention n'est pas d'enseigner comment fabriquer de l'or, mais quelque chose de beaucoup plus élevé : à savoir comment la Nature peut être vue et reconnue comme dérivant de Dieu, et Dieu vu dans la nature* »[579], écrit l'un d'eux, renvoyant à la différence de perspective qu'il y a entre le *dévoilement* et la *révélation* d'un mystère,[580] on pourrait aller jusqu'à dire son épiphanie : c'est à partir de cette différence que s'articulent les constellations opposées de la finance et de l'alchimie.

Un autre exemple va nous permettre d'en venir à des considérations plus précises. Nous avons vu que le caractère impalpable de l'air et de l'esprit, la volatilité de l'inspiration avaient quelque chose de profondément intolérable pour les experts. Il n'en va pas de même en alchimie, où le *lapis* est parfois explicitement associé à l'air,[581] à un « *vent secret* »[582] : belle formule pour désigner ce qui nous échappe, à rapprocher du « vent froid » des experts, dont elle est l'antithèse. Le mot de « volatil » lui-même se rencontre fréquemment en alchimie, avec de tout autres connotations. Ainsi dans ce passage de Philathète : « *Par-dessus tout il est merveilleux que notre pierre, bien que déjà parfaite et capable de communiquer une teinture parfaite, s'humilie une nouvelle fois, de sa propre volonté, et méditera une nouvelle volatilité, en-dehors de toute manipulation. [...] De sa propre volonté elle se liquéfiera [...] et sera dotée d'esprit sur l'ordre de Dieu, esprit qui s'envolera*

[578] Voir les exemples et les commentaires de BONARDEL Fr., *Philosophie de l'alchimie – Grand Œuvre et modernité*, PUF, coll. Questions, 1992, p. 95-98. *Cf.* aussi FAIVRE A., *Accès de l'ésotérisme occidental*, *op. cit.*, t. I, p. 121.
[579] VON WELLING G., cité par ELIADE M., *Forgerons et alchimistes*, *op. cit.*, p. 171.
[580] C'est la distinction que fait Pierre Boutang entre « dire » et « communiquer » un secret (voir un passage déjà cité d'*Ontologie du secret*, p. 132-134). De plus le dévoilement lui-même, pour peu qu'on l'oriente vers ses propres fondements, ouvre à un autre ordre de questionnement : nous renvoyons sur ce point au *Principe de raison* de Heidegger, et en particulier aux p. 132 et 162-163 de notre édition.
[581] *Cf.* par exemple JUNG C.G., *Psychologie et alchimie*, *op. cit.*, p. 233 ; *La psychologie du transfert*, *op. cit.*, p. 105 ; et *Mysterium conjunctionis...*, *op. cit.*, t. I, p. 182.
[582] *Ibid.*, p. 49.

et emportera la pierre avec lui. »[583] Si l'on ne se laisse pas intimider par l'étrangeté manifeste du texte (d'ailleurs toute relative, si on la compare aux extravagances des experts), on remarque que l'auteur se place en réceptacle d'un phénomène qui le dépasse (la pierre, « *de par sa propre volonté* »...), et qu'il insiste sur l'humilité nécessaire à la réalisation de l'œuvre. *Il est merveilleux que notre pierre s'humilie*, dit-il, *méditant une nouvelle volatilité, en-dehors de toute manipulation* – chacun de ces mots est à peser –, car alors, continue-t-il, elle se liquéfiera et sera dotée d'esprit. Même si nous n'avons encore presque rien dit de l'interprétation que donne Jung de ces symboles, qui se succèdent en rangs serrés comme souvent dans la littérature hermétique, il saute aux yeux que se dessine une tout autre attitude que la conjuration de la volatilité et sa réduction en « liquidité », typique des experts. Il s'agit visiblement d'un exercice d'humilité, de se rendre disponible pour l'inspiration, de l'accueillir ou de la laisser s'envoler suivant les exigences du moment. On a donc affaire à une sagesse, à un art du lâcher-prise, qui ne se confond pas avec un pur et simple laisser-aller. Au contraire, c'est l'un des grands mérites de Françoise Bonardel que de revenir longuement dans sa thèse sur les écueils symétriques qui menaçaient l'adepte, elle va jusqu'à dire la « *double maladie [...] de la clôture et de l'expansion infinie* »[584] – rationalisme mécaniste et possession onirique, avons-nous dit quant à nous pour désigner les deux pôles de ce que nous avons appelé le « délire » des experts : mouvement par lequel une pensée bornée, qui prive de réalité ce qui lui échappe, se voit englober tout ce qui existe et s'abandonne à des vaticinations de plus en plus mégalomanes. Nous avons retracé les conséquences du réductionnisme des experts, qui commencent par adopter la grille de lecture la plus étroite, et partant le langage le plus terne qui soit, pour en arriver à des conclusions fort peu raisonnables, et à une série d'opérations sinistres censées convertir l'« inspiration » en « liquidités ». Un fragment d'Héraclite, parmi les plus obscurs, nous donne peut-être ici un peu de lumière : « *C'est la mort pour les âmes que de devenir eau.* » C'est bien de cela qu'il s'agit. En dernière analyse, nous y sommes souvent revenu, c'est une fuite de notre condition de mortels qui sous-tend le fantasme de puissance des

---

583 Cité par JUNG C.G., *Psychologie et alchimie*, *op. ci.*, p. 356. *Cf.* aussi *Mysterium conjunctionis*..., *op. cit.*, t. II, p. 50.
584 BONARDEL Fr., *Philosophie de l'alchimie*..., *op. cit.*, p. 134.

experts, à commencer par cette aberration récente qui s'est répandue comme une traînée de poudre, la « transparence », ce désir d'éclairer toute chose, d'éradiquer le secret, la saleté, les imperfections, la finitude, en un mot la vie, « *sale de baisers et de sable* » comme dit un vers de Garcia Lorca, pour la transformer en « liquidités » parfaitement canalisées, indéfiniment manipulables : ce qui concorde bien avec l'hygiénisme obsessionnel de la finance, la blancheur de ses décors, la désincarnation de ses adeptes.

Telles sont en tout cas les images qui viennent aux experts lorsqu'ils réfléchissent au meilleur moyen de « créer de la valeur ». Celles de l'alchimie ne peuvent pas être du même ordre, parce qu'elles obéissent à une logique inverse, qu'a résumée Simone Weil : « *C'est bien à tort que l'on regarde les alchimistes pour les précurseurs des chimistes, puisqu'ils regardaient la vertu la plus pure et la sagesse comme une condition indispensable au succès de leurs opérations, au lieu que Lavoisier cherchait, pour unir l'oxygène et l'hydrogène en eau, une recette susceptible de réussir entre les mains d'un idiot ou d'un criminel aussi bien qu'entre les siennes. Toutes les civilisations autres que celles de l'Europe moderne consistent essentiellement dans l'élaboration d'images de cette espèce.* »[585] Lorsque l'alchimiste procède, il ne se conçoit pas comme extérieur au phénomène qu'il a sous les yeux : il observe ce qui se produit, pour tenter de concilier les forces qui se révèlent, dans la matière et en lui.[586] La bizarrerie de son langage n'est pas nécessairement la marque du délire, mais peut être l'écho des intuitions brutales qui le saisissent, et de son effort pour les domestiquer, dans ce processus que Jung nomme *individuation* – par lequel, comme il le dit lui-même, « *un être devient un in-dividu psychologique, c'est-à-dire une unité autonome et indivisible, une totalité.* »[587] Cette *individuation* est aux antipodes de l'*individualisme* des experts, puisqu'il ne s'agit pas de réductionnisme numérique, mais à l'opposé de trouver un chemin entre les écueils de l'assèchement et de la possession, ou comme le disait Bonardel tout à l'heure, de la

---

[585] WEIL S., « La science et nous » (1941), cité par BONARDEL Fr., *Philosopher par le feu…*, *op. cit.*, p. 35.

[586] *Cf.* ELIADE M., *Forgerons et alchimistes*, *op. cit.*, p. 143. Voir aussi, du même, pour un exposé plus détaillé de l'argument, *Alchimie asiatique*, L'Herne, coll. Méandres, 1990 (1935).

[587] JUNG C.G., *La guérison psychologique*, Buchet-Chastel, 1953, p. 259.

clôture et de l'expansion infinie. Elle écrit quelques lignes plus bas, dans l'un des passages les plus décisifs et les plus difficiles de son ouvrage : « *D'une certaine façon, la langue "naturelle" de l'alchimie n'est qu'une tentative parmi d'autres – réalisées par les diverses philosophies – pour dire les relations toujours complexes entre l'Un et le multiple, la transcendance et l'immanence, la substance et ses accidents... Or, c'est ici* dans l'intimité même d'une "matière" *entretenant avec sa multiplicité phénoménale des relations justement irréductibles aux divers postulats de la raison classique, que l'alchimie réalise son destin singulièrement médiateur.* »[588] Nous approchons du lieu où s'éprouve la valeur de l'alchimie, dans ce qu'elle a de plus déconcertant pour un esprit moderne. Si l'on délaye un peu cet extrait, l'un des principaux problèmes de l'alchimie semble avoir été de concilier des dimensions irréductibles de l'expérience humaine – il faut insister sur ces termes de *conciliation* et d'*irréductible*. Concilier donc, et non pas réduire, l'unité et la pluralité, la transcendance et l'immanence, la substance et ses accidents... Ce peut être, par exemple, s'émerveiller de l'ordre du monde, et en même temps le percevoir en mouvement (*bewegliche Ordnung*, « ordre en mouvement », dira Goethe, lui-même nourri de littérature hermétique, ce même ordre qu'on retrouve dans le chef d'œuvre de Hesse, *Le jeu des perles de verre*[589]). Ce peut être, inversement, s'ouvrir à la contemplation de la vie, qui est plurielle, insaisissable, et empêcher l'éclatement de la personne humaine, la noyade dans l'indifférencié, ce que Jung nomme *dissociation*. Il y a toujours quelque chose de magique dans la rencontre de ces deux puissances que Nietzsche a choisi d'incarner dans les figures d'Apollon et de Dionysos, et aussi, par suite, quelque chose de magique, d'alchimique, dans le bon usage de leur tension.[590]

L'alchimie regorge de ces couples d'opposés : Loup/Chien, Aigle/Lion, Venin/Thériarque, Soleil/Lune, Saturne/Soleil, *etc.*[591] Il en est un cependant qui nous intéresse plus que les

---

[588] BONARDEL Fr., *Philosophie de l'alchimie...*, *op. cit.*, p. 134.

[589] Pour une lecture, assez sévère, de ce roman dans une perspective alchimique, voir *ibid.*, p. 370-375.

[590] Nietzsche retrouve d'ailleurs spontanément un vocabulaire « magique » lorsqu'il en vient à ces phénomènes. *Cf.* par exemple *La naissance de la tragédie*, Gallimard, coll. Idées, 1970 (1872), p. 62 et 65.

[591] *Cf.* BONARDEL Fr., *Philosopher par le feu...*, *op. cit.*, p. 297 *sq.*

autres, parce qu'il nous ramène au cœur du contraste avec la finance : c'est celui que forment l'air et l'eau, avec leurs innombrables dérivés : c'est-à-dire symboliquement l'esprit et la vie, l'incorporel et le sensuel, la conscience et l'inconscient (en terre chrétienne, on songe à la Genèse : « *L'esprit de Dieu planait sur les eaux* »[592], mais d'autres civilisations reprennent ce thème de façon non moins saisissante[593]). Il y a là une sagesse tout empirique, qui se fonde non sur l'obsession de l'épuration, comme en finance, mais plutôt sur le dosage du poison et du contre-poison : ainsi le soufre, traditionnellement masculin, vient purger l'eau de son « *ordure lépreuse* » ou de son « *humidité hydrophique superflue* »[594] (l'enflure du langage, les tournures archaïques sont encore le signe de l'activation de l'inconscient), avec cependant le risque d'une attitude trop unilatérale – d'où le retour des motifs du bain, de l'immersion, de la submersion, de la noyade, ou l'usage du sel, associé bien sûr à la mer et donc au féminin : « *L'intelligence moderne a du mal à se représenter le sel, cette substance humide et froide, lunaire et terrestre, comme un oiseau et un esprit* [il s'agit d'un commentaire de plusieurs textes où ces éléments sont liés]. *L'esprit est – pour utiliser la formulation chinoise –* yang, *c'est-à-dire igné et sec, ce qui s'accorde assez bien avec les conceptions d'Héraclite, comme également avec les langues de feu de l'Esprit-Saint. Toutefois la lune présente, ainsi que nous l'avons vu plus haut, des rapports incontestables avec les concepts de* mens, mind, mana, *intelligence,* etc. *Mais ceux-ci sont en partie de nature ambiguë. Sans doute la terre peut se faire gloire d'un "esprit de la terre" qui lui est propre, aussi bien que d'autres génies de son domaine, mais ce sont là "des esprits" et non "l'Esprit". Le côté froid de la nature n'est pas dépourvu d'esprit, mais c'est un esprit de nature spéciale que l'ère chrétienne a regardé comme démoniaque, et qui n'a trouvé d'audience nulle part, si ce n'est dans les sciences et des arts "nocturnes"* »[595], au premier rang desquels l'alchimie : d'où l'importance qu'il y a à redécouvrir son patrimoine, qui

---

[592] I,2.
[593] *Cf.* DE LA ROCHETERIE J., *La symbologie des rêves*, *op. cit.*, t. II, p. 102-104.
[594] Cité par JUNG C.G., *Mysterium conjunctionis...*, *op. cit.*, t. I, p. 206.
[595] *Ibid.*, p. 246-247. Pour une description des méfaits du « soufre cru », voir p. 212-214. Sur ce symbole, voir aussi BONARDEL Fr., *Philosophie de l'alchimie...*, *op. cit.*, p. 157-158.

nous aide à penser et surtout à vivre la rencontre de toute façon inévitable avec d'autres parties de nous-mêmes – on le voit jusqu'en finance, où le fantasme de l'un déchaîne en compensation diverses imaginations morbides et grouillantes.

Nous l'avons répété, la réduction du symbole de l'eau en « liquidité » n'est qu'un épisode extrême, une conséquence logique du fantasme de maîtrise des experts. Tandis qu'en alchimie, où l'adepte se fait serviteur de l'œuvre qui s'accomplit en lui, l'eau ne saurait évidemment se canaliser de la sorte. L'on peut renvoyer à ce sujet au long commentaire que consacre Jung aux rêves du physicien de *Psychologie et alchimie* (qui refaisait inconsciemment, après beaucoup d'autres, le trajet balisé par les alchimistes), où l'on lit notamment que : « *L'eau [...] est un remarquable symbole de la vitalité de l'être psychique. Les vieux alchimistes ne se lassaient jamais d'en chercher des termes expressifs. Ils l'appelaient* aqua nostra *(notre eau),* mercurius vivus *(mercure vivant),* argentum vivum *(vif-argent),* vinum ardens *(vin ardent),* aquae vitae *(eau de vie),* succus lunariae *(suc lunaire), etc., termes par lesquels ils entendaient caractériser, à l'opposé de l'incorporalité de rigueur de l'esprit abstrait, un être vivant auquel la substance n'était pas étrangère. L'expression* succus lunariae *indique avec une clarté suffisante son origine nocturne, et* aqua nostra, *tout comme* mercurius vivus, *le caractère terrestre de la source. L'*acetum fontis *(acide de la source) est une eau corrosive puissante qui, d'une part, dissout toutes les choses créées et, d'autre part, conduit à la plus durable de toutes les créations : le mystérieux* lapis *(la pierre).* »[596] Cette eau, si l'on résume, est terrestre et obscure, c'est-à-dire qu'elle est parfaitement concrète, contraignante, mais que son origine est cachée ; elle irrigue les constructions de l'esprit et parfois les dissout, lorsqu'elles s'éloignent trop de la vie (ce sont par exemple les rêves d'inondation, qui indiquent souvent une dangereuse irruption de l'inconscient[597]), pour un bien plus précieux, incorruptible, dont nous avons vu qu'il était intérieur : un or « qui n'est pas celui du vulgaire », dit l'adage : l'union des contraires qu'on retrouve figurée dans plusieurs civilisations, à diverses époques, par le symbolisme de la pierre

---

[596] JUNG C.G., *Psychologie et alchimie*, *op. cit.*, p. 100. D'autres exemples dans *La psychologie du transfert*, *op. cit.*, p. 68.
[597] *Cf.* DE LA ROCHETERIE J., *La symbologie des rêves*, *op. cit.*, t. II, p. 105.

philosophale, du Graal, de l'Egrégore, de la fleur d'or – ce que Nicolas de Cuse a nommé, à la fin du Moyen-âge, *coincidentia oppositorum*. Une remarque en passant : il y a peut-être une correspondance profonde, pour nous décisive, à signaler dans le fait que cette expression, et nulle autre, soit venue sous la plume de Simmel quand il entreprenait de décrire le pouvoir de fascination de l'argent – d'autant plus grand, disait-il, que la vie perdait de son sel. Il écrivait en effet : « *En réalité l'argent, moyen absolu et donc lieu de rencontre d'innombrables séries téléologiques, a justement des rapports significatifs, psychologiquement, avec l'idée de Dieu [...]. L'essence profonde de la pensée divine est d'unir en elle toutes les diversités et les contradictions du monde : elle est, selon la belle expression de Nicolas de Cuse, la* coincidentia oppositorum. *L'idée que tout ce qui est étranger et inconciliable pour l'être s'unifie et se compense dans cette pensée divine, engendre cette paix, cette sécurité, cette richesse affective universelle liée à la représentation de Dieu et au sentiment de sa présence. Indubitablement, les sentiments suscités par l'argent ont dans leur domaine une analogie psychologique avec ces dernières.* »[598] Et Marx, à travers une métaphore alchimique plus explicite encore : « *C'est comme si par exemple, la découverte d'une pierre me procurait, indépendamment de mon individualité, la possession de toutes les sciences. La possession de l'argent me met dans la même position par rapport à la richesse sociale que la pierre philosophale par rapport aux sciences.* »[599] Ce n'est pas le moindre des paradoxes des experts : l'argent est pour eux un agent de fragmentation, de numérisation de la réalité, et en même temps le seul moyen de réunir ce qu'ils ont dispersé – c'est d'ailleurs pour cela que Marx était aussi sévère avec les nostalgiques du féodalisme, qui refusaient d'être atomisés, et par suite plus commodément fondus dans le bonheur communiste.[600] Rien d'étonnant après cela à ce que nombre d'économistes investissent l'argent de pouvoirs magiques, qu'ils hypostasient la « valeur », divaguent allègrement.

---

[598] SIMMEL G., *Philosophie de l'argent*, PUF, coll. Quadrige, 1999 (1906), p. 281.

[599] Cité par CALASSO R., *La ruine de Kasch*, Gallimard, coll. Folio, 2002 (1983), p. 359.

[600] Nous renvoyons de nouveau au livre très précieux de Roberto Calasso, et notamment aux pages 333-353 de notre édition.

C'est dans cette perspective que l'on peut lire le sous-titre du *Mysterium conjunctionis*, la dernière grande œuvre alchimique de Jung, incompréhensible autrement : *Etude sur la séparation et la réunion des opposés psychiques dans l'alchimie.* L'« histoire » que raconte l'alchimie, c'est d'abord celle de la naissance du sujet, la différenciation du moi et du monde, le rejet hors des brumes lumineuses de l'inconscient, *l'époque de rêve de jadis* dont les langues aborigènes ont gardé souvenir[601] : séparation radicale des opposés, celle de l'air et de l'eau, ou de la lumière et de l'obscurité comme au début de la Genèse,[602] qui fait cependant courir le risque d'une coupure complète entre l'esprit et la vie – d'où, après le partage des éléments, la nécessité selon les alchimistes de se replonger dans l'inconscient, leur insistance sur le bain, l'immersion, la noyade et le baptême, la mort et la renaissance.[603] Une fois de plus, il n'y a là aucun irrationalisme de la part de Jung, qui est parfaitement clair sur ses intentions, pour peu qu'on se donne la peine de le lire. Avec l'irruption de la conscience, écrit-il, « *l'équilibre du monde originel est perturbé. Il n'est naturellement pas dans mes intentions de présenter cette constatation sur un ton de critique ou de reproche. Je ne suis que trop persuadé non seulement de la logique implacable de cette évolution, mais aussi de son rôle fonctionnel. Une séparation plus forte des opposés est synonyme d'une plus nette discrimination, et celle-ci représente la condition* sine qua non *de tout élargissement et de toute intensification de la conscience. [...] L'augmentation de la clarté de la conscience entraîne nécessairement l'assombrissement de la partie de l'âme la moins éclairée et la moins capable de conscience, à tel point qu'il se forme tôt ou tard au sein du système psychique*

---

[601] *Cf.* MUMFORD L., *Le mythe de la machine*, Fayard, coll. Le phénomène scientifique, 1973 (1967), t. I, p. 69. La lecture du chapitre d'où nous tirons cette citation est extrêmement éclairante.

[602] Sur ce passage, *cf.* JUNG E. et VON FRANZ M.-L., *La légende du Graal*, Albin Michel, 1988 (1980), p. 111.

[603] Pour un commentaire détaillé de ces procédures, *cf.* JUNG C.G., *La psychologie du transfert*, *op. cit.*, chap. IV, et pour un résumé, *Mysterium conjunctionis*, *op. cit.*, t. II, p. 159. Pour une étude concise des différentes étapes de l'œuvre alchimique, lire l'article d'Etienne Perrot sur Jung dans l'*Encyclopaedia Universalis*, ou encore FAIVRE A., « Les "Noces chymiques de Christian Rosencreutz" comme pèlerinage de l'âme" », *in Accès de l'ésotérisme occidental*, *op. cit.*, t. I, p. 198-213, en particulier p. 204-205.

une fissure qui n'est pas reconnue comme telle et se trouve donc projetée, c'est-à-dire qu'elle apparaît dans la façon de voir le monde : à savoir sous la forme d'une scission entre les puissances de la lumière et celles des ténèbres. »[604] Si l'on suit Jung, l'alchimie se présente donc comme une suite de tentatives empiriques pour contre-balancer les tendances unilatérales qui naissent de cette séparation. Face à certain christianisme marial, trop éthéré, oublieux des rudes exigences de ce monde, les alchimistes ont répété la nécessité qu'il y a à mourir pour renaître, et se sont inlassablement interrogés sur la part du diable, la place qu'il convient de faire au côté obscur de l'existence.[605] De même, pour reprendre l'exemple décisif dans l'étude de la finance, cet esprit « humide », agglutinant, intuitif dont nous parle Jung – c'est-à-dire cet esprit, traditionnellement féminin, qui relie les aspects antinomiques de l'existence, contre-balance la discrimination toujours plus poussée de la conscience, et auquel le monothéisme ne peut faire une place satisfaisante[606] – a-t-il trouvé refuge dans l'alchimie. Le plus intéressant est que cela s'effectue toujours par le biais d'opérations parfaitement concrètes : Bonardel parle à ce propos de *déontologie opérative.*[607] Les auteurs hermétiques insistent sur la cuisson, symbole du travail du temps, du mûrissement intérieur, de la méditation : « *Je ne vous demande que de cuire : cuisez au commencement, cuisez au milieu, cuisez à la fin, et ne faites autre chose ; car Nature se parachèvera bien* »[608], lit-on chez l'un d'eux. D'où peut-être aussi ces remarques déroutantes où ils soulignent les bienfaits de la *caro pinguis*,[609] de la « chair grasse », ce qui est sans doute une allusion au caractère charnel de l'œuvre, comme le suggère Jung, mais qui peut également renvoyer au lâcher-prise nécessaire à la réalisation de l'inconscient. Le rapprochement

---

604 JUNG C.G., *Essais sur la symbolique de l'esprit*, Albin Michel, 1991, p. 63.
605 *Cf.* JUNG C.G., *Aïon...*, et notamment p. 138.
606 *Cf.* DURAND G., *Les structures anthropologiques de l'imaginaire...*, *op. cit.*, p. 453, et plus largement la conclusion de son livre où il reprend les propos célèbres de Lévi-Strauss sur l'amputation de la part féminine de l'Occident.
607 BONARDEL Fr., *Philosopher par le feu...*, *op. cit.*, chap. VI.
608 SALMON W., *Bibliothèque des Philosophes chimiques* (1741), cité *ibid.*, p. 354.
609 *Cf.* JUNG C.G., *Mysterium conjunctionis...*, *op. cit.*, t. I, p. 200-201 (n. 315).

vaut la peine d'être tenté entre la valorisation alchimique de la graisse et la passion actuelle pour le *dégraissage* (qui n'est encore qu'une variation sur le thème de la cure d'austérité, de la saignée, *etc.*). On lisait par exemple dans un texte intitulé « *La bonne graisse du taureau* » : « *Un régime minceur peut mettre en valeur la "bonne graisse". C'est ce qu'a réussi Merrill Lynch l'an dernier. La forte réduction des effectifs a permis de compenser largement la diminution de l'activité.* »[610] Il faut bien en déduire que les salariés forment la « mauvaise graisse », toute la « bonne graisse » étant celle du taureau, ce symbole collectif du marché haussier (que Merrill Lynch a d'ailleurs intégré à son logo), de la créature continûment engendrée par le brouhaha des experts. On peut aussi opposer, semblablement, l'aversion des experts pour la *moisissure* (« *le rituel moisi des grèves et manifestations* »[611], disait Tétreau, qui ne voyait apparemment pas d'insulte plus blessante), leur goût marqué pour l'« assainissement » sous toutes ses formes (jusque dans les décors de science-fiction où ils s'établissent), à l'importance qu'attachent les alchimistes au bouillonnement et surtout à la fermentation, qui est, comme l'écrit l'un deux, « *l'incorporation de l'être vivant, le renouvellement de la saveur, l'inspiration de l'odeur, l'adjuvant apporté aux êtres.* »[612] Comment ne pas sentir le décalage entre la créativité des alchimistes et la sécheresse du délire des experts ? La lecture parallèle des alchimistes et des financiers (les *créateurs de valeur* – il est tout de même incroyable que cette expression ne mette pas plus souvent la puce à l'oreille) s'avère extrêmement suggestive, presque terme à terme. Dans les deux cas, on voit se déployer un langage emphatique, magistral, plein de « stupeur et de tremblements » selon l'expression qu'Eliade cite quelque part, que parle l'homme (ou qui parle en l'homme) lorsque celui-ci est saisi par quelque chose qui le dépasse, aussi bien dans l'expérience religieuse que dans les rêves (le

---

[610] « Crible », *Les Echos*, 23 janvier 2003, p. 9. Voir aussi L.F., « Celanese veut maigrir après sa mise en Bourse », *Les Echos*, 27-28 août 1999, et cette remarque qu'on trouve dans le « Crible » du 10 octobre 2002, p. 9 : « Le plan de restructuration annoncé hier par Fiat est courageux. Il prévoit la réduction de l'outil industriel du groupe et la mise au chômage technique de près de 20 % des salariés italiens. »
[611] TÉTREAU E., *Analyste*, *op. cit.*, p. 277-278.
[612] BONUS P., *La Précieuse Perle nouvelle* (1313), SALMON W., *Bibliothèque des Philosophes chimiques* (1741), cité par BONARDEL F., *Philosopher par le feu…*, p. 362.

« numineux » de Rudolf Otto, cette sorte de terreur sacrée n'est rien d'autre, et c'est la raison pour laquelle Jung a choisi d'étendre cette notion au-delà de l'expérience religieuse *stricto sensu*, à toutes les manifestations de l'inconscient collectif).

Une autre différence nous arrête encore ici pourtant, ou plutôt une modulation supplémentaire du même désaccord fondamental. C'est que, si les alchimistes ont presque toujours usé d'un langage détourné, parfois à la limite de l'illisible, ils l'ont souvent fait délibérément et se sont longuement expliqués sur ce point : ils avaient le dessein de ne rien retrancher des divers phénomènes qui se présentaient à eux, quand bien mêmes ceux-ci leur paraissaient incompréhensibles ou irréductibles aux postulats de la raison classique. C'est aussi pour cela qu'ils insistent autant sur la force morale nécessaire à la pratique de leur art, comme le dit encore Bonardel à la suite d'un passage difficile que nous reprenions tout à l'heure, et que nous croyons nécessaire de citer jusqu'au bout, parce qu'il renvoie au nœud de l'opposition avec la finance : « *Car [le] langage [de l'alchimie], intégrant la globalité de l'Œuvre aux divers plans [...] où il se déploie, requiert à son tour la* rectitude d'un opérateur *capable de fixer le flux phénoménal en "corps" glorieux afin de donner au réel la force de s'augmenter indéfiniment ; l'"augmentation" étant alors la virtualité devenue rayonnante, parce que transmuée, d'une multiplicité d'abord irreliée et proliférante.* »[613] Donnons à chacun de ces mots le poids qu'il mérite. L'ambition de l'alchimie aurait donc été de se faire l'écho des intuitions qui saisissent l'adepte au contact de la matière, avec notamment ce thème de l'union des opposés qui revient sans cesse (jusqu'à aujourd'hui, dans les rêves des contemporains et les productions les plus diverses[614]) ; la conviction générale étant que ces opposés finiraient par se combiner de sorte que leur tension cesserait d'être néfaste, à condition de faire preuve de la patience et de la force d'âme requises pour supporter d'aussi violentes antinomies. Si l'adepte était capable d'endurer ce processus d'homéopathisation, cette mort nécessaire à la renaissance qui est la leçon de toutes les initiations, le réel prenait une autre dimension à ses yeux, toutes sortes de

---

613 BONARDEL Fr., *Philosophie de l'alchimie*, *op. cit.*, p. 134.

614 Nous l'avions notamment retrouvé dans notre étude sur le cinéma d'épouvante, qui avait été l'occasion de notre rencontre avec la pensée de Jung.

phénomènes épars acquéraient une cohérence inattendue, et finalement prenaient une « valeur » nouvelle. Rappelons un adage que nous citions tout à l'heure : « *Notre intention n'est pas d'enseigner comment fabriquer de l'or, mais quelque chose de beaucoup plus élevé : à savoir comment la Nature peut être vue et reconnue comme dérivant de Dieu, et Dieu vu dans la nature.* » Cette richesse qui s'offre soudain à l'adepte, cette valeur qu'il découvre soudain n'est pas sa « création », contrairement à ce qu'écrivent les experts ; et n'est d'ailleurs d'aucune utilité économique. Elle n'a aucune portée « ustensilaire », pour parler comme Heidegger. Il s'agit d'une autre dimension de l'expérience, d'un nouveau moi plus vaste – on retrouve le processus que Jung nomme « individuation », l'intégration par la conscience de contenus inconscients, l'apprentissage parallèle de l'usage de la raison et de l'intuition (qui est au fond, dans une perspective junguienne, une sorte de compréhension par l'inconscient). « *Donner au réel la force de s'augmenter indéfiniment* », vient de dire Bonardel, en s'offrant soi-même comme creuset, comme fourneau (autre adage alchimique : « *L'alchimiste est à lui-même son propre fourneau* ») où s'inventeront les liens qui unissent la raison à la pluralité de l'expérience. Le fossé est incommensurable, qui sépare cette conception de la « création de valeur » des experts, qui n'est qu'une suite de procédures de purification, toujours insuffisantes bien sûr, puisqu'ils sont devenus incapables de voir ce qui pourrait les arrêter… L'étrangeté du langage des alchimistes était sinon voulue, du moins acceptée comme une conséquence de leur recherche, un préalable à l'exploration de dimensions de l'existence non balisées par la seule raison. L'extravagant jargon des experts, ce mélange immédiatement reconnaissable de violence pierreuse et de délire prophylactique, est d'une autre nature. Il s'ignore et ne connaît aucune limite ; l'invention, la puissance fécondante du langage alchimique lui est constamment refusée.

Un dernier exemple va nous permettre de préciser notre pensée, ce sont les fameuses « fusions » d'entreprises, qui ont connu une accélération spectaculaire ces dernières années.[615] Ces « fusions » font l'objet de tous les soins des experts. Ils en parlent en des termes qui nous sont devenus familiers. Nous songeons notamment à un long article intitulé « *Fusions :*

---

[615] Pour quelques chiffres, *cf.* BARRAUX J., « Fusions : une lame de fond », *Les Echos*, 15 novembre 1999, p. 78-79.

l'alchimie »[616], où l'on nous prévenait d'entrée de jeu : « *Notre triptyque sur les fusions-acquisitions met en scène aujourd'hui des acteurs de l'ombre, au rôle essentiel : les banquiers d'affaires. Les sociétés, en amont comme en aval de leurs décisions de rapprochement, recourent en effet à des conseillers externes, véritables alchimistes de la finance. La lame de fond des mariages d'entreprise provoque d'ailleurs bien des évolutions dans l'exercice de leur métier [...].* » Le journaliste tente de planter le décor le plus mystérieux possible, où des *hommes de l'ombre* se livrent à des opérations d'une sophistication infinie. C'est d'ailleurs probablement pour cela qu'il nous dit qu'ils exercent dans l'ombre : il s'agit encore de suggérer une profondeur, un arrière-plan, un secret. Nous avons longuement exposé notre point de vue à ce sujet au chapitre précédent. Venons-en tout de suite au point essentiel : pourquoi ces banquiers se voient-ils qualifiés d'*alchimistes* ? Une première raison se dégage immédiatement : à savoir qu'ils préparent des fusions, qui elles-mêmes se soldent en général par une explosion du cours des actions. Ils participent donc, plus que quiconque, à la « création de valeur ». Les voici, derechef, « alchimistes ». Nous sommes cependant à présent en mesure d'aller un peu plus loin. Nous croyons en effet que, si ces banquiers se voient soudain investis de qualités occultes, décrits presque comme des conspirateurs, des « hommes de l'ombre » suprêmement subtils dont le métier est en évolution permanente, c'est parce qu'ils parviennent à réunir des entreprises qui sans eux, dit-on, resteraient séparées. Et c'est là qu'on retrouve l'essence de l'alchimie, qui est d'accorder des corps ou des tendances qui devraient toujours se repousser : idée-force que l'on retrouve dans la conjonction alchimique des opposés, dans le langage courant où l'on parle d'alchimie justement pour désigner cette réunion d'éléments *a priori* incompatibles, ou encore, à un autre niveau, sous la plume de Rimbaud, lorsqu'il décrit la poésie comme une *alchimie du*

---

[616] JASOR M., « Fusions : l'alchimie », *Les Echos*, 17 novembre 1999, p. 70-71. Le triptyque en question s'ouvre sur l'article cité dans la note précédente, et se ferme sur celui-ci. Voir aussi, quelques semaines plus tard, CITTANOVA M.-L. et FOUQUET Cl., « La "nouvelle économie" (2) : L'alchimie de la croissance américaine », *Les Echos*, 7 décembre 1999, p. 70. Finance, croissance, nouvelle économie : tout cela est pour les experts « alchimie ».

verbe[617] – définition fulgurante où alchimie et poésie s'éclairent réciproquement. Or, aussi incongru que cela paraisse, c'est bien un pouvoir de cet ordre que le journaliste prête aux banquiers d'affaires. Tout au long de son article, il nous les montre en train d'éliminer les obstacles au rapprochement, et c'est *pour cette raison même* qu'il les appelle alchimistes. Le mieux est encore de citer : « *Pour accompagner, et parfois initier une telle expansion, les banquiers d'affaires jouent un rôle déterminant, quand il s'agit d'échafauder et de financer des opérations de plus en plus complexes. Ces alchimistes de la finance sont aussi appelés à l'aide par les "managements" de groupes poussés à la restructuration qui cherchent comment se protéger contre l'impitoyable sanction des actionnaires. Car l'essor des fusions et acquisitions implique une plus grande transparence des choix stratégiques face aux décisions des marchés.* » Nous y voilà. Si l'on a affaire à des alchimistes, c'est-à-dire à des gens capables de fusionner les entreprises pour « créer de la valeur », c'est précisément parce qu'ils maîtrisent les arcanes de la transparence. Le raisonnement n'est pas difficile à suivre, nous ne cessons le croiser depuis le commencement de nos recherches. Si tout un chacun suit la discipline de la transparence, alors, logiquement, plus rien ne s'opposera au fantasme de la concurrence « pure et parfaite » (nous ne nous lassons pas de rappeler que c'est la terminologie académique, le nom choisi par les économistes néo-classiques eux-mêmes, non une exagération de leurs adversaires). Le monde sera aussi fluide, aussi transparent que les équations des économistes. L'« inspiration » aura été convertie en « liquidités », que les *homines œconomici* ne se lasseront jamais d'échanger. Toute négativité aura été expurgée, ce sera le règne de la transparence, et ceux qui auront permis un si remarquable miracle pourront certainement, à bon droit, se faire appeler magiciens, gourous, alchimistes ou n'importe quoi de ce genre.

---

[617] C'est le titre du deuxième volet du diptyque intitulé *Délires*, où l'on trouve de nombreux vers d'inspiration alchimique, dont ceux-ci, sans doute les plus célèbres : « Elle est retrouvée ! / – Quoi ? – L'Eternité. / C'est la mer mêlée / Au soleil. » (Dans l'édition Gallimard, coll. Poésie, 1991, ces vers se trouvent p. 145.) Pour un commentaire plus poussé, dans une langue simple et belle, *cf.* PERROT E., *La voie de la transformation d'après C.G. Jung et l'alchimie*, La Fontaine de Pierre, 2000 (1970), en particulier le chapitre I.

Avant d'entamer la dernière ligne droite de notre raisonnement, nous voudrions revenir une dernière fois sur notre interprétation de la coloration alchimique du jargon financier. Le lien que nous proposons n'est pas historique, nous n'avons pas besoin de supposer un héritage, une filiation directe entre une alchimie, disons, naïve (que résume par exemple l'histoire de Midas) et la finance contemporaine. Nous disons plutôt que certaines projections similaires sont apparues dans les deux cas. Le déluge de métaphores hasardeuses et inquiétantes des experts nous paraît avant tout symptomatique de leur échec à mener à terme leur entreprise de numérisation et de désincarnation. Leur obsession pour la sphère, dont nous parlions au second chapitre, révèle la nostalgie qu'ils ont de la totalité, leur effroi devant un univers morcelé, atomisé, où prolifèrent spectres, insectes et microbes. De même qu'on pourrait sans doute interpréter leur insatiable soif de « liquidité » comme un signe de l'extrême degré de dessèchement où ils sont tombés…[618]

Ces métaphores ne sont d'ailleurs pas propres à la dernière génération d'experts. Elles sont un fil rouge qu'on retrouve chez plusieurs économistes : Roberto Calasso a notamment attiré l'attention sur cet aspect de l'œuvre de Marx, qui se sert d'épithètes alchimiques pour condamner toutes les conceptions contraires à la sienne, c'est-à-dire à la science, au progrès et à la production. Il y aurait peut-être profit à écrire un appendice à la thèse de Bonardel, en se concentrant sur le cas des économistes, pour montrer qu'eux aussi auront été obsédés par le rêve alchimique.[619] Seulement, contrairement aux poètes et penseurs qu'elle étudie, il n'est plus question de chercher un équilibre entre des forces contraires (équilibre dynamique, insistons-y, tension constante : rien qui ressemble à une résolution

[618] C'est au Pr. Robert Lagier que nous devons ce rapprochement lumineux, le jour de notre soutenance, entre trois des principaux archétypes que nous commentons – rapprochement qui était bien présent dans l'original, mais resté souterrain jusqu'à son intervention.

[619] Ivan Illich a aussi vu cela. Il y revient à plusieurs reprises sans cependant, à notre connaissance, pousser l'analyse : voir notamment *Œuvres complètes*, *op. cit.*, t. I, p. 569-570, t. II, p. 142 et 208. Pour une liste des thèmes qui ont cristallisé dans l'alchimie longtemps avant de se manifester dans le monde moderne, *cf.* ELIADE M., *Forgerons et alchimistes*, *op. cit.*, p. 178-185. Dans un tout autre ordre d'idées, on peut aussi lire, dans les *Mythologies* de Barthes, le texte qu'il consacre au « plastique » (Seuil, coll. Points, 1970, p. 171-173).

dialectique), mais bien une fragmentation maximale en unités monétaires, pour ensuite réunir l'humanité sous l'autorité de la main invisible ou du socialisme scientifique – peu importe ensuite que ce rêve soit retranscrit par les experts ou les contre-experts, les scribes officiels ou leurs frères en dissidence. Citons une remarque de Calasso, dont le livre fourmille d'indications plus suggestives les unes que les autres : « *Pour ce qui est du développement, on peut dire enfin que Marx était plus capitaliste que le capital. Son regard obstiné et pointilleux cherchait à circonscrire les limites de cette puissance qui abolissait les limites, voulait parvenir à ce point où il serait possible de considérer la production capitaliste comme une forme bornée, timide et empêtrée, et de la mépriser comme elle avait méprisé les formes précédentes : "(...) cette* forme extrême de l'aliénation *contient déjà* en elle – *bien que sous une forme renversée, la tête en bas – la dissolution de toutes* les conditions limitées de la production *et, en outre, produit les conditions illimitées de la production, ainsi que les pleines conditions matérielles du développement entier et universel des forces productives de l'individu." Ici s'exprime un vibrant démonisme, la volonté d'une autocréation illimitée : une fois parvenu à la dissolution parfaite, à l'homme totalement exproprié, on imagine qu'on remplira ce vide par le tout que l'homme n'a jamais été. C'est sur une sauvage hallucination technique, et non sur l'idylle humanitaire, que débouche la furie de Marx.* »[620] On comprend mieux dès lors la déconcertante facilité avec laquelle certains adeptes du socialisme scientifique ont revêtu la défroque de l'expert, souvent sous sa variante la plus extrémiste, le néo-libéralisme (un peu sur le modèle du sinistre Sénécal de *L'Education sentimentale*). Ce rêve de « l'autocréation illimitée » que cerne admirablement Calasso est-il si éloigné des élucubrations actuelles sur la « création de valeur » ? Ne devine-t-on pas le chemin qui pourrait permettre d'approcher la véritable origine de la passion des experts pour l'informatique ou les manipulations génétiques, et leur fureur quand on remet en cause, non telle ou telle application (au contraire, cela débouche sur des débats techniciens comme ils les aiment), mais le *principe* de la manipulation intégrale ? Et dans cette perspective, les longues méditations des alchimistes entre les écueils symétriques « de la clôture et de l'expansion infinie » –

[620] CALASSO R., *La ruine de Kasch*, *op. cit.*, p. 350-351.

ces mêmes alchimistes dont les experts s'approprient si volontiers la terminologie, voire le titre – paraissent-elles si déraisonnables, si incongrues ? C'est pour toutes ces raisons que les hypothèses de Jung nous ont paru plus riches d'enseignements, sur la finance même, que l'énorme amoncellement d'écrits experts et contre-experts, dont rien ne vient aujourd'hui freiner la stupéfiante et terrifique inflation. *Sauvage hallucination technique*, écrit Calasso : voilà bien à quoi nous semble condamnée une pensée (si l'on peut encore parler de pensée) qui a perdu tout souvenir de la consistance des choses – la nouveauté des experts étant pour nous à la fois le degré d'aveuglement où ils sont parvenus et d'autre part les moyens techniques inédits dont ils disposent.

Conclusion générale

> « *Nous ne cesserons pas notre exploration / Et le terme de notre quête / Sera d'arriver là d'où nous étions partis / Et de savoir le lieu pour la première fois.* »
>
> T.S. Eliot, *Quatre quatuors*

D'UNE GENE PERSISTANTE

Au moment de refermer ce travail qui nous a occupé plusieurs années durant, nous nous retrouvons tout à coup, au moins en esprit, très en amont des premières lignes de l'introduction, et même du début de nos recherches (l'œuvre n'étant, comme Walter Benjamin l'écrit quelque part, que le masque mortuaire de la conception[621]). Nous revenons dix ans en arrière, à notre première incursion dans le domaine de l'« économie » et au sentiment d'abstraction, d'angoisse et de bizarrerie qui ne nous a plus quitté depuis, et que nous avons essayé de préciser tout au long de ces pages. Nous songeons notamment à notre effarement initial devant l'affaire Michelin : une affaire dont il n'est pas inutile de dire à présent quelques mots pour situer le lieu de naissance de notre travail, qui est donc aussi celui d'où nous nous apprêtons à repartir. Pour mémoire, en septembre 1999, c'est-à-dire au moment où nous

[621] Cité en exergue de MAFFESOLI M., *Logique de la domination*, PUF, 1976.

allions entrer à l'université, cette entreprise avait simultanément annoncé une augmentation substantielle de ses bénéfices (de l'ordre de vingt pour cent) et la réduction à terme de dix pour cent de ses effectifs en Europe – double nouvelle qui avait immédiatement fait flamber son cours en Bourse (avec notamment, le jour même, une hausse de plus de douze pour cent). [622] Evénement instructif à plusieurs égards. Ces licenciements jetaient d'abord un jour cruel sur l'efficacité des politiques dites « de l'offre », qui se proposent de protéger les profits des entreprises pour garantir l'investissement et finalement l'emploi. Deux éléments principaux méritaient en l'occurrence d'être retenus : la déconnexion entre profit et emploi d'un côté, le peu de cas que font les marchés boursiers du chômage de l'autre. Cette conjonction où se révélait brutalement le fait que le capital vivait sa vie, dans sa bulle, et qu'il était par conséquent fort vain d'attendre de l'accroissement du PIB, du profit, du CAC 40 ou de n'importe quel indice de ce genre des retombées tangibles dans l'existence des gens modestes (notion élémentaire, nous en convenons, mais radicalement à contre-courant de la *vulgate* économique) – cette conjonction ne fut donc pas sans déclencher une vague d'indignation populaire, sans doute moins motivée par une quelconque nostalgie collectiviste, ainsi que les experts s'empressèrent de la caricaturer, que par l'idée simple, communément admise, que tout travail mérite salaire. Il y avait évidemment quelque chose de contraire à la morale des hommes ordinaires dans le fait que les sacrifices consentis par les salariés pour augmenter la productivité de l'entreprise – efforts par ailleurs couronnés de succès – fussent en retour payés de licenciements. La colère et le découragement trouvèrent aussi de quoi se nourrir dans une fameuse déclaration du Premier ministre, qui ne « *[croyait] pas qu'on [pût] désormais administrer l'économie* »[623], alors que ce qui était en jeu, c'était certainement plutôt une exigence minimale de réciprocité que l'ouverture de kolkhozes (la remarque de Jospin ne laisse pas d'être intéressante sur un autre plan, en ceci qu'elle sous-entend qu'on ne peut vouloir contenir ou combattre

---

[622] *Cf.* DEBONTRIDE X., « La Bourse applaudit à l'annonce de gains de productivité », *Les Echos*, 10 et 11 septembre 1999, p. 9.
[623] Journal télévisé, France 2, 13 septembre 1999, cité par MAUDUIT L., « La promesse oubliée du contrôle des licenciements », *Le Monde*, 15 septembre 1999.

la globalisation qu'à travers le passage à un autre système, aussi fermé que le précédent : le toilettage du marché global ou l'économie administrée, voilà le choix sans issue où il s'enferme, comme en un écho paradoxal de sa formation trotskiste). Cette réaction populaire, quoi qu'on pût en penser par ailleurs, n'avait en tout cas rien d'obscène ni de déraisonnable. Il y avait là, à tout le moins, un problème qui méritait d'être posé, et qui nous semble avoir sa place dans la réflexion académique, quand même on s'abstiendrait de demander si l'emploi, n'importe quel emploi, la « *réintégration des exclus par des moyens économiques* », suivant un mot déjà cité de Touraine,[624] est intrinsèquement souhaitable. Or, ce qui nous surprit le plus à l'époque (de même, lors du boycott de Danone dix-huit mois plus tard à la suite de circonstances similaires), et quelques années après quand nous nous rafraîchîmes la mémoire en dépouillant *Les Echos*, ce fut l'extrême impatience avec laquelle les experts condescendaient à répondre. On peut très vite distinguer trois types de réactions. Il y eut pour commencer les habituels articles « pédagogiques » qui s'attachaient à expliquer la stratégie de la famille Michelin,[625] avec cette assimilation caractéristique que font les experts entre justifier et expliquer, comme s'il n'y avait plus rien à dire sur une décision, après qu'on a reconstitué les intérêts économiques qui la motivent (une fois de plus l'économie prend une dimension métaphysique, elle devient l'arrière-monde où se cache le secret, le dernier mot du nôtre). Suivaient de près les récriminations coutumières contre l'« émotion », qui est par définition « *mauvaise conseillère* »[626] dans « *l'impitoyable bataille* », la « *guerre économique*

[624] Voir *supra*, p. 63.
[625] *Cf.* BELY J., « Edouard au pays des Gaulois », *Les Echos*, 21 septembre 1999, p. 77 ou encore une interview martiale de MICHELIN E., propos recueillis par Nicolas Beytout, Xavier Debontride et Patrick Lamm, « Ceux qui ne prennent pas d'initiatives sont des perdants », *Les Echos*, 13 septembre 1999, p. 12. D'autres articles, dans le sillage des licenciements par Danone : VRANCEANU R. et GUYOT M., « Pourquoi des entreprises profitables licencient-elles ? », *Les Echos*, 16 mai 2001, p. 62 ; DE MENTHON S., « Eloge du licenciement », *Les Echos*, 8 et 9 juin 2001, p. 65.
[626] « L'appel des cinquante-six patrons », *Les Echos*, 24 octobre 2001, p. 56.

mondiale »[627] où nous sommes jetés (mais par qui ?) – il vaut la peine de donner la citation en entier : « *[Les patrons] se chargent de défendre leur entreprise dans la guerre économique mondiale. Car c'est d'une guerre qu'il s'agit. Les concurrents de Michelin, Goodyear en tête, n'agissent pas différemment lorsqu'ils veulent se moderniser et pour cela réaliser les indispensables gains de productivité. Sans émotion et sans tapage médiatique. Et au final, ils gagnent souvent.* »[628] Nous nous sommes déjà attardé sur ces deux réactions et les images inconscientes qu'elles charrient. C'est cependant la troisième parade des experts qui avait alors le plus retenu notre attention, et sur laquelle nous voudrions insister à présent : des appels au boycott ayant été lancés contre Michelin, et surtout plus tard contre Danone avec quelque succès, *Les Echos* mirent en garde contre ces « *archaïsmes* » [629], « *ces remontées soudaines des pulsions de fond* »[630], au nom justement de ces mêmes salariés qui allaient être licenciés et dont ils ne s'étaient jusque-là pas beaucoup préoccupés, en piochant au demeurant dans un lexique toujours aussi viril : « *Boycotter aujourd'hui une entreprise française, c'est baisser le pavillon, abdiquer face à ses concurrents. Boycotter aujourd'hui, c'est faciliter la prise des parts de marché de nos sociétés par des étrangers. Boycotter aujourd'hui, c'est détruire les emplois de demain !* » [631] On conçoit sans peine que la destruction des entreprises (ou leur autodestruction) puisse jeter leurs employés à la rue et les condamner à la misère, surtout après que le marché est devenu l'unique moyen par lequel se procurer de quoi subsister. Mais l'affaire Michelin présentait justement la configuration inverse, puisqu'on voyait que l'expansion de

---

[627] DONNEDIEU DE VABRES R., « Pour une “liberté équitable” entre économie et aspirations sociales », *Les Echos*, 21 septembre 1999, p. 77.

[628] LAMM P., « Récupération politique », *Les Echos*, 10 et 11 septembre 1999, p. 9. Sur cette phraséologie guerrière, *cf.* LABARDE Ph. et MARIS B., *Ah Dieu ! Que la guerre économique est jolie*, Albin Michel, 1998.

[629] LAMM P., « Récupération politique », *art. cit.*

[630] FAVILA, « Balancier », *Les Echos*, 21 septembre 1999, p. 77.

[631] DUBRULE P., « Boycotter ? Un acte irresponsable ! », *Les Echos*, 20 et 21 avril 2001, p. 57. Voir aussi GATTO J.-Fr., « Michelin, l'avenir des entreprises et les consommateurs », *Les Echos*, 8 et 9 octobre 1999, p. 65 et FAVILA, « La prime aux humeurs », *Les Echos*, 10 avril 2001, p. 69.

l'entreprise ne suffisait pas à l'attacher à son personnel. On pouvait aller jusqu'à arguer qu'elle se mettait elle-même en péril, en éliminant des travailleurs expérimentés qu'elle remplacerait au besoin par des intérimaires, moins chers mais aussi moins productifs – le tout pour un simple accroissement des profits immédiats, plébiscité par les marchés financiers. Il y avait là une remise en cause du dogme économique, plus éloquente que chez tous les contestataires réunis. La « rationalité » des possesseurs de capital est singulièrement étroite, rien ne les oblige à penser sur le long terme, et surtout, aucun pacte ne les relie au reste de la société. Ceci, non en raison d'une quelconque « déviation », mais du déploiement de leur logique habituelle, qui est fort simple : voilà ce qui était proclamé de la manière la plus abrupte, sans égards pour les faiseurs d'équations. Les experts ne s'émouvaient pourtant guère. En fait, ils ne voyaient pas où était le problème : ils se contentaient d'expliquer que les emplois n'avaient été sacrifiés – et certes non pas de gaieté de cœur[632] – que pour ne pas en compromettre d'autres dans un avenir plus ou moins lointain, qu'ils se gardaient bien, et pour cause, de dater.

Cette affaire trouva en nous une si grande résonance parce qu'elle nous paraissait cristalliser un nouvel ordre des choses, que nous connaissions sous le pseudonyme insuffisant de « mondialisation » et auquel nous avions principalement accès par deux voies : l'enseignement que nous recevions à l'époque dans un institut d'études politiques, et la lecture du *Monde* qui en était le corrélat. Or nombre de cours, pour ne rien dire des articles qui étaient plus univoques encore, ne nous aidaient guère que par contraste à préciser notre sentiment. Le journal aussi bien que l'institution affectait en général de considérer les évolutions en cours avec une impassible neutralité. Il en ressortissait presque toujours qu'elles appelaient d'urgentes réformes pour y adapter la grande masse du pays, invariablement à la traîne, inexplicablement réticente et tentée par le *populisme* – un terme qui du reste ne recoupait rien de précis (on peut en juger par les mouvements épars amalgamés

---

[632] « *Un plan social est une épreuve difficile pour tous* », juraient les signataires de « L'appel des cinquante-six patrons » (*art. cit.*). Cela se peut, mais enfin, sans doute plus pour certains que pour d'autres.

dans l'étude de Mény et Surel[633]), mais qui désignait un danger des plus redoutables dans l'esprit de ceux qui l'employaient. Si ce mot de *populisme* n'avait aucun contenu clairement identifiable (il ne renvoyait en tout cas pas aux importants courants d'idées apparus sous cette étiquette, en Russie ou aux Etats-Unis[634]), il avait en effet une fonction bien déterminée, qui se révélait à l'usage : il visait à bannir tout recours au sentiment ou à l'intuition, facultés semblait-il éminemment « populaires », c'est-à-dire sympathiques, mais potentiellement dangereuses et discréditées d'avance – puisque le peuple, dans cette littérature, est inaccessible à la raison, toujours en attente d'un quelconque leader charismatique. Cette tentative de se départir de toute émotion et, par là, de se détacher du commun des mortels, débouchait sur un raisonnement uniquement comptable, que nous devions plus tard appeler « l'expertise » et dont nous étudiâmes longuement, intimidé d'abord puis avec une consternation toujours renouvelée, les transparents avatars : modèles néo-classiques, théorie des jeux, novlangue des institutions européennes, individualisme méthodologique et surtout sondages, singulièrement inadéquats pour comprendre les mutations en cours. C'est là que prit forme une intuition qui n'a cessé de nous tarauder et que nous voudrions rappeler une dernière fois : à savoir que les experts sont aussi désincarnés que la globalisation, et que cela les disqualifie pour analyser et *a fortiori* contester un mouvement dont la désincarnation est justement la caractéristique essentielle (non pas la seule, mais celle qui le distingue des formes antérieures de capitalisme).

Ce qui nous est apparu pour la première fois dans l'affaire Michelin, c'est la déconnexion entre la finance et le reste de l'économie (ce que les économistes appellent, non sans un certain comique inaperçu, l'économie financière et l'économie réelle). La première piste de réflexion que nous avons suivie, à peu près jusqu'à notre découverte de l'œuvre de Jung, consistait à réfléchir sur les moyens de « réarrimer », en quelque sorte, la finance sur la « réalité » économique. Mais tout le problème est alors de définir les contours de cette « réalité » : c'est à ce stade

---

[633] *Cf.* MÉNY Y. et SUREL Y., *Par le peuple, pour le peuple – Le populisme et les démocraties*, Fayard, coll. « L'espace du politique », 2000.

[634] Sur la branche anglo-saxonne, *cf.* le grand livre de LASCH Ch., *Le Seul et Vrai Paradis – Une histoire de l'idéologie du progrès et de ses critiques, op. cit.*

que l'enseignement que nous recevions se révélait le plus nettement défaillant, dans la mesure où il se plaçait à l'intérieur des mêmes limites, y compris lorsqu'il s'agissait de critiquer le néo-libéralisme. On a vu au premier chapitre que la discussion est stérilisée d'emblée, si l'on s'en tient au bornage des experts. Par suite, ce n'est pas une déconnexion de la « réalité » économique qui est cause de la domination de la finance. Ce serait plutôt l'inverse : les prétentions totalitaires de la vision « économique » des choses l'amènent peu à peu à ne plus rien considérer d'autre qu'elle-même, et elle entre dans une inflation, un simulacre, une surenchère dont le terme de « bulle » rend assez bien compte. Le raisonnement que nous avons présenté jusqu'ici n'est donc que le creusement de la même intuition fondamentale. D'une certaine manière, en forçant le trait, on peut dire que nos trois chapitres retracent le long détour – des fondements de l'économie à ceux de l'alchimie – qu'il nous a fallu faire pour élucider notre étonnement.

C'est pour cela que nous citions en exergue les vers étranges d'Eliot et que nous écrivions, de façon apparemment paradoxale, que la phase finale de ce travail, le terme provisoire que nous souhaitons mettre à notre réflexion, consiste à revenir au point de départ. Nous nous proposons de revenir sur certains événements semblables à ceux que répercutent les médias et que nous avions l'habitude de commenter quand nous étudiions les sciences politiques, pour montrer ce que notre analyse peut apporter de nouveau à des sujets rebattus, faussement familiers. Nous sommes fidèle à un principe que nous avons découvert en lisant Jung, puis Maffesoli, selon lequel connaître, ce n'est pas d'abord faire émerger de mystérieux contenus latents, mais apprendre à voir ce qui est évident (*con-naître*, naître avec). C'est cela, « *arriver d'où nous étions partis* » et « *savoir le lieu pour la première fois.* » Nous allons nous y essayer dans les pages qui viennent, en nous intéressant à la « crise » financière qui a « éclaté » pendant l'été 2007 (c'est du moins ce qu'écrivent les journaux). Cet exemple va nous donner l'occasion d'illustrer nos thèses, de façon à la fois plus concise et plus légère qu'auparavant, en corrigeant peut-être l'impression d'abstraction que nous avons souvent craint de donner. On va voir que les différents niveaux de notre analyse, que nous avons dû séparer pour la clarté de l'exposé, sont étroitement mêlés dans la réalité. Pour cela, nous allons de nouveau faire appel à la presse, mais non plus seulement aux

Echos : il s'agit aussi de montrer comment des tendances exaspérées dans un quotidien financier se retrouvent en fait diluées dans la totalité de la presse.

AU-DELA DE LA CRISE : A PROPOS DU KRACH DE 2007-2008

L'étrangeté de la situation actuelle se révèle entre autres en ceci que les experts passent leur temps à crier au loup, mais que l'on ne voit jamais rien venir. Le danger est bien réel, mais il se manifeste dans une tout autre direction que celle où ils ont l'habitude de regarder. Ce qui donne une situation assez burlesque de qui-vive permanent, où ils évoquent avec effroi les catastrophes que leurs conseils ont permis d'éviter, ou celles qui ne manqueront de se produire si l'on ne les écoute pas, un peu comme si de gigantesques météorites frôlaient la Terre chaque matin. Depuis la chute des Bourses commencée fin juillet 2007, les experts n'ont en effet de cesse d'évoquer le « spectre » de 1929, que ce soit d'ailleurs pour en annoncer ou en nier l'apparition. La nuance est plus mince qu'il n'y paraît : ce qui compte, c'est qu'ils continuent à faire du « jeudi noir » le prototype de la menace, et qu'ils supposent donc sans le dire (et probablement sans y penser) que l'action de la finance est intrinsèquement bonne, sauf en cas de krach.

Pour eux, il n'y a et il ne peut y avoir qu'une seule question, qui est de savoir si nous nous acheminons vers une « crise » semblable à celle des années trente – crise qu'ils évoquent à leur manière habituelle, phraséologie grisâtre à bouffées occultistes. Ainsi Ben S. Bernanke, avant de succéder à Greenspan à la tête de la banque centrale américaine, affirmait que la compréhension de la crise de vingt-neuf est le « *Graal* »[635] de l'analyse économique – il aurait tout aussi bien pu parler de la pierre philosophale. Le symbole du Graal est même plus parlant encore dans ce contexte, dans la mesure où il n'y est plus question d'or ou de richesse, même à titre de métaphore, mais plus directement de l'accomplissement intérieur. Pour comprendre qu'un économiste aussi réputé que Bernanke hasarde pareil symbole pour conjurer le « spectre » de vingt-neuf, il faut se rappeler la place à part qu'occupe cette

---

[635] Cité par COHEN D., « La crise de 1929 n'aura pas lieu », *art. cit.*

crise dans les visions des experts : elle est à leurs yeux la crise par excellence, la crise archétypale, l'écho lointain du thème de la catastrophe cosmique, quelque chose comme le Déluge ou l'engloutissement de l'Atlantide.[636] La crise de vingt-neuf représente pour les experts un événement du même ordre : les liquidités échappent au contrôle de la main invisible, la volatilité se déchaîne. Elle est le moment où la puissance hégémonique de l'époque, la première à avoir accédé à la consommation de masse, se voit entraînée dans une chute rapide, durable (Galbraith rappelle qu'en deux semaines, de nombreuses grandes fortunes américaines furent soumises à un nivellement comparable à celui de la révolution russe[637]), mais surtout, sans explication évidente, puisque la question est encore discutée aujourd'hui.[638] C'est ce dernier caractère qui importe le plus : aucun événement extérieur ne vient alors interrompre la « croissance » américaine (ni guerre, ni catastrophe naturelle, ni même l'irruption d'un concurrent étranger), l'effondrement est absolument intérieur, intrinsèque au système capitaliste. Du point de vue expert (mais aussi bien, marxiste orthodoxe), celui qui propose une interprétation correcte de la crise, qui repère le court-circuit, découvre du même coup la martingale, la formule magique qui permettra au système de s'engager à nouveau dans la voie de l'expansion infinie. C'est cela même, nous semble-t-il, qui incite Bernanke à en appeler au Graal, symbole de sagesse et d'éternité. Chacun se fait de la sagesse et de l'éternité une idée à sa mesure : pour les experts, le « Graal », c'est la résolution des crises, le déroulement sans à-coups des procédures marchandes, la circulation des liquidités dans un temps aboli.

1929 est à leurs yeux la situation de référence, parce qu'il s'agit de la crise la plus spectaculaire, la plus massive qui soit. La machine capitaliste, qui paraissait sans défaut, s'emballe et s'enraye. La chute des cours fut d'une brutalité jamais vue

---

[636] Ou encore, pour citer un exemple plus moderne, le naufrage du Titanic. On trouve à ce propos une caricature instructive dans *Le Monde* du 3 août 2007 (p. 10), où l'on voit un navire nommé « Great Titanic Bank » tout près de heurter la « Iceberg Bank ».

[637] GALBRAITH J.K., *La crise de 1929*, Payot, coll. Petite bibliothèque, 1981 (1961), p. 137.

[638] Pour un résumé honnête et clair des interprétations concurrentes, en plus de celle de l'auteur, *cf.* JOSHUA I., *La crise de 1929 et l'émergence américaine*, PUF, coll. Actuel Marx, 1999, 1ère partie.

jusqu'alors.[639] Les effets sur la production furent à la fois immédiats et tenaces : toujours d'après Galbraith, en 1938, le PIB américain restait inférieur d'environ un tiers à ce qu'il était dix ans auparavant, et les Etats-Unis comptaient encore un chômeur pour quatre travailleurs.[640] On a ici affaire à un dysfonctionnement général, ce qui rentre parfaitement dans les catégories des experts. Cette situation leur semble, sinon plus rassurante que celle où nous nous trouvons, du moins plus familière ; et c'est pour cela qu'ils éprouvent le besoin de la plaquer sur une conjoncture pour laquelle le terme de « crise » est moins adéquat. Nous ne faisons pas de fétichisme conceptuel autour de la crise ou de son absence, mais il devrait suffire, pour insinuer le doute, de remarquer par exemple que la récession actuelle n'est ni si rapide ni si spectaculaire : elle donne plutôt l'impression d'une bombe à retardement, dont l'explosion elle-même est émolliente. De plus, si l'on regarde les indices boursiers, on s'aperçoit que leur lévitation n'est contrariée sur le long terme que par des passages à vide : quelques jours ou semaines le plus souvent, quelques mois après le krach de 1987, une poignée d'années tout au plus après celui de 2001-2002. Si l'on s'en tient aux indices habituels, *à leurs propres indices*, on ne voit pas ce qui les préoccupe tant. Rien de tout cela (dont les experts ne manquent jamais de se gargariser face à un novice comme nous) ne suffit pourtant à les rassurer, si on en juge à leur prose. Ce n'est pas que les sujets de préoccupation manquent, mais bien plutôt qu'ils sont tout autres, et que les experts ne sont pas habitués à les voir. Le recours systématique au grand krach nous semble donc encore, tout à la fois, l'expression d'un scrupule et le moyen de le réprimer. Voir le « Graal » dans la résolution de l'énigme de 1929, se faire chevalier de la transparence ou traquer les « spectres », c'est tout un. Le même Bernanke est l'auteur d'un extraordinaire discours intitulé « *Déflation : s'assurer que "ça" n'arrive pas ici* »[641], où il donne libre cours à son goût

[639] Pour un récit du krach, *cf.* GALBRAITH J.K., *La crise de 1929*, *op. cit.*, p. 134 *sq.*
[640] Sur ces chiffres, voir *ibid.*, p. 193.
[641] BERNANKE B.S., « Deflation : Making Sure "It" Doesn't Happen Here », discours prononcé devant le National Economists Club à Washington le 21 novembre 2002, disponible sur Internet, à l'adresse suivante :
http://www.federalreserve.gov/boarddocs/speeches/2002/20021121/default.htm.

typiquement expert pour les rituels d'assainissement et les mises en scène horrifiques. La déflation devient dans son allocution un « ça » innommable, rehaussé de guillemets, qui rappelle autant le « Es » freudien que le monstre caché dans le placard. Son prédécesseur à la Fed, près de trente ans auparavant, avait semblablement parlé de l'inflation comme d'un « *génie échappé de sa bouteille* »[642], devant la même assemblée. Exorcismes chuchotés, messes basses pour conjurer – quoi donc ? Cela dépend, et n'importe guère au fond : la crise, le krach, la hausse ou la baisse des prix… Les étiquettes sont interchangeables. Quel que soit le nom du mauvais génie, du spectre, de l'avatar du jour, il est en même temps le cauchemar des experts et leur fantasme le plus secret, exactement comme le « ça » chez Freud est à la fois l'objet de la plus grande peur et du plus profond désir (on pourrait presque croire que l'allusion est voulue, mais rien ne l'indique sous la plume de Bernanke). Ils rêvent en surface de s'abolir dans l'enfer tiède de la transparence, mais savent au fond qu'ils périraient du même ennui que tout le monde, si ce règne mortifère devait advenir. Par chance, la transparence est bonne fille, et les fournit généreusement en sueurs froides. Tel est le grand paradoxe, la véritable matrice de leur engagement qu'ils se gardent tout naturellement d'interroger, dans la mesure où l'ensemble de leur activité vise à les rendre inaccessibles à la méditation.

Or, s'il y a quelque chose de frappant dans le danger que fait courir la finance, c'est justement qu'il n'est pas écrasant, palpable, immédiat comme après 1929. Il s'avère, tout au contraire, insaisissable et mou, imprécis et décourageant. Aglietta et Rebérioux jouent à se faire peur en rappelant que les bourses occidentales ont perdu de 50 à 80 % de leur capitalisation entre 2000 et 2002, que « *l'investissement a reflué partout* », que « *les dettes ont dangereusement progressé* », que les pertes sont « *vertigineuses* », que des milliards d'euros de « *richesse* » (certes « *artificiellement gonflée* », mais tout de même) ont été « *anéantis* » – la désintégration de la valeur n'est semble-t-il pas moins mystérieuse que sa création…[643] Aucun

---

[642] GREENSPAN A., « Economic Policy Problems for 1975 », discours prononcé devant le National Economists Club à Washington le 2 décembre 1974. Cité par GALBRAITH J.K., *L'argent*, Gallimard, coll. Folio-histoire, 1994 (1975), p. 425.

[643] AGLIETTA M. et REBÉRIOUX A., *Dérives du capitalisme financier*, *op. cit.*, p. 241.

terme ne leur paraît trop dramatique, ils n'ont jamais peur d'en rajouter. Mais ce qui saute aux yeux, c'est plutôt le peu de conséquences concrètes qu'a entraînées cette chute, malgré le mal qu'ils se donnent pour la mettre en scène. Il y a peu de différences notables entre la période qui a précédé et celle qui a suivi le krach de 2001-2002, si l'on s'en tient à l'existence des gens ordinaires. L'influence de la chute de la Bourse, ou de sa remontée à partir de 2003, n'est guère évidente sur les chiffres du chômage (nous laissons de côté les artifices qui servent à les minimiser, nous nous contentons d'observer leurs fluctuations, en gardant à l'esprit qu'ils ne sont que de la partie émergée de l'iceberg[644]). Selon l'INSEE, la France comptait ainsi 9,8 % de chômeurs début 2000, lorsque la Bourse était au plus haut, 8,7 % en 2002, 9,6 % en 2004, 9,4 % en 2006, après que les cours furent remontés… Rien de très concluant, en tout cas rien qui soutienne la comparaison avec les suites du « jeudi noir » de Wall Street, et le coup fatal qu'elles avaient failli porter au capitalisme.[645] Certains experts ne manquent pas d'y voir la preuve de la solidité du système financier mondial : les dispositifs de contre-feu sont efficaces, disent-ils, la connaissance économique a fait d'immenses progrès depuis 1929, et aujourd'hui, les bienfaits de la finance ne s'accompagnent que de très peu d'effets pervers – le Graal et la pierre philosophale ne sont pas loin. Les contre-experts insistent sur les défauts de cette architecture : plus longue est la lévitation, répondent-ils, et plus dure sera la chute. Une

[644] Les limites de l'exercice apparaissent clairement dans la note méthodologique de l'INSEE, publiée sur son site à l'adresse suivante : http://www.insee.fr/fr/indicateur/indic_conj/donnees/method_idconj_14.pdf. On y apprend entre autres (p. 2) que l'indicateur du BIT, qu'elle utilise et qui diffère légèrement de celui de l'ANPE, ne prend pas en compte toute personne qui n'aurait travaillé, « *ne serait-ce qu'une heure, au cours de la semaine de référence* ».

[645] Pour un sondage de l'état d'esprit qui régnait à ce moment parmi les intellectuels libéraux, on peut se tourner vers les nombreuses réflexions recueillies par Hobsbawm dans *L'âge des extrêmes*, ou encore, pour lire un document d'époque, *Capitalisme, socialisme et démocratie* de Schumpeter – tous sont convaincus de l'avenir du socialisme, et de faire l'apologie d'une forme de gouvernement condamnée. Même sentiment à gauche : on peut se reporter en miroir aux remarques de Polanyi en conclusion de *La grande transformation*, où le souvenir de 1929 lui paraît asseoir, de façon définitive, la domination de la social-démocratie.

troisième interprétation est possible, si l'on se débarrasse de la vieille fascination marxiste pour la « création de richesse » et l'accroissement de la production... On peut également penser que les « bienfaits » dont parlent les experts (qu'ils les mesurent par la croissance de l'économie financière ou réelle, de la Bourse ou du PIB importe peu à ce stade), et dont les contre-experts réclament un partage plus équitable, sont rien moins qu'avérés : dans ce cas, il n'y a guère moins à redouter de l'effondrement de la finance que de sa progression, et le danger qu'elle fait courir est moins celui d'un dysfonctionnement que d'un arraisonnement généralisé. Il n'y aurait d'ailleurs aucun paradoxe à arguer que l'une des conséquences les plus inquiétantes du krach actuel est de placer la Bourse encore plus au centre de l'attention, s'il se peut, ce qui lui confère une emprise renforcée sur la vie sociale (la critique des erreurs des financiers ne servant finalement qu'à repêcher la finance).

Pour l'heure, voyons comment réagissent les experts en période de baisse – nommément, celle qui a commencé fin juillet 2007, dont le déclenchement peut grossièrement se résumer comme suit.[646] À l'origine, il y a ce qu'on appelle les « subprimes », qui sont des crédits concédés à des gens qui gagnent peu et ne possèdent rien, en général, que leur maison – ladite maison n'étant souvent qu'une pauvre chose, mais qui, suite à la spéculation immobilière environnante, acquiert provisoirement une certaine valeur. Des intermédiaires sautent sur l'occasion pour accorder des prêts qu'ils gagent sur cette « valeur » nouvellement « créée ». Le moment arrive où les débiteurs ne peuvent plus rembourser ; comme le marché de l'immobilier s'est entre-temps retourné, leurs maisons ne valent plus rien, et presque tous se retrouvent à ne pouvoir honorer leurs dettes, même en perdant le peu qu'ils ont. De toute façon, qui irait acheter de tels biens, sinon leurs semblables ? Comme ces semblables sont ruinés, d'innombrables masures sont mises en vente au même moment sans trouver d'acquéreur, et leur prix n'a de cesse de descendre, ce qui fait que le marché de l'immobilier se présente sous un jour encore plus défavorable, et que le mouvement s'accélère. Les défauts de paiement

[646] L'article de Bernard Maris (paru sous le pseudonyme d'Oncle Bernard, « Le bateau coule ! », dans *Charlie-Hebdo*, 19 décembre 2007, p. 5) surpasse de beaucoup, en clarté, ceux que nous avons lus dans la presse quotidienne. Nous nous en inspirons largement dans le paragraphe qui suit.

s'accumulent. Or, juste après avoir accordé ces prêts, les intermédiaires se sont empressés de les mélanger à d'autres crédits plus assurés, avant de les revendre à des banques, peu regardantes, trop heureuses d'augmenter leur volume d'activité. Aujourd'hui, les banques ne peuvent exactement savoir combien elles ont perdu dans l'affaire, les divers intervenants des marchés financiers deviennent méfiants, beaucoup essaient de sauver leurs billes en vendant leurs titres, d'où une baisse des cours de la Bourse.

On voit que l'enchaînement des causes et des effets peut se reconstituer assez clairement, tant qu'on n'entre pas sur les marchés financiers. La suite est en revanche beaucoup plus nébuleuse. Sans doute, les subprimes servent de déclencheur à la chute de la Bourse ; cependant, de là à passer comme le font les experts du déclic à la cause… Il existe aussi une variante un peu plus subtile, mais similaire en réalité, selon laquelle la crise des subprimes serait le révélateur de vices cachés, qui ne manqueront pas d'apparaître au grand jour : si les marchés se mettent à paniquer, certains experts se hâtent de déduire qu'il doit bien y avoir quelque raison *profonde* à cela[647] (les contre-experts ne voient pas qu'en suivant un raisonnement symétrique, fût-ce sur le mode catastrophiste, ils confortent les marchés financiers dans leur statut de dépositaires de la réalité). *Post hoc, ergo propter hoc* est bien l'un de leurs sophismes favoris, pressés comme ils sont de réduire la réalité en système. Or nous avons vu à de nombreuses reprises, depuis le début de ce travail, que la Bourse est principalement préoccupée d'elle-même. C'est pourquoi nous proposons de retourner la proposition, ne serait-ce qu'à titre d'hypothèse, pour voir ce que cela donne. Rien n'interdit en effet de suggérer que la « crise » sert aux divers experts à projeter toutes sortes d'angoisses sur la fragilité de leurs positions – ces mêmes angoisses que nous avons décrites dans nos deux derniers chapitres. Ce qui expliquerait le flou qui entoure les conséquences de cette chute : celles-ci sont aussi peu claires que le lien entre la Bourse et la production, après la déconnexion que nous avons étudiée au deuxième chapitre. Que le facteur déclencheur de la baisse soit le non-paiement des subprimes et l'éclatement de la bulle immobilière, rien de mieux. Mais ce serait oublier le principe que nous avons rappelé au chapitre précédent, en reprenant une

---

[647] *Cf.* par exemple GATINOIS Cl., « La crise financière révèle les faiblesses des banques allemandes », *Le Monde*, 22 août 2007, p. 10.

notion chère à la science politique anglo-saxonne la plus experte, qui veut qu'un événement ne se traduise sur les marchés financiers qu'après être passé dans la tête et dans les actes des *traders*, journalistes, professeurs, *etc.*, c'est-à-dire dans la fameuse boîte noire – qui envoie pour le coup des signaux contradictoires à la vitesse des balles, et prend l'allure assez amusante d'un *flipper* fou (ainsi la Société Générale qui après les cinq milliards d'euros de l'affaire Kerviel en 2008, perdait une somme comparable l'année suivante dans des circonstances tout aussi bizarres). Quand les bourses occidentales ont pris conscience du non-remboursement de certains prêts hypothécaires à risque, elles semblaient particulièrement réceptives aux mauvaises nouvelles. Dès le début, les experts se sont mis à exagérer la défaillance des banques avec une sorte de plaisir morbide, en faisant défiler toute une série de métaphores qui sont pour nous de vieilles connaissances. Laissons *Les Echos*, cette fois-ci, pour un article du *Monde* intitulé « *Trou d'air sur les places boursières mondiales* » : « *Sourdes depuis des semaines aux menaces planant sur les marchés financiers,* lit-on, *les bourses mondiales ont finalement cédé à la crainte au cours des derniers jours. Le mouvement a été à la fois brutal et général. […] À l'origine de ce coup de tabac, la crise du marché des crédits immobiliers à risque aux Etats-Unis, les* "subprime mortgage"*. […] Ce phénomène aurait pu rester circonscrit si des acteurs financiers, notamment des fonds spéculatifs (*"hedge funds"*) n'avaient investi ces dernières années dans ces titres de créance très risqués sur le marché de la dette* », ce qui accroît considérablement le risque de « *contagion* ».[648] L'extrait se passe presque de commentaires, tant il est conforme à ce que nous avons déjà vu (trou d'air, menaces qui « planent », coup de tabac, contagion). Tout juste vaut-il la peine de remarquer que la journaliste note, presque par lapsus, que la « crise » ne s'enracine que très lointainement dans le surendettement d'Américains sans ressources (alors que la presse, à commencer par *Le Monde*, ne va cesser de broder sur ce thème pendant les semaines suivantes), mais qu'elle doit tout à l'ampleur que vont lui donner les marchés financiers en se saisissant de la nouvelle, pour lui faire prendre une forme qui n'est par conséquent plus vraiment celle de la crise, puisqu'il

[648] GATINOIS Cl., « Trou d'air sur les places financières mondiales », *Le Monde*, 28 juillet 2007, p. 9.

s'agit tout simplement de leur fonctionnement normal, *à la hausse ou à la baisse*. Les effets bénéfiques de la hausse ne sont pas évidents ; il n'y a pas de raison que ceux de la baisse soient plus faciles à préciser. Si l'on tient à maintenir le terme de crise, il faut dire qu'elle est permanente, qu'elle est, comme nous l'avons dit au chapitre II, l'état normal des marchés financiers… La fin de l'article est un véritable condensé d'expertise : « *Pour Patrick Artus, économiste chez Natixis, le mouvement actuel, qu'il qualifie de* "démentiel", *n'est qu'une illustration du caractère* "enfantin et moutonnier" *des individus* ». On retrouve le rejet des responsables dans la démence ou l'enfance, c'est-à-dire hors de la rationalité, et l'injonction à y rentrer, en se comportant comme les atomes de la théorie économique dominante, insensibles à ce qui les entoure ; sauf que, ne pas être « moutonnier », ce serait en l'occurrence se condamner à perdre beaucoup d'argent. « *La crise des* subprimes *est assez bien calibrée,* assure ensuite le même Artus, *et ne concerne pas les marchés européens.* » Ce pronostic peu pertinent, comme la suite l'a montré, tient à l'oubli d'une vérité fort simple, presque un truisme, par nature hors de portée des experts : comme les marchés prétendent à la toute-puissance, il n'y a rien par quoi ils ne puissent *a priori* se sentir concernés. C'est pourquoi nous avons parlé de délire, dès le début de ce travail. Le fait que les banques européennes n'aient pas de « subprimes » dans leurs comptes est de peu de poids, on le voit bien, lorsque l'angoisse latente des experts trouve à se projeter sur un « spectre » de passage. Par exemple : « *Le spectre d'une vraie crise financière, de banques contraintes en catastrophe de céder des actifs pour se renflouer a surgi le jeudi 9 août. Il crée le doute à la fois sur la solidité des systèmes bancaires et la conjoncture des prochains mois. / Que savent les établissements sur les risques portés par leurs concurrents qui les effrayent au point de ne plus vouloir les financer ?* »[649] La journaliste répond aussitôt : rien pour le moment. Le *spectre* de la *vraie crise* a *surgi*, et *crée le doute* : voilà l'information substantielle. S'assurer que « ça » n'arrive pas ici, remettre le génie dans sa bouteille : on ne change pas de

[649] GATINOIS Cl., « L'aggravation de la crise bancaire fait plonger les places boursières », *Le Monde*, 11 août 2007, p. 9. Ce qui rappelle aussi ce titre des *Echos* lors de la baisse précédente (4 septembre 2002, p. 24), petit chef d'œuvre d'humour involontaire : « *Les marchés boursiers replongent par crainte de la récession.* »

registre. Le 3 août, *Le Monde* vendait de nouveau la mèche, probablement sans le savoir et de façon plus explicite encore. Quelques lignes après qu'un expert eut prévenu que l'Allemagne était « *menacée de la plus grave crise financière depuis 1931* », le lecteur tombait sur un aveu presque trop beau pour être vrai : « *La globalisation et l'opacité du marché du "subprime" américain renforcent la nervosité ambiante.* "Quelle que soit leur origine géographique, les banques y sont exposées dans une proportion méconnue (*sic*) jusqu'à ce que les difficultés soient avérées (re-*sic*)", *s'alarme une analyste.* »[650] On ne saurait mieux dire. Peu importe la localisation des banques, peu importe également leur implication dans ces créances douteuses. La « nervosité ambiante » suffit à faire chuter leurs titres dans une proportion imprévisible, jusqu'à ce que la baisse ait eu lieu ; c'est-à-dire après le passage dans la boîte noire. L'analyste fait ici un aveu qui dépasse celui de son incompétence, elle témoigne de la formidable inutilité de son savoir quand ses collègues sont déprimés... On ne voit pas pourquoi il en irait autrement en phase maniaque. Parce que ses prédictions se réalisent ? *Post hoc, ergo propter hoc*, là encore... Notre hypothèse de l'expertise comme bruit de fond (efficace à la hausse, recouvert à la baisse par la rumeur des spectres) a pu paraître excessive quand nous l'avons formulée, il est néanmoins à noter que nous n'avons pas eu à y revenir jusqu'à présent.

En nous replongeant dans la presse, plusieurs années après notre dépouillement des *Echos*, nous nous sommes tout de suite retrouvé en terrain familier. D'une part, les journalistes rivalisaient de rationalisme, comparant la « crise » actuelle à celle de vingt-neuf, lui assignant son origine dans l'économie dite réelle ou dans un dysfonctionnement des marchés financiers ; et d'autre part, ils accumulaient les métaphores climatiques ou épidémiques, que nous renonçons à reproduire pour ne pas faire doublon avec ce que nous avons déjà écrit (nous nous sommes de surcroît volontairement restreint dans notre choix, pour mieux faire sentir la concentration de cette rhétorique : nous citons toujours le même journal, sur une période de quelques semaines). Un exemple cependant, qui résume tous les autres. L'on trouvait en première page du supplément *Argent !* du *Monde* une caricature où un homme en

---

[650] GATINOIS Cl., « Le système bancaire mondial est affecté par la crise de l'immobilier américain », *Le Monde*, 3 août 2007, p. 10.

cravate, un écureuil scrutaient le ciel avec angoisse, des billets de banques, des titres boursiers à leurs pieds, cernés de nuages menaçants, d'où surgissaient des éclairs, avec ce commentaire : « *Pour affronter les tempêtes de la Bourse, il faut conserver une part importante de liquidités dans son portefeuille. […] Quand le temps tourne à l'orage, quand les marchés deviennent incertains, augmenter la part de liquidités dans son portefeuille est généralement une stratégie payante.* »[651] Le débat sur l'ampleur de la crise et sur sa définition, qui accapare les experts (krach, « correction », *etc.*) n'est pas de grande portée, et surtout, il enferme dans une sorte de chantage à la solution (comment protéger l'épargnant de la tempête ?), où nous nous sentons d'autant moins tenu d'entrer que pour nous, le danger n'est pas seulement la chute des cours mais l'extension de la logique financière, qu'appellent également la hausse et la baisse (pour conjurer celle-ci, entretenir celle-là).

Il est intéressant, de nouveau, de relever le caractère fantomatique de la menace, dont les experts s'épuisent à anticiper voire à discerner les effets. Si l'on lit entre les lignes, il arrive même qu'on les voie effleurer le problème de la consistance de la crise, et par suite de ce qu'ils appellent « économie ». L'éditorial du *Monde* quelques jours après le début de la chute était très instructif à cet égard, à condition de ne pas se laisser rebuter par l'odeur de chancellerie, le langage anémique de rigueur. On y devinait, à tout le moins, un certain désappointement : « *Tout l'enjeu pour la BCE et les autres banques centrales […] est d'éviter que la crise financière ne se propage à l'ensemble de l'économie. C'est un des paradoxes de la crise actuelle.* [Encore un de ces paradoxes que les experts sont en permanence obligés de supposer pour refouler le caractère délirant des marchés financiers.] *Hormis le secteur de l'immobilier aux Etats-Unis, l'économie mondiale ne connaît pas de problème majeur. La croissance économique est au plus haut dans de nombreux pays, émergents comme développés ; les entreprises – y compris les banques – sont peu endettées et réalisent des profits très élevés, et les défauts de paiement des ménages diminuent partout dans le monde, sauf dans le secteur de l'immobilier américain. Les fondamentaux de l'économie sont donc au beau fixe. Jusqu'ici, la mondialisation de la finance, en répartissant les risques pris par quelques acteurs, apparaissait* [à qui ? aux autres experts] *comme la meilleure*

---

[651] *Le Monde*, supplément *Argent !*, 9 et 10 septembre 2007, p. 1.

garantie contre une crise majeure. Les semaines à venir diront si les principaux acteurs ont joué avec le feu. »[652] Si l'on résume, il n'y a pas de raison de s'inquiéter de la solvabilité des banques, l'immobilier américain n'est qu'une exception, il n'y a aucun fondement rationnel à la crise ; d'où l'on s'empresse de déduire qu'il ne devrait pas y avoir de crise, puisque la finance dépend de quelque façon de l'économie « réelle ». Le fait est cependant qu'il y a « crise ». Ne pourrait-on en déduire qu'il y a quelque défaut dans la grille de lecture habituelle ? Nullement : l'auteur décide aussitôt que la crise est « paradoxale », ce qui revient à donner tort à la réalité par rapport à cette autre « réalité » qui émane de l'analyse des chiffres de la croissance (où l'on voit, une fois de plus, les experts se montrer fort peu empiriques). « *C'est l'un des paradoxes de la situation actuelle* », écrit l'éditorialiste, qui semble par conséquent se réserver le droit d'en soulever d'autres, si les choses devenaient plus opaques encore. Il y a une ironie cruelle et subtile à ce que la finance, le marché le plus sophistiqué, et partant censément le plus rationnel qui soit, soumette les autres à des caprices insondables. Voilà bien, en effet, le trait le plus pittoresque de l'affaire : les experts ne demandent rien de mieux que de se plier aux injonctions de la Bourse, le problème est qu'ils ne parviennent pas à les déchiffrer, d'où une surenchère de « paradoxes » et de modèles alambiqués. Autant d'hypothèses absconses qui s'effondrent comme des châteaux de cartes, sitôt qu'on admet que les marchés évoluent en hors-sol. Les experts font défiler les remises en cause « radicales » sans donner d'autre impression que celle du serpent qui se mord la queue. On arrive même à des dispositifs de circularité parfaite, comme cet appel que lançaient six grands patrons pour protéger l'économie réelle de la contagion de l'économie financière[653] – c'est-à-dire d'eux-mêmes, comme cela saute tout de suite aux yeux. À un deuxième niveau de lecture, il est frappant de constater qu'ils ne font là que reprendre le discours de la branche modérée d'ATTAC (Soros, le plus vibrionnant des experts, va quelquefois jusqu'à frôler l'altermondialisme), selon

---

[652] « Editorial », *Le Monde*, 11 août 2007, p. 2.

[653] *Cf.* BUTLER W., CARLI Ph., DE CASTRIES H., LACHMANN H., MÉRINDOL N., ZINSOU L., propos recueillis par Yves de Kerdrel et Clémence Fugain, « Les grands patrons ne veulent pas que la crise contamine l'économie réelle », *Le Journal des Finances*, 21 mars 2008.

lequel la financiarisation n'est qu'une excroissance dénuée de raison d'être, l'œuvre d'idéologues aveugles qu'un malheureux concours de circonstances a placés en même temps à la tête des pays riches ; alors que nous avons montré que la monstrueuse dilatation de l'économie « financière » est la suite logique de l'économie « réelle », c'est-à-dire de ce fantasme qui cherche à faire de l'économie la dépositaire de la « réalité » : ce qui explique que la finance paraisse à ce point intouchable, dans la mesure où la véritable origine de la fascination qu'elle suscite n'est jamais interrogée. Si l'on va au fond des choses, l'on s'aperçoit même que la critique des « dérives » financières est de nature à renforcer le primat de l'économique, et donc la légitimité des marchés financiers, qu'il ne s'agira dès lors que de rendre plus rationnels et transparents.

Il y a également une dérision parallèle, plus fondamentale et plus terrible, de la théorie critique, puisque Marx reléguait au second plan tout ce qui participe à la circulation du capital (ce qu'il appelait méprisamment « *les faux frais du capital* »[654]), et qu'il ne voyait dans les crises boursières que l'inévitable traduction des contradictions internes au mode de production capitaliste. Si la finance paraît incompréhensible, disait-il, aucune méthode n'est plus sûre pour trancher que de revenir au processus de production.[655] Isaac Joshua met nettement ses pas dans les siens dans l'étude impressionnante et aride qu'il consacre à la crise de vingt-neuf, qu'il explique par la rapidité de l'émergence américaine, laquelle aurait entraîné une période de forte instabilité, le temps que la nouvelle puissance devienne

---

[654] MARX K., *Le Capital...*, Livre deuxième, *op. cit.*, p. 120 : « L'or et l'argent comme marchandises monétaires constituent pour la société des frais de circulation qui résultent uniquement de la forme sociale de la production. Ce sont des *faux frais* de la production marchande en général, qui augmentent avec le développement de la production marchande et surtout de la production capitaliste. C'est une fraction de la richesse sociale qu'il faut sacrifier au procès de circulation. »

[655] *Ibid.*, Livre troisième, *op. cit.*, p. 452 : « Du reste, tout est ici [sur les places boursières] à l'envers, car dans ce monde de papier n'apparaissent nulle part le prix réel et ses éléments concrets : il n'est question que de lingots, d'espèces métalliques, de billets de banque, d'effets de commerce, de titres. C'est surtout dans les centres comme Londres, où se concentrent toutes les manipulations financières de la nation, que se manifeste ce renversement des notions : toute l'affaire devient incompréhensible ; elle l'est déjà moins dans les centres de production. »

l'axe autour duquel tournent les autres. Selon cette interprétation, la finance n'est encore qu'un révélateur, une émanation des mouvements titanesques et souterrains de l'économie réelle – il est caractéristique que Joshua file la métaphore de la tectonique des plaques.[656] Il en déduit que d'autres crises ne manqueront pas de se produire lors du prochain passage de témoin, qui ne pourront être surmontées, de manière classiquement marxiste, que par la connaissance des lois économiques.[657] Là encore, notre propos n'est pas de discuter de sa thèse sur la crise de vingt-neuf en elle-même – la compétence comme l'appétence nous manquent pour ce faire, et cela nous entraînerait trop loin –, mais de sa pertinence quant au sujet qui nous occupe, notamment lorsque, à l'instar des experts quoique avec une tout autre science, il en fait la mère de toutes les crises. Contrairement à Mankiw qui relisait les conséquences économiques de la peste à l'aide de schémas néo-classiques, à cet expert américain qui ambitionne sans rire d'expliquer le déclin des civilisations par des imprudences écologiques,[658] ou plus sérieusement à Marx qui voulait mettre à jour la loi naturelle qui préside à l'évolution des sociétés,[659] nous ne cherchons pas à dégager un schéma de « crise », valable toujours et partout, ou du moins, qu'on pourrait replacer dans une typologie générale. Nous voulons seulement décrire la situation actuelle, qui nous paraît se distinguer de celles qui

---

[656] *Cf.* JOSHUA I., *La crise de 29 et l'émergence américaine*, *op. cit.*, p. 12 : « C'est le surgissement brutal d'une nouvelle puissance, les Etats-Unis, qui a fait la grande crise. Ce sont les conditions de cette émergence, la rapidité avec laquelle elle a eu lieu, qui ont fait la grande dépression. De la même façon qu'une île surgie du fond de l'océan, montant à toute allure à la surface, sera en équilibre instable et va lever une vague qui ira balayer les continents déjà établis. Le choc reçu sera faible si l'île surgie des eaux est de petite taille ; il sera très violent s'il s'agit d'une nouvelle grande puissance, ce qu'étaient les Etats-Unis. »

[657] *Ibid.*, p. 273.

[658] DIAMOND J., *Effondrement – Comment les sociétés décident de leur disparition ou de leur survie*, Gallimard, coll. Essais, 2006.

[659] *Cf.* la préface du *Capital* (p. 6 de notre édition) : « *Même lorsqu'une société est sur le point de parvenir à la connaissance de la loi naturelle qui préside à son évolution – et la fin ultime de cet ouvrage est bien de dévoiler la loi d'évolution économique de la société moderne – elle ne peut cependant ni sauter, ni rayer par décret les phases de son développement. Mais elle peut abréger et atténuer les douleurs de l'enfantement.* »

l'ont précédée bien plus qu'elle ne s'y apparente, au point que le terme de crise ne nous paraît pas le plus approprié. On peut tout de suite avancer plusieurs raisons évidentes à cela : le degré d'avancée technique (avec le changement de nature que représentent l'informatique et Internet), la domination de la quasi-totalité de la planète par un seul régime politique, et le résultat de la conjonction des deux : la prétention à l'omnipotence de marchés financiers interconnectés qui s'auto-hypnotisent – voilà quelques traits qui suffisent à indiquer en quoi la situation où nous sommes se démarque de tout ce qu'on a vu ; autant dire qu'il est plus prudent, en l'état, de ne pas trop s'aventurer à prédire ce qu'on verra (les références que nous avons prises dans le passé, à divers endroits de notre réflexion, nous ont surtout instruit sur la distance qui nous en sépare).

ELOGE DE LA FUITE

C'est donc sous une forme extrêmement originale que la finance se présente à nous. Si nous avions le goût de la provocation, nous dirions même qu'elle est d'une absurdité sans cesse renouvelée. Au cours de la dernière décennie, son fantasme de recodage s'est notamment incarné dans la soi-disant « nouvelle économie », ou plus redoutablement dans les manipulations génétiques et les marchés des droits à polluer[660] – avec peut-être quelque effroyable catastrophe sanitaire à la clef, à côté de quoi l'affaire de la vache folle fera figure d'aimable répétition (il n'est pas non plus difficile d'imaginer les torrents de logorrhée experte qui ne manqueraient pas de s'ensuivre dans cette hypothèse).

La dernière innovation en date, apparue quelques jours après notre soutenance, et dont nous avouons volontiers que nous ne l'avons pas vue venir, la transforme en puits sans fonds : pour survivre, entretenir son délire, elle réclame maintenant des centaines de milliards à la puissance publique (700 milliards de dollars dans le fameux plan Paulson, qui n'est peut-être qu'un début), sans contrepartie aucune. La démesure des sommes répond, bien sûr, à l'importance qu'elle a prise, mais tout autant

[660] La place nous manque malheureusement pour évoquer ces aspects. Nous renvoyons aux parties 5.2. et 5.3. de notre thèse, *La finance – Logique, opérations, extensions du mythe*, *op. cit.*

à l'incompréhension dont elle fait l'objet. Les deux sont intimement liées. La finance s'est imposée dans l'opinion comme le secteur le plus représentatif de l'économie, c'est-à-dire de la « réalité » : il est dès lors inimaginable de repousser son chantage. Et comme dans le même temps personne, aussi bien l'homme de la rue que les experts les plus doués pour le bonneteau, n'est en mesure de lui assigner une utilité précise (*parce qu'elle n'en a pas*), il n'y a virtuellement aucune limite aux exigences qu'elle formule. Voici où nous en sommes ; c'est donc également de là qu'il faut repartir si la réflexion veut se porter sur un plan plus pratique.

Le point décisif de notre raisonnement, et peut-être le plus difficile à comprendre, est qu'il y a une rupture de fait, mais non pas de bouleversement théorique entre le capitalisme classique et sa version globalisée. Comme nous l'avons souvent dit, il s'agit de l'amplification du même : celle-ci n'est que l'amplification « délirante », à la fois vide et toute-puissante, de celui-là, quitte à satisfaire de plus en plus médiocrement à l'objectif de maîtrise assigné au départ (les opposants sont éliminés ou marginalisés, la finance n'a plus à craindre qu'elle-même, mais le moins qu'on puisse dire est que le monde n'en devient ni plus rassurant ni plus lisible pour autant). Il est donc impossible d'isoler la critique de la finance de celle, plus générale, du capitalisme. Il ne sert à rien de parler de « déviation », de « dérives ». Effectivement, il y a quelque chose comme une sortie de route, mais qui est justement due au fait que plus rien n'existe, aujourd'hui, capable de freiner l'accélération capitaliste. Ceci n'est encore pourtant, si l'on veut, que la première couche de contre-expertise (la « réformiste », disons) ; il y en a encore une seconde, « révolutionnaire » celle-là, qu'il convient de gratter : car le capitalisme lui-même repose sur la pensée calculante, l'expertise, l'objectivation (la transformation en « objets »), le découpage numérique des étants. À partir du moment où l'on écrit, comme Descartes : « *Ma philosophie ne considère que des grandeurs, des figures et des mouvements, comme fait la mécanique* »[661], la numérisation devient un peu comme une seconde nature, et l'on se met hors d'état d'en percevoir l'enjeu.

[661] DESCARTES R., *Lettre à Plempius*, cité par ALLEAU R., « De Marx à Guénon : d'une critique "radicale" à une critique "principielle" des sociétés modernes », *in* SIGAUD P.-M. (dir.), *René Guénon*, L'Âge d'Homme, Lausanne, 1984, p. 192.

Si l'on écrème les réflexions « réactionnaires » qui sont l'écume de sa pensée, Maistre avait parfaitement vu le cœur du problème, par exemple lorsqu'il mettait en garde : « *Si la science n'est pas mise à la seconde place, les maux qui nous attendent sont incalculables : nous serons abrutis par la science, et c'est le dernier degré de l'abrutissement.* »[662] Pour le dire encore plus brièvement, presque sous forme de maxime et dans l'autre sens : réduction du monde en « matière première », d'où capitalisme ; capitalisme, d'où globalisation, c'est-à-dire domination de la finance. La haine des experts pour le réel, leur invention de la « réalité », leur oubli du visage humain – tout cela découle de la même source.

Si tout cela est vrai, si donc pour paraphraser Bernanos l'expertise consiste en une sorte de guerre universelle contre toute espèce de vie intérieure, il en résulte qu'il est superficiel, autant qu'inopérant, de prendre appui pour la critiquer sur tel de ses dommages collatéraux. Il ne sert à rien par exemple, de lui « reprocher » le déchaînement de la cupidité, ou l'absence de régulation qu'elle entraîne. Une aussi triste passion que l'argent désiré pour lui-même ne saurait de toute façon se répandre que dans un paysage désolé ; de même qu'il nous semble illusoire de compter uniquement remédier par une intervention étatique à ce qui est plus profondément, et plus funestement, un défaut de forme intérieure. La faiblesse du raisonnement, l'inflation de statistiques absurdes, l'extraordinaire débraillé du style expert en sont autant de symptômes. « Démystifier » la globalisation n'est qu'un préliminaire. Les choses sérieuses commencent quand on cherche à comprendre comment le réductionnisme numérique, à force de tourner sur lui-même, engendre la transparence et la domination de la finance. C'est ce que nous avons tenté ici. Nous nous sommes contenté de déblayer le chemin pour entamer l'étape suivante, qui est l'invention de la relève. Nous suggérons en note deux puissantes hypothèses, que nous développions dans la version originale de cette thèse et qui peuvent nous aider dans cette direction.[663] Nous les reprendrons

---

[662] MAISTRE J. DE., « Essai sur le principe générateur des constitutions politiques et autres institutions humaines » (1809), *in Considérations sur la France*, Pélagaud, Lyon, 1874 (1796), p. 53.

[663] Sur la post-modernité, *cf.* MAFFESOLI M., en particulier *Le temps des tribus – Le déclin de l'individualisme dans les sociétés post-modernes*, La Table Ronde, coll. La petite Vermillon, 2000 (1987), et *L'instant éternel*, *op. cit.* Sur la décroissance, *cf.* LATOUCHE S., *Le pari de la décroissance*, Fayard, 2006, et *Survivre au développement –*

peut-être dans quelque ouvrage futur, mais si nous cherchions à en dire plus, nous en arriverions à un tout autre sujet que celui que nous proposons de traiter dans ces pages. Il s'est agi pour nous de poser le problème, non déjà d'apporter des solutions. Pour l'heure, il importe surtout de comprendre que cette invention dont nous parlons n'a rien à voir avec le volontarisme des experts. Répétons-le : *inventer*, *in-venire*, cela signifie laisser venir. Jung, dont l'œuvre immense nous a accompagné tout au long de notre réflexion, le dit magistralement : « *La philosophie chinoise classique connaît deux grands principes universels contradictoires, le clair Yang et l'obscure Yin. Elle dit que lorsque l'un des deux principes atteint à la culmination de sa puissance, le principe contradictoire germe et jaillit de son sein. C'est là une expression particulièrement imagée du principe psychologique de la compensation née de l'antinomie intérieure. Quand une culture a atteint son apogée, apparaît, tôt ou tard, l'échéance de sa dissolution. La décomposition, apparemment insensée et désolante, en une multiplicité sans ordre ni orientation, contient dans son giron obscur le germe d'une lumière nouvelle.* »[664]

Inutile de reprendre ici l'ensemble de nos arguments. En dépit de l'hétérogénéité des références qu'il nous a fallu mobiliser, nous n'avons jamais eu qu'une seule ambition. Il s'est agi d'étudier quelques-uns des phénomènes inconscients à l'œuvre dans l'expansion de la finance, en montrant que ce sont bien ces phénomènes qui constituent sa réalité première, jusqu'à constituer une « réalité » de remplacement, où évoluent les experts. Face à cette « réalité » de synthèse, il n'y a de vraie réponse, de riposte, au sens plein, que dans la redécouverte des dimensions de l'existence qu'elle vise précisément à éliminer. Sans doute pourrait-on arguer, non sans raison, que la finance est extrêmement inintéressante, et que le plus souhaitable est encore de l'ignorer, de passer directement à autre chose. Ce serait cependant négliger l'ampleur de son emprise. Nous croyons même qu'il est presque impossible de faire l'économie de ce détour, surtout pour un lecteur qui comme nous serait né tard, arriverait après que le désert numérique a recouvert la plupart des chemins qui permettaient de lui échapper…

De la décolonisation de l'imaginaire économique à la construction d'une société alternative, Mille et une nuits, 2004.

664 JUNG C.G., *L'Homme à la découverte de son âme*, *op. cit.*, p. 77.

Essayons, pour finir, de tirer quelques conclusions plus pratiques, dans le but non pas de déterminer une attitude précise mais, comme le disait Weber, de montrer « *qu'en adoptant telle position* vous servirez tel dieu et vous offenserez tel autre *parce que, si vous restez fidèles à vous-mêmes, vous en viendrez nécessairement à telles conséquences internes, dernières et significatives.* »[665] Si l'hypothèse que nous venons de défendre a quelque fond de vérité, il ne reste plus guère, nous semble-t-il, que trois attitudes qui tiennent vis-à-vis des marchés financiers. Si l'on souhaite les défendre, il faut les prendre pour ce qu'ils sont, se faire par conséquent l'avocat du désastre et de la désincarnation. Il faudrait sans doute pour cela beaucoup aimer le paradoxe, mais ce serait l'occasion de mettre à profit un conseil de Cioran : « *Toute apologie devrait être un assassinat par enthousiasme.* »[666] Dans la mesure où la puissance de la finance tient en grande partie à ce qu'elle s'imagine dénuée d'ombre, c'est bien à un résultat de ce genre qu'un apologiste trop malin aboutirait, en admettant que les experts l'écoutent et le comprennent (la chose est plus qu'improbable, nous en convenons : mais quelle belle mort ce serait).

Si l'on souhaite vraiment les combattre, ce n'est certainement pas en entrant dans le jeu de la pureté, des réformes de « transparence » que l'on y parviendra. Les associations comme *Transparency international*, les comités d'éthique et les rapports sur la « gouvernance » participent autant à l'animation des marchés financiers que les gourous de Wall Street et d'ailleurs.

L'on peut pour finir, aussi bien, décider que la vraie vie commence ailleurs. Il reste ainsi un dernier recours, qui est le retrait. Il n'est pas un choix inoffensif, contrairement à ce que pourraient croire des contestataires trop pressés. Comme l'a expliqué Jünger dans un essai bref et somptueux,[667] il a même quelque chose de suprêmement dangereux pour le pouvoir (plus encore sous sa forme contemporaine de « globalisation » qui, comme son nom l'indique, ne reconnaît plus de limite au nombre de ses sujets). Il serait faux d'y voir une solution de facilité : car, à l'époque où la rumeur experte est plus

---

[665] WEBER M., *Le savant et le politique*, 10-18, 2000 (1919), p. 113.
[666] CIORAN, *Exercices d'admiration*, repris dans *Œuvres*, *op. cit.*, p. 1521.
[667] JÜNGER E., *Le traité du rebelle – ou le recours aux forêts*, Christian Bourgois, 1995 (1951).

hégémonique que jamais, une telle distance exige au préalable d'être reconquise. Plus nous serons nombreux à refuser de répondre aux questions des experts (ce qui signifie aussi apprendre à en poser d'autres), et mieux cela vaudra. Le retrait se mérite et a son efficace propre. Echappatoire, si l'on veut, mais seulement en ceci qu'il vise à ménager une sortie. Il a même une fonction dynamique, ou plutôt de catalyseur, dans la mesure où il prépare l'éclosion d'un nouveau commencement. Une remarque de Heidegger, d'apparence obscure, aide à le comprendre : « *Le repos n'est que mouvement se retenant en soi, souvent plus inquiétant que le mouvement même.* »[668] Cette phrase peut donner lieu à bien des interprétations, mais il en est une, fort peu ésotérique, que nous privilégierons ici. Nous y voyons la confirmation que ce n'est pas faire preuve d'immobilisme ou de lâcheté que de rejeter les questionnements ridiculement insuffisants que nous avons étudiés les uns après les autres. Le même geste qui détourne du bavardage prépare à cueillir le moment propice. Le retrait consiste à guetter les signes avant-coureurs de ce qui est à naître, pour accompagner ensuite ce qui mérite de l'être. C'est-à-dire, pour citer le poète : « *Je serai là des tout premiers pour l'irruption du dieu nouveau.* »[669]

Grenoble, octobre 2002
Séoul, octobre 2008

---

[668] HEIDEGGER M., *Qu'est-ce qu'une chose ?*, Gallimard, coll. Tel, 2006 (1962), p. 54.
[669] SAINT-JOHN PERSE, *Vents*, Gallimard, coll. Poésie, 2004 (1946), p. 53.

L'Harmattan, Italia
Via Degli Artisti 15 ; 10124 Torino

L'Harmattan Hongrie
Könyvesbolt ; Kossuth L. u. 14-16
1053 Budapest

L'Harmattan Burkina Faso
Rue 15.167 Route du Pô Patte d'oie
12 BP 226 Ouagadougou 12
(00226) 76 59 79 86

Espace L'Harmattan Kinshasa
Faculté des Sciences Sociales,
Politiques et Administratives
BP243, KIN XI ; Université de Kinshasa

L'Harmattan Guinee
Almamya Rue KA 028 en face du restaurant le cèdre
OKB agency BP 3470 Conakry
(00224) 60 20 85 08
harmattanguinee@yahoo.fr

L'Harmattan Cote d'Ivoire
M. Etien N'dah Ahmon
Résidence Karl / cité des arts
Abidjan-Cocody 03 BP 1588 Abidjan 03
(00225) 05 77 87 31

L'Harmattan Mauritanie
Espace El Kettab du livre francophone
N° 472 avenue Palais des Congrès
BP 316 Nouakchott
(00222) 63 25 980

L'Harmattan Cameroun
Immeuble Olympia face à la Camair
BP 11486 Yaoundé
(237) 458.67.00/976.61.66
harmattancam@yahoo.fr

L'Harmattan Senegal
« Villa Rose », rue de Diourbel X G, Point E
BP 45034 Dakar FANN
(00221) 33 825 98 58 / 77 242 25 08
senharmattan@gmail.com

Made in United States
Cleveland, OH
05 November 2026

47672474R00155

Made in United States
Orlando, FL
04 November 2026

90200290R00066